中国服务业

姜长云 / 著

从全面小康到后小康时代

ZHONGGUO FUWUYE

CONG QUANMIAN XIAOKANG DAO HOUXIAOKANG SHIDAI

山西出版传媒集团 山西经济出版社

图书在版编目（CIP）数据

中国服务业：从全面小康到后小康时代 / 姜长云著 .
— 太原：山西经济出版社，2020.10
ISBN 978-7-5577-0770-5

Ⅰ . ①中… Ⅱ . ①姜… Ⅲ . ①服务业—经济发展—研
究—中国 Ⅳ . ① F726.9

中国版本图书馆 CIP 数据核字（2020）第 193892 号

中国服务业：从全面小康到后小康时代

著　　者：姜长云
出 版 人：张宝东
选题策划：李慧平
责任编辑：申卓敏
封面设计：阎宏睿

出 版 者：山西出版传媒集团·山西经济出版社
地　　址：太原市建设南路21号
邮　　编：030012
电　　话：0351-4922133（市场部）
　　　　　0351-4922085（总编办）
E - mail：scb@sxjjcb.com（市场部）
　　　　　zbs@sxjjcb.com（总编室）
网　　址：www.sxjjcb.com

经 销 者：山西出版传媒集团·山西经济出版社
承 印 者：山西出版传媒集团·山西人民印刷有限责任公司

开　　本：787mm × 1092mm　1/16
印　　张：16
字　　数：225千字
版　　次：2020年10月　第1版
印　　次：2020年10月　第1次印刷
书　　号：ISBN 978-7-5577-0770-5
定　　价：68.00 元

前 言

改革开放以来中国经济社会发展的历程，实际上是人民生活从温饱不足到实现总体小康、进而全面建成小康社会的过程，可简称为迈向全面小康时期。按照当前的进展，在以习近平同志为核心的党中央坚强领导下，经过全党和全国人民的努力，2020年可以确保全面建成小康社会和“十三五”规划圆满收官。2020年之后，中国将进入后小康时代。在迈向全面小康时期，中国服务业的发展及其地位作用的变化呈现哪些特点？经历了哪些主要阶段？在此过程中推进中国服务业发展有哪些基本经验？又有哪些值得重视的问题？后小康时代经济社会发展面临哪些主要任务？进入后小康时代后，中国服务业发展环境和阶段背景将会面临哪些重大变化？应该如何看待这些变化，将中国服务业的发展更好地放到整个产业发展甚至整个经济社会发展的大背景下进行综合考察？当前中国正处于从迈向全面小康向进入后小康时代跨越的重大关口。在此关口，应该认识服务业高质量发展，推进中国服务业高质量发展应该怎么看、如何办？回答这些问题，并从不同角度展开研究，将构成本书的主题。

一、本书导读

本书共七章，实际上包括两个层面。第一章至第三章相当于总论，围绕从迈向全面小康时期到后小康时代的中国服务业发展展开总体研究。第四章至第七章相当于专论，围绕从迈向全面小康时期到后小康时代的服务业发展，从不同角度开展专题研究。迈向全面小康时期和后小康时代都是长达几十年的发展过程。为突出研究重点，本书在关注发展长过程的同时，将目光适度聚焦于2020年前后十年，并以“十三五”和“十四五”时期为研究重点。需要指出的是，根据中国共产党第十九届中央委员会第五次全体会议精神，后小康时代要立足新发展阶段、坚持新发展理念、加快构建新发展格局，要以推动高质量发展为主题，以深化供给侧结构性改革为主线，坚持稳中求进工作总基调、坚持共同富裕方向、坚持统筹发展和安全，努力实现更高质量、更有效率、更加公平、更可持续、更为安全的发展。研究后小康时代经济社会发展的时代特征和服务业发展，需要对此有深刻领悟。

在迈向全面小康时期，中国经济社会发生了沧桑巨变，产业结构持续优化升级，人民生活变化翻天覆地，发展的稳定性和协调性显著增强。中国顺利实现了从传统城镇化向新型城镇化的阶段性跨越，推进城乡融合发展、构建新型工农城乡关系日益成为发展的时代要求。中国的综合国力和国际影响力大幅提升，全方位对外开放新格局加快形成。服务业一直是上述变化的积极参与者和重要贡献者。中国迈向全面小康时期，也是服务业持续较快健康发展及在国民经济中地位作用不断提升的过程。服务业早已成为经济社会发展的重要引擎，转变为吸纳就业的“主渠道”、培育经济发展新动能的“密集区”和推进新一轮改革开放的“重点区”。到 2019 年，全国国内生产总值接近 100 万亿元，人均国内生产总值首次突破 1 万美元；服务业对经济增长的贡献率已连续 3 年超过 59%；在全国居民人均消费支出中，人均服务性消费支出占比已达 45.9%。中国连续多年位居世界第二大经济体，经济增速在世界主要经济体中名列前茅，对全球经济增长的贡献率接近 30%。在此方面，中国服务业发展居功至伟。

本书第一章将迈向全面小康时期的中国服务业发展分为五个阶段，通过分析各阶段服务业增长特点及其在国民经济中地位作用的变化，揭示了中国推进服务业发展的基本经验，即：改革开放是服务业发展的基本动力，应该顺应形势变化和发展阶段转变推进服务业改革开放纵深发展、内外联动；加强对服务业发展的战略、规划引导和政策支持，促进服务业改革、发展政策良性互动至关重要；需求是服务业发展的基本导向，现代服务业发展还对创造需求、引导需求提出了更高要求；城镇化、信息化日益成为服务业发展的重要带动力量，引导服务业高质量发展需要更加重视城市群和产业融合的作用。在此基础上，提出了关于未来服务业发展的几个判断：服务业劳动生产率增速放缓、与第二产业差距拉大对全社会劳动生产率的影响值得重视，提高服务业劳动生产率的任务日趋紧迫；要客观看待近年来服务业占比的提高，防止影响服务业乃至整个经济的高质量发展；中国产业结构由工业主导向服务业主导的转变仍处于推进之中，简单否定工业或制造业发展的重要性有失偏颇；推进服务业高质量发展，要加大服务业改革开放和政策创新的力度，深化服务业体制机制改革和监管方式创新。

后小康时代经济社会发展的时代特征，必将对服务业发展及其供求格局变化产生深刻影响，成为影响中国服务业发展的新方位。本书第二章认为，研判中国服务业发展的新方位，既要结合经济社会发展水平，又不能唯经济社会发展水平，要把后小康时代与中国进入后小康时代经济社会人口结构的变化结合起来，关注后小康时代主要任务对服务业发展的影响。对于后小康时代，我国将在何时进入世界高收入国家行业，应该多些平常心，少些浮躁心理。集中精力办好自己的事，努力增强人民群众的获得感、幸福感和安全感，才是我们的正事和大事。要注意通过推进服务业高质量发展，有效应对人口快速老龄化的挑战，积极顺应经济服务化和产业融合大趋势，助推甚至引领打好产业基础高级化、产业链现代化攻坚战，统筹推进建设制造强国和培育发展现代服务业的“大合唱”。要注意当前城乡居民收入增长放缓问题，保持经济运行在合理区间，强化服务业发展的需求拉动；更要注意调节国民收入分配格局，统筹处理发展现代服务业与发展传统服务业的关系，有效兼顾不同人群的需求。在“十四五”时期乃至后小康时代，服务业发展应该置于产业高质量发展的框架之下，注意从推进产业高质量发展的思路和路径中汲取营养。而推动产业高质量发展需要多管齐下，协同发力，注重坚持新发展理念的系统性、整体性和协同性，注重积极营造稳定公平透明、可预期的营商环境，注重挖掘超大规模的市场优势和内需潜力，注重激发改革开放对推动产业高质量发展的动力源作用，注重与改善民生、打好三大攻坚战有机结合。

随着中国特色社会主义进入新时代，中国经济已由高速增长阶段转向高质量发展阶段，正处在转变发展方式、优化经济结构、转换增长动力的攻关期。推动高质量发展，已经成为保持经济持续健康发展的时代要求，也是后小康时代中国服务业发展的必然选择。本书第三章通过辨识服务特性与服务质量及评价，服务质量、客户价值、客户满意度，服务业高质量发展与提高服务质量等相关概念，提出服务业高质量发展是能满足人民日益增长的美好生活需要的发展，主要体现为服务业发展能有效地适应、创造和引领市场需求；是有效体现新发展理念的发展，凸显坚持创新、协调、绿色、开放、共享发展理念的系统性、整体性和协同性。推进服务业高质量发展，应该注意形成一批顺应服务业高质量发展要求的企业或企业家，营造有利于服务业高质量发展的营商环境，培育契合服务业高质量发展要求的产业生态，创新完善包容审慎的服务业监管框架和政策体系。

《中华人民共和国国民经济和社会发展第十四个五年规划纲要》编制在即。通过对“十三五”规划服务业目标实现程度的评估，可以得出什么启发？本书第四章通过分析认为，在“十三五”规划中，服务业增加值比重目标完成难度较大，但并非没有可能。通过探讨“十三五”规划中将这一指标设置偏高的原因，提出不必刻意追求实现“十三五”规划的服务业增加值比重目标，否则容易带来一系列负面影响。以此为基础，提出未来促进服务业发展并做好“十四五”规划编制工作的若干建议。

生活性服务业发展直接关系到改善民生，有利于满足人民日益增长的美好生活需要。本书第五章通过分析党的十八大尤其是进入“十三五”时期以来中国生活性服务业发展的状况和主要问题，探讨了“十四五”时期发展生活性服务业的战略需求和发展思路，提出要以增进民生福祉、满足人民日益增长的美好生活需要为目标，以推进生活性服务业供给侧结构性改革为主线，以推进开放—改革—创新互动提升为支撑，以解决人民群众最关心最直接最现实的利益问题为切入点，坚持以人为本、功能优先、品牌引领原则和市场化、产业化、社会化方向，夯实政府战略引导和保基本功能，着力增强多层次多样化供给能力，统筹推进生活性服务业增加有效供给、提升服务质量、优化空间布局、增强创新供给引导需求能力，优先提升生活性服务业便捷化、精细化、品质化和网络化水平，创新完善生活性服务业治理体系，统筹发挥生活性服务业稳增长、促改革、调结构、惠民生、防风险、保稳定作用，着力构建优质高效、竞争力强、亲民实惠、便捷体验的生活性服务业体系。为此要科学处理若干重要关系，明确“十四五”发展生活性服务业的重点领域和主要目标，该章还探讨了“十四五”时期推进生活性服务业高质量发展的对策建议。

随着后小康时代的来临，加强公共服务、防范化解重大风险日益成为服务业发展面临的重大任务，也是推进服务业高质量发展必须夯实的根基。2020年初暴发的新冠肺炎疫情，是新中国成立以来在中国发生的传播速度最快、感染范围最广、防控难度最大的一次重大突发公共卫生事件，也为我们加强国家应急管理体系和应急能力建设敲响了警钟。本书第六章的研究发现，评价新冠肺炎疫情应急管理中的问题，应秉持以人为本、生命优先原则，着眼于“防范于未然”。此次疫情应急治理中的问题多集中在疫情形成和防控前期阶段。在加强应急管理体系和能力建设的过程中，加强预防预警的理念难以有效落地，主要是因为与“属地管理为主”相关的两个机制性失衡，导致预防预警成为应急管理体系的薄弱环节；落实“属地管理为主”的实施机制薄弱，助推疫情“黑天鹅”“灰犀牛”事件发生。加强公共卫生应急管理体系和能力，要强化底线思维，明确应急管理相对于日常管理的优先地位，推动属地管理责任“下沉”和实施机制强化；要注意补好应急管理“软实力”短板，提升地方政府及其相关部门领导的应急管理素质，优化统筹协调能力。

在党的十九大报告中，习近平总书记强调“农业农村农民问题是关系国计民生的根本性问题，必须始终把解决好‘三农’问题作为全党工作重中之重。要坚持农业农村优先发展……加快推进农业农村现代化”。2020年7月30日习近平总书记主持的中共中央政治局会议决定召开十九届五中全会分析研究当前经济形势和经济工作时，进一步强调“要全力巩固农业基础地位”。鉴于服务业越来越成为经济社会发展包括推进农业农村现代化的重要引擎，发展农业农村服务业越来越成为发展壮大乡村产业、强化产业扶贫和就业扶贫的重要内容，成为推进农村一二三产业融合发展、拓展农民就地就近就业渠道的重要途径，也是增强农业农村创新创业活力、培育农业农村发展新动能的重要选择；对于保障重要农产品有效供给、激发乡村多种功能价值、丰富农业农村发展内涵，具有重要意义。因此，本书第七章就农业农村服务业发展进行专门研究。在澄清相关概念的基础上，本章分析了改革开放以来我国农业农村服务业发展的主要阶段，概括了当前我国农业农村服务业发展的主要政策精神和农业农村服务业发展政策面临的主要问题，探讨了中长期我国农业农村服务业发展环境的变化及其对发展农业农村服务业的需求；在此基础上,提出了推进我国农业农村服务业高质量发展的战略思路和政策建议。

二、关于本书写作

服务业是个引人入胜的研究领域，蕴含着许多令人振奋的研究课题。2019 年，中国服务业占 GDP 比重已达 53.9%，到 2020 年服务业占 GDP 比重很可能达到 54.5%。服务业越来越成为支撑中国经济社会高质量发展的重要引擎之一。因此，开展对于中国服务业发展问题的研究，更容易对接中国经济学者的家国情怀和社会责任。本人长期从事农业和农村发展问题的研究，同时开展对于服务业相关问题的研究也有 15 年左右的时间。我一直认为“农业是支撑发展的，服务业更具有引领未来性”。多年来，农业农村发展和服务业发展问题,都是本人的研究重点。本人也从两方面研究的互动中受益良多。实际上，这也符合近年来推进经济服务化和产业融合发展的大趋势。推进学科融合，才能更好地研究产业融合。在研究工作的同时，本人也多次参与党中央、国务院相关重大文件的起草，从中切实感受到政策制定对深化研究的需求。

本书部分内容是在参与相关课题的基础上完成的。尤其是本书第五章是受江小涓老师委托为她主持的一个服务业研究课题承担生活性服务业专题研究任务的基础上完成的，感谢江老师的宝贵修改意见。本书第七章是在承担农业农村部合作经济指导司委托的一个研究课题基础上完成的。感谢农业农村部合作经济指导司张天佐司长、李琳处长、朱丽丽副处长的关照支持，特别是合作经济指导司原巡视员、现农业农村部农村经济研究中心主任金文成先生的指导帮助。全书由姜长云著，刘振中参与本书第一章的研究，第六章由姜长云和姜惠宸共同完成。本书前言和其他各章全部由姜长云独立完成。

本书是在我的老朋友、山西经济出版社李慧平副总编的鼓励和督促下完成的。感谢她多年来对我研究成果出版的支持和厚爱。近年来，我们曾多次讨论要共同合作，努力出一本好书，一本既有学术价值、又对社会真正有用的书。但由于日常科研任务多，加之经常遇到中央有关部委、地方政府和学术界的决策咨询活动，本书出版计划被多次推迟。感谢山西经济出版社申卓敏主任富有建设性的编辑工作。至于本书能否达到“好书”标准，是否真正“既有学术价值、又对社会有用”，作者本人不敢自夸，甚至给出版社交稿时仍有诚惶诚恐之感，只能说尽了最大努力。

姜长云

2020 年 10 月于北京国宏大厦

目 录

第一章 迈向全面小康时代的中国服务业：回顾与启示

改革开放 42 年来，中国经济社会发展的过程，实际上是人民生活从温饱不足发展到总体小康，再到全面建设直至全面建成小康社会的历程。1979 年，时任中共中央副主席、国务院副总理邓小平在会见日本首相大平正芳时提出，“我们提出四个现代化，最低的目标是本世纪末达到小康水平”。1982 年召开的中共十二大明确“从一九八一年到本世纪末，我国经济建设总的奋斗目标是，在不断提高经济效益的前提下，力争使全国工农业的年总产值翻两番……城乡人民的收入将成倍增长，人民的物质文化生活可以达到小康水平”。1987 年召开的中共十三大作出了“十亿人口的绝大多数过上了温饱生活。部分地区开始向小康生活前进”等重要判断，提出了中国经济建设分三步走的战略部署，并将“使国民生产总值再增长一倍，人民生活达到小康水平”作为第二步“到本世纪末”（即 2000 年）的战略目标。1992 年召开的中共十四大作出“十一亿人民的温饱问题基本解决，正在向小康迈进”的判断。1997 年召开的中共十五大将“使人民的小康生活更加宽裕”，作为到 21 世纪的第一个十年的重要目标内容。2002 年召开的中共十六大基于当时“人民生活总体上达到小康水平”“实现了由温饱到小康的历史性跨越”，但“必须看到，我国正处于并将长期处于社会主义初级阶段，现在达到的小康还是低水平的、不全面的、发展很不平衡的小康”“巩固和提高目前达到的小康水平，还需要进行长时期的艰苦奋斗”等判断，作出了全面建设小康社会的战略决策。2007 年召开的中共十七大号召“为夺取全面建设小康社会新胜利而奋斗”，进一步明确了“实现全面建设小康社会奋斗目标的新要求”。2012 年召开的中共十八大进一步强调“确保到二〇二〇年实现全面建成小康社会宏伟目标”。2017 年召开的中共十九大明确“从现在到二〇二〇年，是全面建成小康社会决胜期”。从这些历史演进中，我们可以将中国改革开放以来的发展历程，称为迈向全面建成小康社会的时代，简称迈向全面小康时代。

一、迈向全面小康时代中国服务业发展的主要阶段

迈向全面小康时代中国服务业的发展过程，既是该时代中国经济社会发展的一个侧影，也是服务业在国民经济中地位作用、对全面建成小康社会贡献能力不断提升的过程。需要说明的是，按照国家统计局现行统计口径，本章在与“第三产业”等同意义上使用“服务业”概念。

（一）20 世纪 70 年代末到 80 年代中期：服务业在产业结构和就业结构中均处于辅助地位，但恢复性增长格局迅速形成

改革开放初期，中国面临第二产业特别是工业占比严重偏高的格局，产业结构呈现明显的第二产业或工业主导特征，但就业结构仍呈现显著的第一产业或农业主导格局（见表 1-1、表 1-2），服务业（第三产业）发展在总体上处于辅助地位。以 1978 年为例，在按当年价格计算的国内生产总值中，第一、第二、第三产业和工业分别占 27.2%、47.7%、24.6% 和 44.1%；在全社会就业人员中，第一、第二、第三产业分别占 70.5%、17.3% 和 12.2%[1]。到 20 世纪 80 年代中期，上述格局有所松动，但仍未根本改变。以 1984 年为例，在按当年价格计算的 GDP 中，第二产业和工业分别占 42.9% 和 38.7%，明显高于第一产业、第三产业（服务业，下同）占 GDP 比重，分别为 31.5% 和 25.5%[2]；在全社会就业人数中，第一、第二、第三产业分别占 64.0%、19.9% 和 16.1%，服务业占比分别低于第一、第二产业 47.9 个和 3.8 个百分

[1] 本书数据凡未注明出处者，均据《中国统计年鉴》《中国统计摘要》相关数据整理。

[2] 如果将 GDP 和第一、第二、第三产业增加值统一换算为 2015 年不变价格，则早期年份三次产业不变价格占比之和往往明显超过 100%，第一、第二、第三产业增加值之和往往明显大于 GDP 数据。因此，本章各产业增加值占 GDP 比重均按当年价格计算，GDP 或各产业增加值增速均按 2015 年不变价格计算。基于同样原因，在计算全社会和各产业劳动生产率增速时，所用 GDP 数据按 2015 年不变价格的第一、第二、第三产业增加值之和计算，所用就业数据按年底就业人数计算。

点。与 1978 年相比，1984 年在全国 GDP 和全社会就业人数中，服务业占比分别提高了 0.9 个和 3.9 个百分点，第一产业占比分别提高了 4.3 个、下降了 6.5 个百分点，第二产业占比分别下降了 4.8 个、上升了 2.6 个百分点，工业占 GDP 比重降低了 5.4 个百分点（见图 1–1、表 1–1 和表 1–2）。

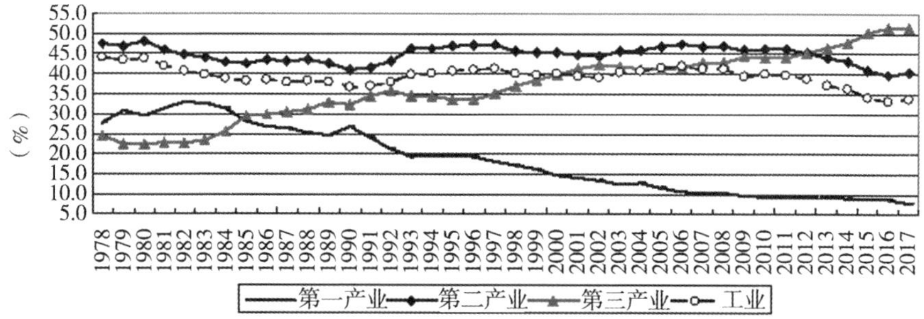

图 1–1 迈向全面小康时代中国三次产业和工业（当年价）占 GDP 比重的变化

表 1–1 中国三次产业增加值（当年价）占 GDP 比重的变化

单位：（亿元、%）

年份	国内生产总值	占国内生产总值比重			
		第一产业	第二产业	第三产业（服务业）	附：工业
1978	3678.7	27.2	47.7	24.6	44.1
1984	7278.5	31.5	42.9	25.5	38.7
1991	22005.6	24.0	41.5	34.5	37.0
2002	121717.4	13.3	44.5	42.2	39.3
2011	489300.6	9.4	46.4	44.2	39.9
2017	827122	7.9	40.5	51.6	33.9

表 1–2 各年底中国三次产业占全社会就业人数比重的变化

单位：（万人、%）

年份	全社会就业人数	就业人数			占全社会就业人数比重		
		第一产业	第二产业	第三产业	第一产业	第二产业	第三产业
1978	40152	28318	6945	4890	70.5	17.3	12.2
1984	48197	30868	9590	7739	64.0	19.9	16.1
1991	65491	39098	14015	12378	59.7	21.4	18.9
2002	73280	36640	15682	20958	50.0	21.4	28.6
2011	76420	26594	22544	27282	34.8	29.5	35.7
2017	77640	20944	21824	34872	27.0	28.1	44.9

在此期间，服务业支撑经济增长和吸纳就业的作用迅速显现，进入改革

开放以来服务业增加值增长最快的时期，服务业也是三次产业中增长最快的行业，推动服务业占国内生产总值的比重稳中略增。按 2015 年不变价格计算，1979—1984 年 6 年间[1]，全国服务业增加值年均增长 10.6%，分别快于 GDP、第一产业、第二产业和工业增加值增速 2.5 个、4.3 个、2.7 个和 2.8 个百分点（见表 1–3、图 1–2）。同期，第一产业、第二产业、第三产业和工业对国内生产总值增长的贡献率分别为 35.2%、22.0%、42.8% 和 17.9%，服务业对国内生产总值增长的贡献率分别高于第一产业、第二产业和工业 7.6 个、20.8 个、24.9 个百分点（见表 1–4）。

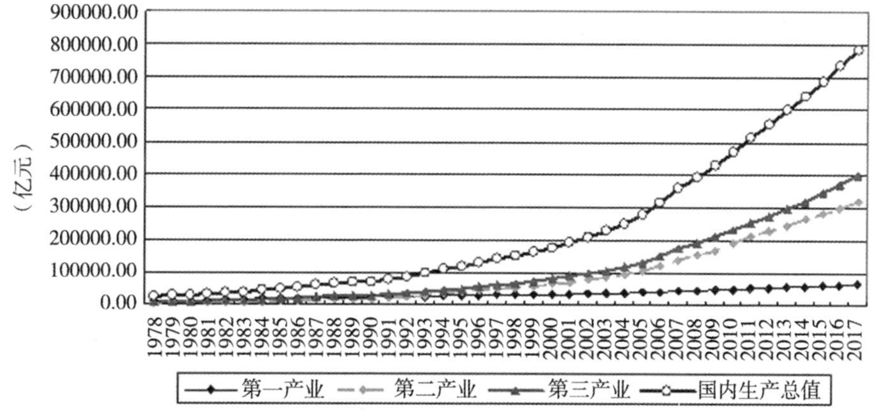

图 1–2　按 2015 年不变价格计算 GDP 和三次产业增加值的变化

表 1–3　中国三次产业增加值（2015 年不变价）年均增长率的变化

单位：（%）

年份	国内生产总值	第一产业	第二产业	第三产业	附：工业
1979—1984	9.09	7.29	8.91	11.60	8.80
1985—1991	8.15	3.58	10.91	10.75	11.11
1992—2002	9.47	3.68	12.66	10.36	12.97
2003—2011	10.60	4.37	11.98	11.25	11.81
2012—2017	7.23	3.91	7.02	8.01	6.89

注：计算本表数据时，2017 年按 2015 年不变价格计算的国内生产总值和各产业增加值数据，根据 2016 年按 2015 年不变价格计算的对应数据乘以 2017 年对应指标的实际增长率计算。

[1]1979—1984 年表示以 1979 年为基期，以 1984 年为报告期。余此类推。需要说明的是，为了说明各阶段服务业发展的变化特征，本章在具体计算时都采用基期、报告期两个年份的数据进行计算。但在实际上服务业不同阶段之间的演变往往经历一个蓄能与突破的过程，未必存在清晰的年份界限。

表 1–4　中国三次产业（2015 年不变价）对 GDP 增长贡献率的变化

单位：（%）

年份	第一产业	第二产业	第三产业（服务业）	附：工业
1979—1984	35.23	21.99	42.78	17.93
1985—1991	15.9	32.6	51.5	27.4
1992—2002	8.79	42.35	48.86	36.74
2003—2011	5.39	43.82	50.79	36.80
2012—2017	4.99	39.52	55.49	32.70

注：各产业贡献率等于各产业增加值增量与 GDP 增量之比。按不变价格计算的 GDP 增量按第一、第二、第三产业增加值增量之和计算。

与此同时，服务业在全社会就业结构中的地位有较大幅度提高，成为三次产业中吸纳新增就业最多的行业。1979—1984 年 6 年间，全社会年底就业人数增加了 8045 万人，增加了 3.1%；其中第一、第二、第三产业年底就业人数分别增加了 1.5%、5.5% 和 8.0%，服务业年底就业人数的增速明显快于第一、第二产业；在全社会年底就业人数增量中，第一、第二、第三产业分别占 31.7%、32.9% 和 35.4%（见图 1–3）。服务业吸纳新增就业人数略超过第一、第二产业。

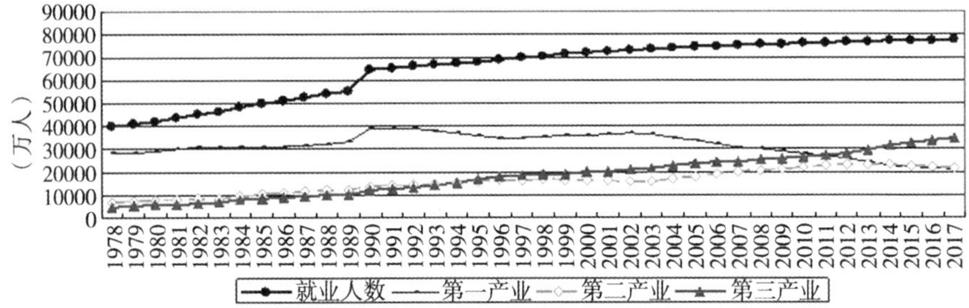

图 1–3　迈向全面小康时代中国全社会和三次产业就业人数的变化

在此期间，中国服务业劳动生产率的增速明显慢于第一产业，但仍略快于第二产业（见表 1–5、图 1–4），服务业劳动生产率水平却明显高于第一产业和全社会平均水平，但低于第二产业（见表 1–6、图 1–5）。按 2015 年不变价格计算，1979—1984 年，第一、第二、第三产业劳动生产率分别年均递增 5.8%、3.2% 和 3.4%。

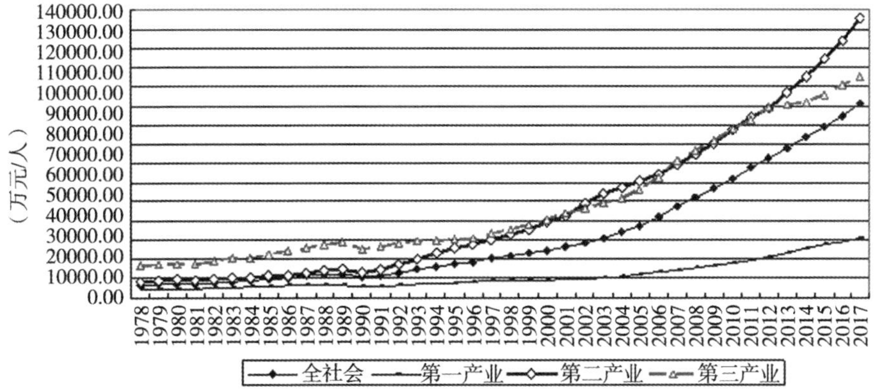

图 1–4　按 2015 年不变价格计算中国三次产业劳动生产率的变化

表 1–5　中国三次产业劳动生产率（2015 年不变价）增长率的变化

单位：（%）

时间	全社会	第一产业	第二产业	第三产业
1979—1984	5.82	5.76	3.21	3.38
1985—1991	3.51	0.14	5.06	3.56
1992—2002	8.36	4.29	11.52	5.20
2003—2011	10.08	8.16	7.56	8.04
2012—2017	6.94	8.11	7.61	3.69

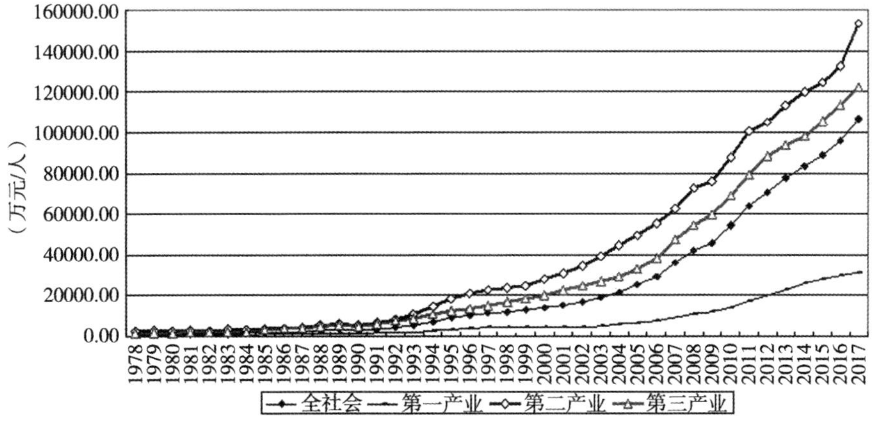

图 1–5　按当年价格计算各产业劳动生产率的变化

表 1-6　中国三次产业劳动生产率（当年价）的变化

单位：（万元 / 人、%）

年份	全社会	第一产业	第二产业	第三产业（服务业）	服务业劳动生产率相当于		
					全社会	第一产业	第二产业
1978	916.19	359.67	2527.29	1850.92	202.02	514.62	73.24
1984	1510.16	743.68	3258.39	2400.96	158.99	322.85	73.69
1991	3360.10	1352.70	6514.31	6129.42	182.42	453.12	94.09
2002	16609.91	4418.72	34501.83	24535.50	147.72	555.26	71.11
2011	64027.82	17358.46	100709.19	79209.22	123.71	456.31	78.65
2017	106532.93	31258.40	153327.80	122456.84	114.95	391.76	79.87

（二）20 世纪 80 年代中期到 90 年代初期：服务业全面较快发展、对经济增长贡献率显著提高，但对吸纳新增就业的作用尚不显著

这一时期在中国产业结构中，服务业占比大幅提升，第二产业和工业占比稳中略降，第一产业占比降幅明显。在中国就业结构中，服务业占比也有一定幅度的提升，第二产业占比在波动中有所上升，第一产业占比有一定幅度的下降。1985—1991 年 7 年间，第一、第二、第三产业和工业占 GDP 比重分别下降了 6.5 个、下降了 1.4 个、增加了 9.0 个和下降了 1.7 个百分点；在全社会就业人数中，第一、第二、第三产业占比分别下降了 4.3 个、上升了 1.5 个和 2.8 个百分点。到 1991 年，第一、第二、第三产业和工业分别占 GDP 的 24.0%、41.5%、34.5% 和 37.0%，第一、第二、第三产业分别占全社会就业人数的 59.7%、21.4% 和 18.9%（见表 1-1、表 1-2）。

这一时期，服务业增加值的增速略低于第二产业特别是工业，但却是三次产业中对国内生产总值增长贡献率最高的行业。按 2015 年不变价格计算，1985—1991 年 7 年间，全国 GDP 年均增长 8.2%，服务业增加值的增速分别快于 GDP 和第一产业 2.6 个、7.2 个百分点，但分别低于第二产业和工业增加值增速 0.1 个和 0.3 个百分点；服务业对 GDP 增长的贡献超过其半壁江山，达到 51.5%，分别高于第一产业、第二产业和工业 35.6 个、18.9 个和 24.1 个百分点。

这一时期服务业吸纳就业的作用只是略高于第二产业，却明显低于第一

产业。1985—1991 年间，全社会新增就业 17294 万人，其中第一、第二、第三产业新增就业分别占全社会新增就业的 47.6%、25.6% 和 26.8%。

在此期间，中国服务业劳动生产率的增速较上期略有提高，但仍低于第二产业劳动生产率增速 1.5 个百分点。按 2015 年不变价格计算，1985—1991 年，中国第一、第二、第三产业劳动生产率分别年均递增 0.1%、5.1% 和 3.6%。按当年价格计算，服务业劳动生产率仍然低于第二产业，但明显高于第一产业。1991 年，服务业劳动生产率较第二产业低 5.9%，分别较第一产业和全社会劳动生产率高 353.1% 和 82.4%。与上期末相比，服务业与第二产业劳动生产率的差距明显缩小。按当年价格计算，这一时期是改革开放以来中国服务业与第二产业劳动生产率差距最小的时期，但服务业劳动生产率高出第一产业和全社会的幅度却有所扩大。

这一时期，服务业的较快发展几乎呈现全面推进的态势。在服务业增加值较快增长的同时，1991 年与 1984 年相比，在服务业各行业中，仅其他服务业占 GDP 比重由 8.8% 下降到 8.4%，批发和零售业，交通运输、仓储和邮政业，住宿和餐饮业，金融业，房地产业增加值占 GDP 比重分别提高了 3.3 个、1.8 个、0.7 个、2.2 个和 1.3 个百分点，分别达 8.3%、6.5%、2.0%、5.4%、3.5%。

（三）20 世纪 90 年代初到本世纪初：服务业对经济增长和吸纳就业的作用全面凸显，但 1997—2002 年间服务业的特殊变化值得关注

在此期间，在中国产业结构中，服务业占比呈现在波动中提高的趋势，第一产业占 GDP 比重降幅显著，第二产业特别是工业占 GDP 比重呈现先升后降但总体提升的态势。1992—2002 年，第一、第二、第三产业和工业占 GDP 比重分别降低了 10.7 个百分点和提高了 3.0 个百分点、7.7 个百分点、2.3 个百分点。到 2002 年，第一、第二、第三产业和工业分别占 GDP 的 13.3%、44.5%、42.2% 和 39.3%。按 2015 年不变价格计算，同期全国服务业增加值年均增速为 10.4%，服务业增加值的增长虽然分别慢于第二产业和工业增速 2.3 个、2.6 个百分点，但仍快于同期 GDP 增速 0.9 个百分点、快于第

一产业增速 6.7 个百分点；第一、第二、第三产业和工业对国民生产总值增长的贡献率分别为 8.8%、42.4%、48.9% 和 36.7%。服务业继续成为对国内生产总值增长贡献率最多的行业，对 GDP 增长的贡献率分别超过第一产业、第二产业和工业 40.1 个、6.5 个和 12.2 个百分点。但在此期间，第二产业特别是工业对 GDP 增长的贡献也是值得重视的。与上期相比，第一产业对国内生产总值增长的贡献率有较大幅度的下降，第二产业包括工业对国内生产总值增长的贡献率有较大幅度的提高。第二产业、第三产业协同带动经济增长的格局开始形成。

在此期间，在全社会就业人数中，服务业（第三产业）占比持续提高，第一产业占比持续下降,第二产业占比经历了一个先升后降总体不变的过程。从 1994 年开始，服务业就业人数及其占全社会就业人数的比重超过第二产业，成为三次产业中吸纳就业人数居中的行业。与 1991 年相比，2002 年全社会就业人数增加了 7789 万人，其中第一产业就业人数减少 2458 万人，相当于全社会就业人数增加量的 31.6%；第二、第三产业就业人数分别增加 1667 万人和 8580 万人，分别占全社会就业人数增加量的 21.4% 和 110.2%。在全社会就业人数中，第一、第三产业占比分别下降和上升了 9.7 个百分点，第二产业就业人数占比保持不变；2002 年第一、第二、第三产业分别占全社会就业人数的 50.0%、21.4% 和 28.6%。

这一时期，中国服务业劳动生产率的增速再度加快。按 2015 年不变价格计算，1992—2002 年，中国服务业劳动生产率年均递增 5.2%，增速快于第一产业 0.9 个百分点，慢于第二产业 6.3 个百分点。但由于自 20 世纪 80 年代末期以来服务业劳动生产率增速持续低于第二产业，特别是此期成为自改革开放以来第二产业劳动生产率增长最快的时期，导致服务业与第二产业之间劳动生产率的差距再度拉大（见表 1–6），但服务业劳动生产率高于第一产业的程度也有所扩大。到 2002 年，服务业劳动生产率分别相当于全社会、第一产业和第二产业劳动生产率的 147.7%、555.3% 和 71.1%。

值得注意的是，在此期间，出现了改革开放以来中国第一个服务业占

GDP 比重连续 3 年以上每年增幅超过 1 个百分点的时期。1997—2002 年 6 年间，服务业占 GDP 比重共提高 8.6 个百分点，年均提高 1.4 个百分点；但同期服务业占就业比重增幅不大，6 年共增加了 2.6 个百分点，服务业吸纳的新增就业仅占全社会新增就业人数的 70.0%；由此导致 1997—2002 年成为改革开放以来中国服务业劳动生产率增长最快的时期。按 2015 年不变价格计算，1997—2002 年，中国服务业劳动生产率年均递增 6.9%，增速快于 1992—2002 年服务业劳动生产率年均增速 1.9 个百分点；服务业对 GDP 增长的贡献率进一步提升，达到 55.6%。

（四）本世纪初到 2011 年：产业结构从工业主导向服务业的转变启动，进入改革开放以来服务业劳动生产率增长最快的阶段

在此期间，服务业占 GDP 比重在波动中继续趋于上升，第一产业占 GDP 比重持续下降，第二产业特别是工业占 GDP 比重先升后降，并在总体上略有提高。2003—2011 年 9 年间，第一、第二、第三产业和工业占 GDP 比重分别下降了 3.9 个百分点、上升了 1.9 个百分点、2.0 个百分点和 0.6 个百分点。2006 年，第二产业和工业占 GDP 比重分别达到 47.6% 和 42.0%，分别达到自 1979 年以来第二产业占比、自 1981 年以来工业占比的最高点。此后，第二产业和工业占比均转入下降轨道。从 2007 年开始，中国服务业占 GDP 比重超过工业，二者分别占 42.9% 和 41.3%。

与 20 世纪 80 年代中期以来的情况相比，此期国内生产总值和第一、第三产业增加值的年均增长率全面提速，成为自 20 世纪 80 年代中期以来服务业增加值增长最快的阶段，但第二产业特别是工业增加值的年均增长率已较前一阶段（1992—2002 年）有所下降。按 2015 年不变价格计算，2003—2011 年 9 年间，全国服务业增加值年均递增 11.3%，增速分别快于 GDP 和第一产业 0.7 个和 6.9 个百分点，但仍分别低于第二产业和工业 0.7 个和 0.6 个百分点（见表 1–3）。同期，第一、第二、第三产业和工业对 GDP 增长的贡献率分别为 5.4%、43.8%、50.8% 和 36.2%，服务业对 GDP 增长的贡献率再次超

过半壁江山，但第二产业特别是工业对经济增长的贡献率仍然较高，甚至略高于前一阶段。第二产业、第三产业协同带动经济增长的格局进一步彰显。

与2002年相比，2011年中国全社会就业人数增加了3140万人，第一产业就业人数减少10046万人；第二、第三产业吸纳就业人数分别增加6862万人和6324万人，分别占全社会新增就业人数的218.5%和201.4%。2011年在全社会就业人数中，第一、第二、第三产业就业人数分别占34.8%、29.5%和35.7%，服务业已经成为三次产业中吸纳就业人数最多的行业。

按2015年不变价格计算，2003—2011年中国服务业劳动生产率年均递增8.0%，进入改革开放以来服务业劳动生产率增长最快的阶段。同期服务业劳动生产率增速快于第二产业劳动生产率增速0.5个百分点，略慢于第一产业劳动生产率增速0.1个百分点。三次产业劳动生产率的增速在总体上差距不大。按当年价格计算，服务业劳动生产率低于第二产业、高于第一产业和全社会劳动生产率，且均呈相对差距缩小、绝对差距扩大的态势。

这一时期的前半期，即2003—2007年，中国GDP特别是第二、第三产业增加值的增速均较之前上了一个台阶，并于2007年达到阶段性高点。如2007年全国GDP、第二、第三产业和工业增加值增速分别达到14.2%、15.1%、16.1%和14.9%，分别较2002年提高5.1个、5.2个、5.6个和4.9个百分点。但从2006年春季开始的美国次贷危机，逐步蔓延成2008年暴发的国际金融危机，在较大程度上制约了中国经济增长，形成了对第二产业、第三产业和工业增长速度的“下拉效应”。如2008—2011年，全国GDP、第二产业、第三产业和工业增加值的增速分别为9.6%、10.9%、9.8%和10.6%，比2003—2007年间增速分别下降了1.8个、2.0个、2.6个和2.1个百分点；2008—2011年服务业对经济增长的贡献率为49.8%，比2003—2007年间下降了2.0个百分点。

这一时期，在服务业增加值较快增长的同时，服务业占比总体增幅不大，年均提高0.3个百分点，但服务业不同行业之间增长的分化特征较为显著。与2002年相比，到2011年，交通运输、仓储和邮政业，住宿和餐饮业占比分别下降了 1.7 个、0.4 个百分点，批发和零售业、金融业、房地产业、其他服务业占比分别上升了 0.7 个、1.7 个、1.4 个和 0.2 个百分点。

（五）2012 年以来：中国产业结构从工业主导向服务业主导的转变加快形成，服务业对经济增长和吸纳就业的作用进一步彰显

按当年价格计算，2012 年中国服务业占 GDP 比重与第二产业相同，均为 45.3%。从 2013 年开始，中国服务业占 GDP 比重超过第二产业，成为三次产业中占 GDP 比重最大的行业。在此期间，服务业占 GDP 比重出现了较大幅度的上升。2012—2016 年，服务业占 GDP 比重上升了 7.4 个百分点，连续 5 年每年均较上年上升 1 个百分点以上；第一、第二产业和工业占比分别下降 0.8 个、6.6 个和 6.6 个百分点。到 2016 年，第一、第二、第三产业和工业占比分别为 8.6%、39.8%、51.6% 和 33.3%。2017 年服务业占比与上年持平，第一、第二产业占比分别较上年下降和上升 0.7 个百分点，工业占比上升 0.6 个百分点。

这一时期在三次产业中，服务业发展较为引人瞩目，这不仅表现为服务业占 GDP 和就业比重的大幅度提升，还表现为服务业增加值的增速一改之前长期低于第二产业和工业的局面，转为快于第二产业特别是工业。当然，客观地说，服务业增加值的增速也较之前有较大程度的放缓。按 2015 年不变价格计算，2012—2017 年 6 年间，全国服务业增加值年均递增 8.0%，较上一阶段（2003—2011 年）下降 3.3 个百分点，但仍分别快于同期 GDP、第一产业、第二产业和工业增速 0.8 个、4.1 个、1.0 个和 1.1 个百分点（见表 1-3）。在此阶段，经济发展进入新常态，呈现从高速增长向中高速增长的阶段性转变。GDP 增速较上一阶段下降 3.4 个百分点，第一、第二产业和工业增速分别下降 0.5 个、5.0 个和 4.9 个百分点。同期，服务业对经济增长的贡献率进一步增加到 55.5%，较上一阶段提高 4.7 个百分点，进入改革开放以来中国服务业对经济增长贡献率最高的时期；第一、第二产业和工业对经济增长的贡献率分别为 5.0%、39.5% 和 32.7%，第一产业特别是第二产业和工业对经济增

长的贡献率均较上一阶段有所下降（见表 1–4）。

在此期间，全社会新增就业人数 1220 万人，其中第一、第二产业就业人数分别减少 5650 万人和 720 万人；服务业新增就业人数 7590 万人，相当于全社会新增就业人数的 622.1%，服务业成为三次产业中唯一吸纳就业人数增加的行业。同期，在全社会就业人数结构中，第一、第二产业占比分别下降了 7.8 个和 1.4 个百分点，第三产业（服务业）占比上升 9.2 个百分点，且从 2013 年开始各年服务业占全社会就业人数的比重均较上年增加 1 个百分点以上。

到 2017 年，在全社会就业人数中，第一、第二、第三产业分别占 27.0%、28.1% 和 44.9%。2012—2017 年，按 2015 年不变价格计算，中国全社会劳动生产率年均递增 7.0%，其中第一产业、第二产业、第三产业劳动生产率分别年均递增 8.1%、7.6% 和 3.7%。

这一时期，服务业内部结构调整加快深化。按当年价格计算，交通运输、仓储和邮政业，住宿和餐饮业占 GDP 比重基本保持不变；但批发和零售业、金融业、房地产业和其他服务业占比均有较大幅度的提高。与 2011 年相比，2016 年批发和零售业、金融业、房地产业和其他服务业占比分别增加 0.7 个、2.0 个、0.7 个和 4.0 个百分点。与 2016 年相比，2017 年在房地产业占比保持不变的同时，批发和零售业、金融业占比分别下降 0.2 个和 0.4 个百分点，但其他服务业占比增加 1.1 个百分点。

二、推进服务业发展的基本经验

（一）改革开放是服务业发展的基本动力，应该顺应形势变化和发展阶段转变，推进服务业改革开放纵深发展、内外联动

20世纪70年代末到80年代初期，中国服务业恢复性增长格局迅速形成，与改革开放的启动及其后续影响有密切关系。1978年12月召开的中国共产党第十一届三中全会实现了思想路线、政治路线和组织路线的拨乱反正，做出了把党的工作重点转移到社会主义现代化建设上来和实行改革开放的重大决策，开启了改革开放的历史新时期，为之后逐步放松服务业发展面临的制度约束、形成服务业恢复性增长格局创造了条件。十一届三中全会还建议国务院作出提高农副产品收购价格的决定。在此前后，以实行家庭联产承包责任制（后称“家庭承包制”）为主要内容的农村改革，经历了从“星星之火”转变为“燎原之势”的曲折过程。家庭联产承包责任制的迅速推广，加上国家多次大幅度提高农副产品收购价格，激发了农民的生产经营积极性，促进了农业劳动生产率的迅速提高和农民收入的较快增长，为发展服务业提供了良好的市场需求；也带动了农业劳动力剩余问题日益显性化，对在第二、第三产业拓展就业渠道提出了强烈要求。农村改革的迅速展开，促进了农民收入的较快增长，也为发展服务业提供了良好的市场需求。在此阶段，部分专门领域的改革相继启动，也推动了服务业恢复性增长格局的迅速形成。如推进国有经济实行以扩大企业自主权为特征的改革、重塑农村金融体制，特别是构建以中国人民银行为核心、国家专业银行为基础、多种金融机构并存的金融机构体系（柳红星，2009），为金融服务业的更快扩张提供了重要支撑。

从 1978 年到 1984 年，金融业占 GDP 的比重由 2.1% 提高到 3.1%，前述金融相关改革的带动作用，是个重要原因。

20 世纪 80 年代中期到 90 年代初期，服务业全面较快发展、对经济增长的贡献率显著提高，导致这种现象的原因固然很多，但经济体制改革的重点从农村转向城市、市场化取向的改革全面展开也是重要原因，由此导致服务业发展的内在机制和外在制度逐步优化。1984 年 10 月召开的中国共产党第十二届三中全会通过了《中共中央关于经济体制改革的决定》，明确要求进一步贯彻执行对内搞活经济、对外实行开放的方针，加快以城市为重点的整个经济体制改革步伐；明确提出“社会主义经济是公有制基础上的有计划的商品经济”。1987 年 10 月召开的中国共产党第十三次全国代表大会将加快和深化改革作为大会的中心任务，明确提出进一步扩大对外开放的广度和深度是经济发展战略必须着重解决好的 3 个重要问题之一，“当前深化改革的任务主要是……逐步建立起有计划商品经济新体制的基本框架”。1985—1991 年中国服务业占 GDP 比重平均每年提高 1.29 个百分点，一个重要原因是 1985 年服务业增速明显加快，增速高达 19.4%，分别较同年第一产业、第二产业和工业增速快 6.5 个、5 个和 4.6 个百分点，由此拉动服务业占 GDP 比重较上年提高 3.9 个百分点。这在很大程度上得益于城乡服务业发展及其对改善城乡生产生活的作用日益受到政府重视。中国共产党第十二届三中全会通过《中共中央关于经济体制改革的决定》，以及 1985 年中央一号文件“里程碑式”地提出改革农产品统派购制度等，也为服务业发展提供了宽松环境。

从 20 世纪 90 年代初期到本世纪初期，服务业对经济增长和吸纳就业的作用全面凸显，在扩大改革开放方面若干重大标志性事件的影响值得重视。1992 年邓小平“南方谈话”、中国共产党第十四次全国代表大会明确“我国经济体制改革的目标是建立社会主义市场经济体制”，以及其后的一系列配套改革，带动了改革开放新局面快速形成，促进了服务业内在运行机制和外在体制环境的优化，带动了 GDP、工业和服务业的较快增长。这一时期，中国第二产业、工业乃至 GDP 增速都是改革开放以后到这一时期最快的。工业、第二产业乃至整个经济的较快发展，也为加快发展服务业提供了良好的需求条件和市场环境、动力支撑。在此期间，在服务业较快发展、占 GDP 比重较大幅度提升的同时，中国房地产业占 GDP 的比重也有一定幅度的提高。1992—2002 年，房地产业占 GDP 比重从 3.5% 提高到 4.4%，提高 0.9 个百分点，房地产业占比的提升主要发生在 1997—2002 年间（提高了 0.8 个百分点）。这在很大程度上得益于城市住房制度改革的深化，特别是 20 世纪 90 年代中期以后旨在建立多层次住房供应体系、实行住房分配货币化改革等举措，为房地产业的较快发展创造了良好的制度条件。

从本世纪初到 2011 年，中国产业结构从工业主导向服务业主导的转变开始启动，进入改革开放以来服务业劳动生产率增长最快的阶段。对这一时期的服务业发展，两大标志性事件的影响不可轻视。一是 2011 年 12 月中国加入 WTO，意味着中国经济与国际接轨和对外开放的步伐明显加快，可以更加广泛深入地分享经济全球化的红利；也意味着推进服务业市场化、产业化、社会化甚至国际化的重要性和紧迫性显著增加，要求推动深化改革、扩大开放双双有所提速。二是 2007 年和 2008 年分别发布了《国务院关于加快发展服务业的若干意见》（国发〔2007〕7 号）和《国务院办公厅关于加快发展服务业若干政策措施的实施意见》（国办发〔2008〕11 号）。这两个文件明确要求发展服务业“坚持市场化、产业化、社会化的方向”，着力提高服务业对外开放水平、进一步放宽服务领域市场准入、加快推进国有服务企业改革、积极支持服务企业“走出去”，并对此提出了具体要求。各地围绕贯彻落实这两个文件出台的一系列配套措施或实施意见，也对带动服务业改革开放深入推进提供了重要支撑。

2012 年以来，中国产业结构从工业主导向服务业主导的转变加快形成，服务业对经济增长和吸纳就业的作用进一步彰显。这种格局的形成，固然有发展阶段转变、国际金融危机影响等多种原因，但与时俱进地纵深推进服务业改革开放，甚至协调推进服务业与整个经济社会体制的改革开放也是重要原因之一。在此阶段，对深化服务业改革开放具有重要影响的标志性事件主要有：第一，中国共产党第十八届三中全会通过的《中共中央关于全面深化改革若干重大问题的决定》明确要求“紧紧围绕使市场在资源配置中起决定性作用深化经济体制改革”，为深化经济体制改革、创新服务业体制机制提供了“加速器”和“压舱石”。第二，中国共产党第十八届五中全会和《国民经济和社会发展第十三个五年规划纲要》提出了创新、协调、绿色、开放、共享的发展理念，要求以推进供给侧结构性改革为主线，并就推进服务业改革开放提出了一系列高强度要求。第三，启动并推进服务业“营改增”等重大改革，实施了持续推进“放管服”改革、建立自由贸易试验区、实施国家服务业综合改革试点等一系列重大举措。这些改革“组合拳”，对服务业发展乃至经济转型的影响将是持续而深远的。

从上文分析可见，迈向全面小康时代中国服务业的发展及其阶段性跃升，往往都与强化改革开放的推动作用密切相关。从横向的地区比较来看也是如此。2017 年人均服务业增加值位居全国前列的北京、上海、深圳、杭州、宁波、广州、苏州等市，基本上都属于中国经济社会特别是服务业改革开放走在全国前列的地区。

（二）加强对服务业发展的战略、规划引导和政策支持，促进服务业改革政策和发展政策良性互动至关重要

20 世纪 70 年代末到 80 年代中期，之所以能够成为改革开放以来，或者说迈向全面小康时代中国服务业增速最快的时期，有服务业发展基数低的因素，也与中国共产党第十一届三中全会后服务业发展因政策环境日益宽松而出现“补偿性反弹式增长”有关。中国共产党第十一届三中全会要求“必须在生产发展的基础上逐步改善”城乡人民生活。1979 年 4 月召开的中央工作会议提出对整个国民经济实行“调整、改革、整顿、提高”的方针，要求“使生产的发展同人民生活的改善密切结合”，“积极发展对外经济合作和技术交流”。之后中国陆续对国民经济进行全面调整、进一步调整和继续调整，并转向重视发展轻工业和消费品生产（汪海波等，2011），带动了城乡市场的繁荣，也拉动了交通运输、商贸流通等服务业发展。

1981 年 6 月中国共产党第十一届六中全会通过了《关于建国以来党的若干历史问题的决议》，明确提出“我国所要解决的主要矛盾，是人民日益增长的物质文化需要同落后的社会生产之间的矛盾”，要“大力发展社会主义的商品生产和商品交换”。中国共产党第十二次全国代表大会要求“把全部经济工作转到以提高经济效益为中心的轨道上来”。在此期间，中央明确鼓励和支持恢复、发展集体商业和个体商业，大力恢复和发展城乡集贸市场（汪海波等，2011），鼓励农村多种经营和农工商综合经营，促进区域经济和乡镇企业（社队企业）发展，调整农产品购销政策，鼓励搞活商品流通，明确对农村个体商业和各种服务业“给予必要扶持”，要求“加强社会服务”“逐步建立起比较完备的商品生产服务体系”[1]等举措，都从政策上为促进服务业恢复性增长准备了良好的需求条件和环境支撑。

20 世纪 80 年代中期到 90 年代初期，服务业全面较快发展、对经济增长的贡献率显著提高，下列政策因素的影响值得特别关注。1987 年 10 月召开的中国共产党第十三次全国代表大会作出了中国正处在社会主义初级阶段、必须大力发展商品经济等重要论断，提出“新的经济运行机制，总体上来说应当是‘国家调节市场，市场引导企业’的机制”，要求加快建立和培育社会主义市场体系不仅包括商品市场，还应包括“资金、劳务、技术、信息和房地产等生产要素市场”。从 1984 年到 1988 年，乡镇企业发展的政策环境在总体上逐步宽松，对技术交流和人才流动、城乡经济交往等支持政策趋于明朗，也为服务业的较快发展提供了积极支撑。这一时期，在全社会新增就业人数中，服务业的作用只是略高于第二产业，明显低于第一产业；第一产业劳动生产率仅年均递增 0.1%。这种现象的形成固然有多种原因，但劳动力的城乡流动和区域流动仍然面临户籍制度等多重限制，也是一个重要原因。这也从反面说明，完善服务业发展的政策环境、促进服务业改革政策和发展

[1] 参见 1983 年、1984 年中央一号文件。

政策协调联动至关重要。

从20世纪90年代初期到本世纪初期，服务业对经济增长和吸纳就业的作用全面凸显，一个重要原因是优化服务业发展的宏观政策环境“再上新台阶”，并且带动了服务业相关体制机制改革的深化。在此方面，较有影响的标志性事件主要有：第一，1992年6月《中共中央国务院关于加快发展第三产业的决定》发布，明确要求“争取用十年左右或更长一些时间，逐步建立起适合我国国情的社会主义统一市场体系、城乡社会化综合服务体系和社会保障体系”，“第三产业增长速度要高于第一、第二产业，第三产业增加值占国民生产总值的比重和就业人数占社会劳动者总人数的比重，力争达到或接近发展中国家的平均水平”。该文件还就加快发展第三产业提出了若干主要政策措施。第二，1991年10月《国务院关于加强农业社会化服务体系建设的通知》发布，该文件不仅明确了农业社会化服务体系建设的方向和原则，还就加强农业社会化服务体系建设提出了若干明确要求和支持措施。第三，20世纪90年代末期，为应对亚洲金融危机，中共中央提出“要扩大国内需求，充分发挥国内市场的潜力”,“把扩大国内需求作为促进经济增长的主要措施”。

本世纪初到2011年，中国产业结构从工业主导向服务业主导的转变启动，进入迈向全面小康时代服务业劳动生产率增长最快的阶段。这一阶段政策创新对中国服务业发展的影响尤其值得关注。如中国共产党第十七次全国代表大会明确提出“坚持走中国特色新型工业化道路，坚持扩大国内需求特别是消费需求的方针，促进经济增长由主要依靠投资、出口拉动向依靠消费、投资、出口协调拉动转变，由主要依靠第二产业带动向依靠第一、第二、第三产业协同带动转变，由主要依靠增加物质资源消耗向主要依靠科技进步、劳动者素质提高、管理创新转变……发展现代服务业，提高服务业比重和水平”。在此期间，《国务院关于加快发展服务业的若干意见》（国发〔2007〕7号）、《国务院办公厅关于加快发展服务业若干政策措施的实施意见》（国办发〔2008〕11号）明确提出“把加快发展服务业作为一项重大而长期的战略任务抓紧抓好”，并就加强规划和产业政策引导、大力培育服务领域领军企业和知名品牌等提出了具体要求和政策支持措施。应该说，国发〔2007〕7号、国办发〔2008〕11号是近年来中国服务业政策创新中的两个里程碑式文件，对于推动这一时期乃至后续时期中国服务业的发展、促进中国产业结构从工业主导向服务业主导的转变，发挥了重要作用。

2012年以来中国产业结构从工业主导向服务业主导的转变加快形成，服务业对经济增长和吸纳就业的作用进一步凸显，这有经济发展进入新常态，需要推动速度变化、结构优化、动力转换的因素；但加强对服务业发展的战略、规划引导和政策支持，也是一个重要原因。《中华人民共和国国民经济和社会发展第十三个五年规划纲要》第二十四章明确要求“加快推动服务业优质高效发展”，“开展加快发展现代服务业行动，扩大服务业对外开放，优化服务业发展环境，推动生产性服务业向专业化和价值链高端延伸，生活性服务业向精细化和高品质转变”。2012年12月发布的《服务业发展“十二五”规划》，明确了服务业市场化、产业化、社会化、国际化的发展方向，并就服务业发展的总体要求和重点任务、扩大服务业开放、改革完善服务业发展体制机制和强化规划实施保障等提出了具体规划。这是改革开放以来，或者说迈向全面小康时代中国服务业新政出台最为密集的时期，既包括《国务院关于加快发展生产性服务业促进产业结构调整升级的指导意见》（国发〔2014〕26号）、《国务院办公厅关于加快发展生活性服务业促进消费结构升级的指导意见》（国办发〔2015〕85号）等服务业发展的综合性文件，还包括更多类似《国务院关于积极推进“互联网+”行动的指导意见》（国发〔2015〕40号）、《国务院办公厅关于推进农村一二三产业融合发展的指导意见》（国办发〔2015〕93号）等涉及服务业特定领域发展的文件。这为促进服务业地位作用的迅速凸显，提供了更加优越的政策环境。

从上述分析可见，随着服务业发展水平的提高，加强对服务业发展的战略、规划引导和政策支持，对于促进服务业发展的重要性日趋凸显。与此相结合，促进服务业改革政策和发展政策协调互动，也日益具有重要意义。近年来，服务业在各地产业结构演变、经济发展和国计民生中的重要性迅速凸显，各地对服务业发展的重视程度不断提高，但服务业发展中地区之间、企业之间同质竞争的问题却日趋突出，重复投资、盲目建设的问题也日趋严重。在此背景下，加强对服务业发展的战略、政策和规划研究，以及促进服务业改革开放政策和发展政策的协调，更应引起重视。

（三）需求是服务业发展的重要导向，现代服务业发展还对创造需求、引导需求提出了更高要求

20 世纪 70 年代末到 80 年代中期，服务业实现了较快的恢复性发展。这在很大程度上得益于城乡商品经济恢复性发展对服务业的需求。一方面，城乡居民收入水平的迅速提高，要求加快发展便民利民的服务业，更好地满足城乡居民的生活需求，特别是解决温饱问题的需求；另一方面，农业劳动力剩余问题日益显性化，大批下乡知识青年回城增加了城市就业压力，也要求通过加快发展就业门槛低、吸纳就业能力强、对劳动技能要求不高的服务业，开拓非农就业机会。

从 20 世纪 90 年代初到本世纪初，其他服务业占 GDP 比重迅速提升，成为支撑服务业占比较快提升的主要力量。这与同期居民收入和消费水平提高，带动教育、卫生等非营利性服务业和信息服务、商务服务、文化娱乐等营利性服务需求的迅速扩张有很大关系。如从城市居民家庭人均消费支出及其结构变化来看，在人均消费支出总量迅速扩张的同时，食品、衣着等温饱支出增幅放缓，且占比降幅较大；但医疗保健、交通通信、教育文化娱乐等服务支出增加显著，且占比提高明显（见图 1–6）。产业发展规模的扩大和产业结构优化升级的推进，导致对信息服务、租赁和商务服务、科技服务等需求迅速扩张和升级，也是此期其他服务业更快发展和占比提高的重要原因。这一时期在经济较快增长的同时，政府一般公共预算收支增长较快，也为教育、卫生等公共服务业的较快发展创造了条件。

从本世纪初到 2011 年前后，中国服务业增加值的增速较 20 世纪 80 年代中期以来都有所加快。这得益于 2001 年中国加入 WTO 后对外开放迅速扩大

带来的体制机制改革激发效应，但同外部需求的迅速扩张，以及国民经济特别是工业持续高速增长带来对生产性、生活性服务需求的拉升效应，也有很大关系。2005 年、2006 年、2007 年是迈向全面小康时代中国唯一一个连续 3 年货物和服务净出口对 GDP 增长贡献率超过 10%、拉动经济增长 1 个百分点以上的时期。2008 年以后，受国际金融危机的影响，第二产业包括工业增加值的增长全面放缓，弱化了需求对服务业发展的拉动效应，成为对应阶段服务业增加值增速放缓的重要原因。面对严峻的国内外形势，许多企业发展难度陡增，甚至维持运转的难度也空前加大。这些企业首先压缩或抑制增长的往往是服务需求。与本世纪初期或中期情况相比，2008 年以后城镇居民收入增长明显放缓，也在很大程度上抑制生活性服务需求的扩张进而控制生活性服务业的发展。与 2003—2007 年这一时段相比，2008—2011 年，第二产业和工业对经济增长的贡献率不降反升，第二产业对经济增长的贡献率由 42.6% 上升到 45.0%，工业对经济增长的贡献率则由 36.1% 上升到 37.5%，分别上升了 2.4 个和 1.4 个百分点。究其原因，同 2008 年以后为应对国际金融危机，国家在扩大国内需求、促进房地产市场健康发展、搞活流通扩大国内消费并保持对外贸易稳定增长、稳定外需等方面连续多次出台更加有力的措施密切相关。

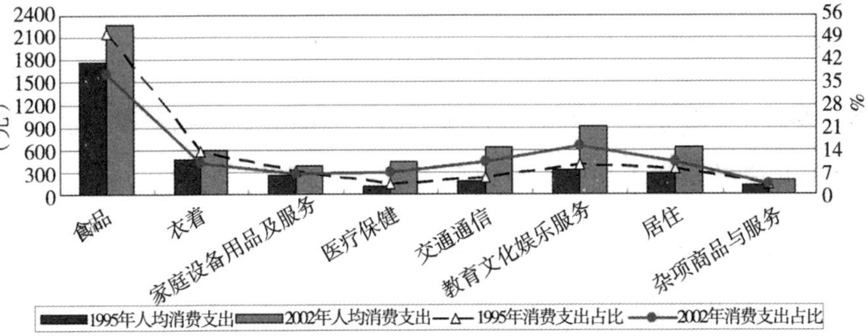

图 1-6　1995—2002 年城市居民家庭人均消费支出（当年价）及其结构变化

2012 年以来，中国服务业增速虽然高于第二产业和工业，但增速明显放缓，一个重要原因是，经济发展进入新常态，从高速增长转向中高速增长，抑制了产业发展对生产性服务业需求的更快扩张。在城镇化率 2011 年已达 51.3%、2017 年已达 58.5% 的背景下，近年来城镇居民收入增长较之前明显放缓，也在相当程度上抑制了城镇居民生活性服务需求的扩张。从 2008 年开始的国际金融危机对中国服务业发展、服务业需求的影响进一步深化，也是值得重视的原因。2004 年中国服务业增加值的增速跃升到 10% 以上，此后持续增加到 2007 年的 16.1%，从 2008 年开始服务业增加值的增速在波动中趋于放缓，2012 年以来一直在 8% 上下徘徊，服务业增速降档特征比较鲜明。

在迈向全面小康时代，中国服务业行业结构演变中最引人瞩目的现象，是其他服务业占比呈现持续大幅度提高的趋势。1978 年，其他服务业仅占 GDP 的 7.2%，2017 年增加到 21.1%，尤其是 2009—2017 年 9 年间其他服务业占比提高了 4.5 个百分点。其他服务业包括营利性服务业和非营利性服务业。近年来，政府加强教育、卫生、水利等基本公共服务、鼓励非基本公共服务发展，是支撑其他服务业较快发展的重要原因。但以信息服务业、租赁和商务服务业等为代表的营利性服务业较快发展，是其他服务业较快发展及其占比较快提高更为重要的原因。如 2017 年信息传输、软件和信息技术服务业增加值较上年实际增长 26%，租赁和商务服务业增加值较上年实际增长 10.9%，增速分别快于服务业总体 18.0 个和 2.9 个百分点。但是，这些新兴服务业相对于传统服务业发展，不仅需要适应需求、面向需求，更需要创造需求、引导需求，通过新型服务消费的引导和示范，激发潜在的服务需求。

（四）城镇化、信息化日益成为服务业发展的重要带动力量，引导服务业高质量发展需要更加重视城市群和产业融合的作用

一般而言，城市往往是服务业企业的主要集聚地，也是服务业需求较为集中的地方。城镇化带动的产业集聚和产业升级，为深化服务业分工协作、促进服务业与三次产业的融合发展提供了重要支撑。城镇化带来的人口集聚和生活方式转变，也为生活性服务业发展创造了更加优越的条件。推进工业化、信息化、城镇化和农业现代化同步发展，也对推进城镇化转型升级、促进服

务业优质高效发展提出了强烈需求。现代服务业高集群性、高创新性的特点，有利于知识、科技、信息、人才较为密集的城市成为发展服务业的主要载体（姜长云，2011）。城市较高的要素成本，也容易形成对现代服务业发展的筛选机制，将部分发展层次较低的服务业拦截在城市载体之外。当然，不同类型服务业由于功能作用和需求特征不同，其分布特点也有较大差别。比如，满足基本民生需求的服务业往往需要随着人口和社区分布格局的调整，形成相对均衡分布。但就总体而言，现代服务业的集聚集群集约发展，也为推动城市的集约型、紧凑式发展，为增强城市创新能力和辐射带动能力、为提升城市品质提供了强劲支撑。

迈向全面小康时代中国服务业发展的经验充分证明，服务业尤其是现代服务业发展，与城镇化之间往往具有较强的良性互动关系（见图 1–7）。中国共产党第十九次全国代表大会要求“以城市群为主体构建大中小城市和小城镇协调发展的城镇格局，加快农业转移人口市民化”“建立健全城乡融合发展的体制机制和政策体系”。2017 年中央经济工作会议要求，“提高城市群质量，推进大中小城市网络化建设，增强对农业转移人口的吸引力和承载力，加快户籍制度改革落地步伐”。2018 年 1 月 30 日中央政治局围绕建设现代化经济体系进行集体学习时强调“建设彰显优势、协调联动的城乡区域发展体系”。要结合引导服务业集聚集群集约发展，做好促进服务业与城镇化良性互动的大文章。

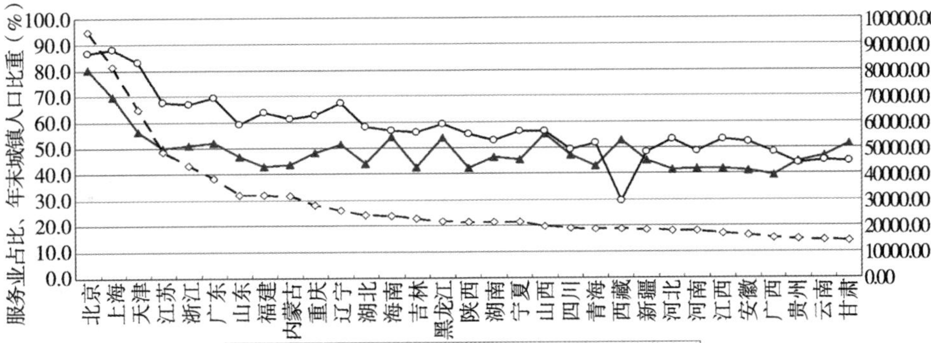

图 1–7　2016 年各省份服务业占比、城镇人口比重、人均服务业增加值关系

在迈向全面小康时代，随着服务业发展及其在经济社会发展中地位和作用的提升，产业融合的重要性日趋凸显。产业融合以产业链延伸、产业范围拓展和产业功能转型为表征，以技术融合和体制机制创新为动力，通过实现产业之间的融合渗透和交叉重组，形成新技术、新业态、新商业模式，实现产业跨界融合、要素跨界流动和资源集约配置，激发新的市场需求及其整合集成，带动产业布局的优化调整、产业发展方式转变和产业提质增效升级。产业融合往往是服务业拓展市场空间、培育新动能的重要途径，也是对产业结构转型升级和发展方式转变发挥引领带动作用的重要方式。近年来，许多服务业新产业、新业态、新模式发展很快，与服务业同其他产业的融合发展有密切关系。随着服务业发展水平的提高，服务业不同行业之间的融合发展，也是实现产业融合的重要途径。如物流业与金融业的融合、信息服务业与交通运输业的融合。产业融合增加了服务业发展方式的多样性和复杂性。信息化的发展不仅加快了产业融合的进程，也为拓展升级产业融合提供了新的路径。近年来，各种“互联网 +”“+ 互联网”、数字经济、平台经济迅速发展，运用大数据等促进产业转型升级的故事频繁涌现，就是对信息化、产业融合重要性的很好说明。许多服务业新产业、新业态、新模式的成长，往往与信息化、产业融合高度相关。通过推进产业融合，带动城乡融合发展，也日益成为实现工业化、信息化、城镇化、农业现代化协同发展的重要途径（姜长云，2018）。

三、关于未来服务业发展的几个判断

（一）服务业劳动生产率增速放缓、与第二产业差距拉大对全社会劳动生产率的影响值得重视，提高服务业劳动生产率日趋紧迫

从图 1–4 和图 1–8 可见，无论是按当年价格计算，还是按不变价格计算，近年来中国服务业劳动生产率增速放缓的问题都日趋突出，服务业与第二产业劳动生产率的差距也有拉大趋势。甚至按当年价计算中国服务业与第二产业劳动生产率绝对差距拉大的现象，从 20 世纪 90 年代初期以来就已经开始，进入本世纪以来进一步扩大。按当年价计算，2017 年中国服务业劳动生产率人均 122456.84 元，相当于第二产业劳动生产率的 79.9%，与第二产业劳动生产率的绝对差距由 2011 年的 21499.97 元扩大到 2017 年的 30870.96 元。按不变价格计算，2012 年以来服务业劳动生产率的增长较前一阶段明显放缓，进入自 20 世纪 90 年代初期以来服务业劳动生产率增长最慢的时期。

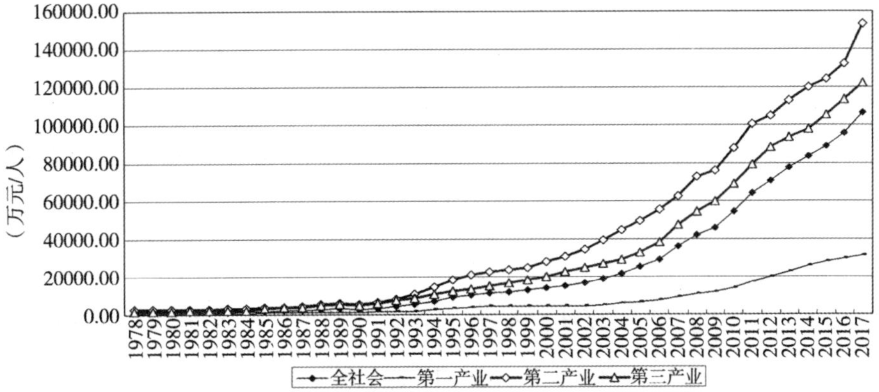

图 1–8　迈向全面小康时代按当年价格计算三次产业劳动生产率的变化

我们之前的研究显示，随着服务业在国民经济中相对重要性的凸显，服务业劳动生产率增长放缓、与第二产业劳动生产率差距拉大的现象，将会制约全社会劳动生产率的提高，影响城乡居民收入的增长，甚至妨碍服务业乃至整个经济运行质量、效益和竞争力的提升和创新能力的成长，加剧服务业国际竞争的劣势。当然，这种现象的形成有服务业与第二产业属性差异的因素。但在服务业增加值已经超过 GDP 半壁江山的背景下，提高服务业劳动生产率的问题还是应该引起重视。为此，要以推进服务业供给侧结构性改革为主线，加大服务业改革开放和制度创新的步伐，积极引导服务业集聚集群集约发展，努力激发体制机制改革和制度创新对提高服务业劳动生产率的促进作用（姜长云，2018）。

（二）客观看待近年来服务业占比的提高，防止影响服务业乃至整个经济的高质量发展

从前文分析可见，改革开放以来，中国服务业占比连续 3 年以上大幅度提高的时期只有两个，分别是 1997—2002 年（年均提高 1.43 个百分点）和 2012—2016 年（年均提高 1.48 个百分点）。这两个时期的共同特点在于，GDP、第二产业和工业增加值的增速均较前期有明显放缓，服务业增加值的增速在总体上快于第二产业和工业。而且服务业占比的提高，同服务业价格水平的较快上涨也有很大关系。尤其是 2012—2016 年，按当年价格计算的服务业增加值占比增加了 7.4 个百分点，但按不变价格计算的服务业增加值占比仅增加 1.7 个百分点（见表 1-7）。可见，按当年价格计算服务业占比的上升，主要是价格因素作用的结果。当然，此处导致服务业占比提升幅度较大的价格因素，既包括服务业价格涨幅较大，如房租、劳动力成本较快上升导致的结果，又包括工业品价格降幅较大的作用。如以上年同月为 100，则自 2012 年 3 月起到 2016 年 8 月，全国工业生产者出厂价格指数连续 54 个月低于 100。可见，近年来服务业占 GDP 比重的较快提高，既有符合产业结构演进规律和产业结构优化升级等方面的积极因素，也有国民经济由高速增长转向中高速增长背景下第二产业尤其是工业增速放缓的因素，与服务业价格较快上涨、工业价格整体下降的作用也有密切关系。付保宗（2014）的研究发现，工业比重的下降，容易导致经济高速增长阶段的终结；工业比重过早出现拐点，容易成为经济过早进入低速增长区间的原因。在工业进而GDP增速放缓的背景下，如果价格因素的作用能够支撑按当年价格计算的服务业增加值出现较快增长，那么服务业占GDP比重出现较大幅度提高很可能就是“水到渠成”的。

可见，如果不加区分，将服务业占GDP比重的提高简单归结为产业结构优化升级的结果，容易形成片面、误导性结论。近年来中国服务业占GDP比重的提高，既有积极的一面，也有消极的一面。消极的一面在于，服务业占比的提高在相当程度上不是因为服务业发展形势太好，而是工业发展形势不好。进一步说，工业增速放缓，与发展阶段由高速增长转向中高速增长的背景有关。但如据此简单否认与服务业占比较快上升相关的经济运行风险因素，也不是明智之举。

表 1-7 部分时期中国三次产业增加值增速和占比的变化

单位：（%）

		第一产业	第二产业	第三产业	工业
增加值实际增速	1997—2002 年	2.88	9.24	9.76	9.56
	2012—2016 年	3.91	7.21	8.01	6.99
按 2015 年不变价格计算占 GDP 比重的增加	1997—2002 年	–6.95	2.07	3.88	2.30
	2012—2016 年	–1.49	–0.17	1.66	–0.50
按当年价格计算占 GDP 比重的增加	1997—2002 年	–6.0	–2.6	8.6	–1.8
	2012—2016 年	–1.5	–5.9	7.4	–6.0

上述两个时期，中国服务业占GDP的比重都有连年大幅度的提高，但其明显不同之处值得重视。1997—2002年间，在服务业占GDP比重大幅提高的同时，服务业占就业比重增幅不大，由26.0%提高到28.6%；同期服务业新增就业人数相当于全社会新增就业人数的70.0%。这一时期成为迈向全面小康时代中国服务业劳动生产率增长较快的时期。但2012—2016年中国服

务业占 GDP 和就业比重分别增加了 7.4 个和 7.8 个百分点，服务业吸纳就业比重的增幅大于占 GDP 比重的增幅，且服务业成为三次产业中唯一吸纳就业增加的行业。同期服务业吸纳新增就业人数相当于全社会新增就业人数的 547.3%。由此导致按 2015 年不变价格计算，2012—2016 年间服务业劳动生产率仅年均递增 3.5%，成为自 20 世纪 80 年代中期以来服务业劳动生产率增长最慢的时期。这在一定程度上反映出该期服务业发展出现了低端化、泡沫化问题，凸显了推进服务业高质量发展的重要性和紧迫性。

近年来，有些地方把服务业占 GDP 比重，甚至服务业占就业比重的变化作为考核服务业发展状况的重要指标。虽然我们不能全盘否认其合理性，但综合前文分析可见，在判断服务业发展状况时，过分强调这两个因素也会带来严重问题。片面追求服务业占 GDP 比重的提高，如果届时能够实现目标，很可能会以工业进而整个经济增长速度进一步放缓、妨碍经济中高速增长为代价，甚至影响整个经济的高质量发展。片面追求服务业占就业比重的提高，还可能以服务业劳动生产率降低为代价，带来服务业低端化、泡沫化问题，影响服务业高质量发展。

（三）中国产业结构由工业主导向服务业主导的转变仍处于推进之中，简单否定工业或制造业发展的重要性有失偏颇

从前文分析可见，从本世纪初，中国产业结构从工业主导向服务业主导的转变即已启动，但由于近年来按不变价格计算的服务业占比增幅，明显小于按当年价格计算的服务业占比增幅，简单地说中国产业结构已经实现从工业主导向服务业主导的转变，还有些过早。中国产业结构仍处于从工业主导向服务业主导的转变之中。如果考虑到近年来服务业占 GDP 比重的连年大幅上升，经历了前一阶段服务业占比缓慢提高的“蓄能”准备阶段，就更容易理解近年来服务业占比的连年大幅上升难以长期持续的现状。2003—2011 年 9 年间，中国服务业占比由 42.2% 提高到 44.2%，年均递增 0.22 个百分点。况且，按照国家外汇管理局口径，2017 年中国服务贸易收入 2065 亿美元，

支出 4719 亿美元；服务贸易逆差 2654 亿美元，较上年增长 14%，其中运输项目逆差 561 亿美元，旅行项目逆差 2251 亿美元，分别较上年增长 20% 和 9%[1]。庞大且不断增长的服务贸易逆差说明，中国服务业的国际竞争力还比较弱，还难以成为中国经济社会发展唯一的主引擎（姜长云，2016），中国经济社会发展仍然需要发挥工业与服务业“双引擎”作用。

近年来，有些研究提出，工业已经不是中国经济发展的主导产业，中国正处于“去工业化”的过程之中；有些地区甚至提出基于其资源优势和区位条件，应该绕过工业化阶段，直接从以农业为主导的经济结构转向以服务业为主导的经济结构[2]。我们不否认在少数地区这有其合理性，但就多数地区而言，片面否认发展工业或制造业的重要性，过度强调工业与服务业对立的一面，忽视其建立融合互补关系的必要性和合理性，可能是比较危险的。

美国佐治亚理工学院制造研究院院长、美国国家科学院材料与制造委员会主席王绪斌（2018）提出，制造业在衡量一国宏观经济的直接影响力方面具有举足轻重的地位，对国家投资的回报率是其他行业难以比肩的，制造业在拉动就业和孵化创新方面往往具有特殊重要的作用，因此制造业是国家经济的命脉。从美国制造业的历史和现状可见，制造业衰退必将导致国家层面的危机，最终将使经济社会生活蒙上浓浓的阴霾。夏杰长、倪红福（2016）的研究提出，在全球价值链背景下，服务业与制造业的界限日益模糊，形成了“你中有我，我中有你”的格局，经济发展更需要工业与服务业“双轮驱动”、融合发展；应避免从过去片面强调工业主导地位转向单纯强调服务业主导地位。李钢（2013）的研究证明，“二战”后发达国家第三产业比例不断提升，主要是由于第三产业价格上涨速度快所致，而第三产业实际产出增长更快并

[1] 参见《2017 年中国国际收支报告》，国家外汇管理局网站，2018 年 3 月 29 日。

[2] 如果把第二产业占 GDP 比重出现稳定的趋势性下降粗略地当作进入“去工业化”阶段，那么当前我国 31 个省、市、自治区中仅西藏、宁夏回族自治区第二产业占比仍处于上升阶段，未进入“去工业化”阶段；其他省份第二产业占 GDP 比重均处于下降阶段，有的降幅较大；真正服务业占比下降的也仅西藏自治区，其他 30 个省、市、自治区服务业占比均处于上升轨道。2017 年服务业占比超过 50% 的省份已达 13 个。

不是重要原因；与中国经济发展水平相同时，美日两国第二产业占比仍处于上升阶段。

自 2007 年开始，中国第二产业和工业占比均转入下降轨道，有人据此认为从当时起，中国的去工业化就已启动。但是，倘若中国的收入分配格局有所调整，中低收入群体、中低收入地区增收的步伐进一步加快，城乡之间、区域之间、不同收入群体之间的收入差距有所缩小，国内第二产业或工业需求扩张的空间仍会很大，当前许多地方的“过剩产能”很可能就会转换成“有效供给”。因此，如果在调节收入分配方面有更大力度，工业化仍可成为许多地区经济进一步发展的重要动力，通过促进工业化转型，实行与高质量发展相适应的再工业化，仍有很大空间。魏后凯（2018）提出，要高度重视区域的再工业化问题，并把中西部的中小城市作为实现再工业化的重要载体，我们认为这种观点是值得重视的。香港作为服务业占 GDP 比重达到 90% 以上、高度自由的市场经济体，已成为全球闻名的国际金融、航运、贸易中心，近年来“构建全方位‘再工业化’政策体系”的问题都已引起特区政府和社会的重视[1]。当然，这种“再工业化”一定是建立在工业与服务业融合发展的基础上。在当前发展阶段下，中国应该如何科学处理工业、制造业与服务业的关系，据此应该得到某些启示。

（四）推进服务业高质量发展要加大服务业改革开放和政策创新力度，深化服务业体制机制改革和监管方式创新

就总体而言，服务业改革开放仍是中国改革开放最薄弱的环节，推进服务业改革开放容易因意识形态、国家安全和战略利益等“借口”而遭遇障碍，甚至被迫“半途而废”。随着服务业发展水平的提高，推进产业融合、信息化与服务业融合对服务业发展的重要性和紧迫性迅速凸显。这往往进一步增大推进服务业改革开放的难度，甚至要求将深化服务业改革开放同深化整个经济社会领域的改革开放有机结合起来，将深化服务业对内开放与对外开放

[1] 张庆波：《“再工业化”，为香港未来发展储能》，《人民日报》2018 年 6 月 7 日，第 20 版。

有机结合起来。当前，一方面推进服务业对外开放仍然任重道远，另一方面在许多地方服务业对外开放的步伐往往明显快于对内开放的脚步，甚至存在“对外开放积极、对内开放消极”的问题。《外商投资准入特别管理措施（负面清单）（2018年版）》说明中提出，《外商投资准入负面清单》之外的领域，按照内外资一致原则实施管理。这实际上要求在不同地区的内资企业之间也按一致原则管理。2018年4月，习近平主席在博鳌亚洲论坛2018年年会开幕式上的主旨演讲中提出，在扩大开放方面，中国将采取大幅度放宽市场准入、创造更有吸引力的投资环境、加强知识产权保护、主动扩大进口等重大举措，并尽快使之落地。2018年6月，《国务院关于积极有效利用外资推动经济高质量发展若干措施的通知》（国发〔2018〕19号）发布。要以此为契机，做好服务业“建设多元平衡、安全高效的全面开放体系，发展更高层次开放型经济”的文章，激发开放对改革、改革对发展的带动效应。

近年来，在服务业迅速发展的同时，各种新产业、新业态、新模式快速成长，成为发展服务业中的亮点所在，也是培育经济发展新动能的重要途径。在此背景下，创新新兴服务业监管方式日益重要而紧迫。为此，加强对以下问题的研究至关重要。

——如何科学辨识新兴服务业的真发展和伪发展？如近年来广受关注的共享雨伞，到底是商家的营销方式还是服务业新业态。本来25元一把的雨伞，让你交30元钱押金，用完后商家（或平台，下同）收取少量费用，要求使用者归还雨伞。但许多使用者用完后并不归还，也不要求商家退还押金。实际上，使用者不归还雨伞，恐怕也是商家乐见其成的。

——如何把握新兴服务业的产业属性？只有以此为依据科学制定监管措施，才能统筹协调争取创新收益与抑制创新风险的矛盾。如网约车或共享单车恐怕不是一个单纯的交通运输服务业问题，其中涉及金融创新与信息服务业、交通运输业的融合发展问题。将其简单归结为交通运输服务业问题，恐怕会引发许多难以解决的后续矛盾。

——在新兴服务业发展中如何全面贯彻新发展理念？网约车对推进交通

运输方式变革、激发出租车改革的影响值得肯定。网约车加盟城市交通竞争后，淘汰的部分出租车司机属于劳动力市场的低端，其收入水平和就业竞争能力往往较差，在鼓励服务业创新提高城市交通效率的同时，怎么样解决这些人共享发展的问题，值得认真思考。实际上，近年来许多新兴服务业的发展，都存在机会和收益越来越向少数人集中的问题。怎么解决好五大发展理念中创新与共享的矛盾？如果不注意这些问题，调节收入差距、促进共享发展，可能只是空谈。

——新兴服务业发展中带来的垄断问题。许多与网络经济相关的新兴服务业发展，存在“先下手为强”的问题，“网络会鼓励成功者取得更大的成功”。尽管这些先行者往往以创新为其显著特征，但待其形成垄断后，有可能形成对进一步创新的障碍。从历史经验看，垄断者往往缺乏动力去改善面向其服务对象的服务。尤其是许多与网络经济相关的新兴服务业，许多取得垄断地位的先行者往往倾向于收编新加入的竞争者。这更容易形成对竞争和创新的抑制效应。如何在顺应网络经济发展规律的基础上，科学把握新兴服务业与传统产业中垄断特点及其影响的差异，形成适应新兴服务业特点和发展要求，又能保障不同类型服务业公平竞争的反垄断措施，是未来创新新兴服务业监管方式必须重视的问题。

第二章 后小康时代：中国服务业发展的新方位

按照迄今为止中国经济社会发展的进展、成效和可以预见的趋势，2020年在中国实现全面建成小康社会的目标，应该是没有问题的。2020年初新冠肺炎疫情突发并一度扩散蔓延，影响人民群众的生命安全和身体健康，也对国民经济运行产生了较大的冲击影响，导致部分企业经营困难增加甚至破产倒闭。但综合分析抗击非典等重大传染病疫情的历史经验和当前防控新冠肺炎疫情的现实，新冠肺炎疫情对国民经济运行的冲击影响主要是阶段性和暂时性的，只要我们在疫情期间注意统筹推进疫情防控和经济社会发展，并始终注意统筹推进稳增长、促改革、调结构、惠民生、防风险、保稳定，实现全年经济社会发展目标任务，进而确保全面建成小康社会和“十三五”规划圆满收官，是有保障有底气的。待全面建成小康社会目标实现后，我们实际上进入了后小康时代。习近平总书记在中共十九大报告提出了“新时代中国特色社会主义发展的战略安排”。据此，我们认为，从2021年开始到本世纪中叶把我国全面建成社会主义现代化强国前，我国都处于后小康时代。后小康时代经济社会发展的特征，将对服务业发展及供求格局变化产生深刻影响，成为影响中国服务业发展的新方位。当然，研判中国服务业发展的新方位，既要结合经济社会发展水平，又不能唯经济社会发展水平。要把后小康时代与中国进入后小康时代后经济社会人口结构的变化结合起来，把服务业发展放在整个产业发展甚至经济社会发展的框架中，进行综合把握。

一、后小康时代的主要任务和服务业发展

中共十六大明确要求“在本世纪头二十年，集中力量，全面建设惠及十几亿人口的更高水平的小康社会，使经济更加发展、民主更加健全、科教更加进步、文化更加繁荣、社会更加和谐、人民生活更加殷实”。中共十七大和十八大进一步充实了全面建设小康社会、全面建成小康社会的目标要求。按照习近平总书记在中共十九大报告勾画的到本世纪中叶把中国建成社会主义现代化强国时的宏伟蓝图，“到那时，我国物质文明、政治文明、精神文明、社会文明、生态文明将全面提升，实现国家治理体系和治理能力现代化，成为综合国力和国际影响力领先的国家，全体人民共同富裕基本实现，我国人民将享有更加幸福安康的生活，中华民族将以更加昂扬的姿态屹立于世界民族之林”。那么，介于2020年全面建成小康社会到本世纪中叶把中国建成社会主义现代化强国时的中间状态和过渡阶段，实际上就是后小康时代的真实图景。可见，在后小康时代，不仅经济发展和产业结构演变对服务业发展提出了要求，满足人民日益增长的美好生活需要以及其他方面的发展和结构变化也对服务业发展提出了需求。比如，推进国家治理体系和治理能力现代化，不仅需要相关公共服务及时跟进，对于发挥市场化服务的潜力也有强烈要求。二者不可或缺，但都与服务业发展密切相关。

习近平总书记在中共十九大的报告中提出“从现在到二〇二〇年，是全面建成小康社会决胜期”“从十九大到二十大，是‘两个一百年’奋斗目标的历史交汇期。我们既要全面建成小康社会、实现第一个百年奋斗目标，又要乘势而上开启全面建设社会主义现代化国家新征程，向第二个百年奋斗目

标进军”。鉴于当今世界正经历百年未有之大变局，中国结构性、体制性、周期性矛盾相互交织，“三期叠加”影响持续深化，经济下行压力加大。考虑到后小康时代实际上是一个长达30年的未来过程，而且在分析经济社会发展前景时，越是远期往往越难把握、越容易陷入抽象，越是近期越容易准确把握并看得清晰具体。本章在分析后小康时代这个中国服务业发展的新方位时，重点关注未来10年即“十四五”和“十五五”时期（2021—2030年），相当于后小康时代的前期。需要指出的是，“十四五”规划是全面建成小康社会后的第一个五年规划，又是开启全面建设社会主义现代化国家新征程、争取到2035年基本实现社会主义现代化的第一个五年规划。李克强总理2019年11月在主持召开研究部署“十四五”规划编制专题会议时强调，“十四五”时期，外部环境可能更加复杂，不确定性和挑战更多；中国正处在转变发展方式、优化经济结构、转化增长动力的关键时期，人民对美好生活有更多期盼。[1]“十四五”时期（即2021—2025年）经济社会发展状况，对于整个后小康时代的经济社会发展具有关键性的影响，甚至影响到能否为开启全面建设社会主义现代化国家新征程开好局、起好步、打好基础。因此，本章在将未来10年作为分析后小康时代的重点时，特别关注“十四五”时期。

虽然我们到2020年可望实现全面建成小康社会的目标，并且实现这一目标可望“得到人民认可、经得起历史检验”；但与到2035年基本实现社会主义现代化，特别是本世纪中叶“建成富强民主文明和谐美丽的社会主义现代化强国”时的状态相比，在后小康时代的前期，尤其是“十四五”时期，我们建成的全面小康社会仍然存在一些短板、漏洞和弱项。如有些刚刚摆脱绝对贫困的贫困县、贫困乡、贫困村和贫困户，甚至部分早已摆脱贫困、但收入水平只是略高于贫困标准的边缘户，仍然需要“扶上马，送一程”，帮助其实现从摆脱贫困到实现小康的阶段跨越难度更大。至于如何实现扶贫工作方式由集中作战向常态推进的调整，推进扶贫工作重心向解决相对贫困转移，

[1]《李克强总理主持召开研究部署‘十四五’规划编制专题会议》，中国新闻网，http://www.chinanews.com/gn/2019/11-26/9018077.shtml，2019年11月26日。

推进脱贫攻坚与实施乡村振兴战略有机衔接；如何统筹解决城乡贫困问题，更是任重道远。因此，至少在后小康时代的前期（2021—2030 年），建设高水平的全面小康社会仍然是这一阶段面临的主要任务之一。借此，进一步夯实建成“惠及十几亿人口的更高水平的小康社会”的成果，努力“使人民获得感、幸福感、安全感更加充实、更有保障、更可持续”。与此同时，依据到 2035 年基本实现社会主义现代化的战略需求，按照抓重点、补短板、强弱项的要求，扎实开启全面建设社会主义现代化国家新征程，推进由小康社会向富裕社会跨越的“局部突破”和“重点跨越”，也是后小康时代面临的另一项主要任务。在此期间，中国服务业发展应该服从和服务于这两项主要任务。

李克强总理强调，编制好“十四五”规划，要坚持以习近平新时代中国特色社会主义思想为指导，把发展机遇研判准，把困难挑战分析透，立足中国基本国情和发展阶段，坚持发展这一第一要务，突出保持经济运行在合理区间、推动高质量发展，突出以人民为中心的发展思想，突出以改革创新破解发展难题，实事求是、遵循规律，着眼长远、统筹兼顾；谋划“十四五”时期经济社会发展，要注意“三个围绕”，即围绕推动经济发展、增进人民福祉、防范化解风险等，围绕增强发展内生动力、激发市场主体活力，围绕补短板、促升级、增后劲、惠民生。实际上，这不仅适用于“十四五”时期，也应是谋划后小康时代中国服务业发展的重要遵循。

在后小康时代，随着城乡居民收入和消费水平的提高，人民群众对美好生活的需要内涵日益丰富，日益呈现消费需求个性化、多样化和优质化、绿色化、服务化的趋势。这不仅会通过消费需求的服务化，带动生活性服务消费需求的扩张，还会通过消费需求的专用化、方便化、特色化、优质化、精致化、安全化、品牌化、体验化，对推进产业转型升级，特别是生产性服务业、生活性服务业提质增效扩容提出强烈需求。如随着人民对美好生活需要内涵日趋丰富，城乡居民生活对科教、文卫、休闲娱乐、健康养生、环境、景观、体验功能的需求日益提升，要求通过科技服务业、文化服务业、健康服务业甚至环境服务业的发展来呼应。近年来，电子商务和各种“互联网 +”型服务业日益受到重视，一个重要原因是它具有较好的链接和匹配功能，能把空间遥远的供求有效链接起来，为促进无效供给向有效供给的转化提供了通道；也可以把来自不同地方、不同群体的供给有效匹配起来，更好地满足多样化、集成化的需求。它还可以把之前难以满足的细分市场、小众市场、长尾市场需求有效整合起来，为相关产业的规模化、市场化发展开辟了道路。

二、怎样看待中国进入高收入国家

（一）关键是做好自己的事

改革开放以来，中国经济社会发展的成就令世界瞩目。尤其是近年来面对国内外风险挑战明显上升的复杂局面，中国经济运行仍然保持在合理区间，经济稳中向好、长期向好的基本趋势并未改变，全面建成小康社会和推动经济提质增效升级不断取得新的重大进展。中国经济规模稳居世界第二，对世界经济增长的贡献率接近 30%，持续成为世界经济增长的主要引擎（盛来运，2020）。尤其是 2019 年全国 GDP 逼近百亿元大关，人均 GDP 跨越 1 万美元关口。在此背景下，关于中国将在何时跨入高收入国家行列的争论，日益成为经济研究的热点之一。有人认为，到“十四五”末，中国进入高收入国家行列是大概率事件（郭春丽、易信，2020），还有人认为中国跨过高收入国家门槛的时间会更早。如李稻葵（2019）认为，经济稳增长三年，到 2021 年中国完全有望达到世界银行定义的“高收入国家”门槛，迈入高收入国家行列。那么，怎么看待这个问题呢？

根据李迅雷（2019）的研究，世界银行的高收入国家标准是个相对概念，不同年份也有一定差别，但高收入经济体所覆盖的人口一般不超过世界总人口的 20%，最多不会超过 25%。一个国家是否进入高收入国家行列，要看其人均国民总收入（GNI）有无达到世界银行设定的标准，这不仅取决于所在国按本国货币计算的人均 GNI 水平，还要受所在国货币与美元汇率变化及通货膨胀因素的影响。按照 2019 年世界银行设定的标准，高收入国家人均 GNI 超过 12375 美元。在此标准下，2019 年全球高收入国家人口占全球总人口的 15.59%。迄今为止，在全球高收入经济体中，只有美国和日本的人口超过 1 亿人。2018 年中国人口占全球总人口的 18.3%，超过全球高收入国家人口总和。倘若有朝一日中国进入高收入国家行业，那么高收入国家占全球总人口的比重将大大超过 25%。如果高收入国家人口占全球总人口的比重大致维持在或略高于现有水平，那么随着中国人均 GNI 逼近世界银行的高收入国家标准，世界银行大幅提升高收入国家标准的可能性将会明显加大，增加中国进入高收入国家行列的难度。[1] 况且，回过头来看，进入世界高收入国家行列也并不是一个很高的标准。如按 2015 年世界银行统计，在全球 215 个经济体中，有 80 个国家进入高收入国家行列。发达国家不仅人均 GNI 水平明显高于高收入国家的平均水平，其科技实力和工业制造能力也是普通高收入国家无法相比的。中国人均 GDP 与人均 GNI 差别轻微。2019 年中国人均 GDP 达到 10279 美元。[2] 虽然从近年的数据来看，中国早已成为全球中等偏上收入国家，人均 GNI 日益接近世界银行设定的高收入国家标准，但仍低于全球人均 GNI 平均水平；2018 年全球高收入经济体的人均 GDP 更是高达 44706 美

---

[1] 因为随着中国日益接近世界银行的高收入国家标准，将会出现两种可能的情景。第一种情景是，有朝一日世界银行将高收入国家标准大幅提升，导致中国进入高收入国家行列的时间被推迟；第二种情景是，需要通过今后一段时期内中国更加卓有成效的发展，将当前处于高收入国家中低端的相当一部分高收入国家挤出高收入国家行列。当然，考虑到多数高收入国家人口规模远小于中国，在后一种情景下，届时被挤出高收入国家行列的国家数应该不少。可见，后一种情况也会导致世界银行的高收入国家标准大幅提升。

[2]2019 年我国人均 GDP 70892 元。央行汇率中间价，2019 年 1 美元相当于 6.8967 元，资料来源为 https://chl.cn/?pingjun_2019。本章 2019 年相关统计数据凡未注明出处者，均来自《中华人民共和国 2019 年国民经济和社会发展统计公报》，参见国家统计局网站，http://www.stats.gov.cn/tjsj/zxfb/202002/t20200228_1728913.html，2020 年 2 月 28 日。

元（林火灿，2020），比当年中国人均 GDP 高 3.5 倍以上。

可见，对于全面建成小康社会后，中国能否、将在何时进入世界高收入国家行业，应该保持宠辱不惊的心态，多些平常心，少些浮躁心理。2019 年 7 月 16 日，国家统计局新闻发言人在回应中国何时成为高收入国家时强调，与讨论能否成为高收入国家、何时迈入高收入国家相比，中国更重要的是集中力量发展经济，让人民生活和收入水平真正提高，推动经济高质量发展。当前，虽然中国经济总量稳居世界第二，但人均水平仍然比较低。[1] 正如习近平总书记在中共十九大报告所指出的，“我国仍处于并将长期处于社会主义初级阶段的基本国情没有变，我国是世界最大发展中国家的国际地位没有变”。在后小康时代，无论中国何时进入高收入国家行列，对于中国的现实国情都应始终保持冷静清醒的认识，切勿沾沾自喜、盲目乐观，导致我们迷失开启全面建设社会主义现代化国家新征程的路。“即使若干年后中国进入高收入国家行列，与人均 GNI 很高的发达经济体相比仍有很大差距”（郭克莎，2019）。把中国列入高收入国家作为饭后谈资是可以的，由此增加对未来发展的信心和决心也是值得肯定的。但千万不能由此“找不到北”。面向未来，既要坚定信心，也要有百折不挠的韧性和强大的定力；既不要因当前的成绩沾沾自喜、迷失方向，又不要因风险隐患丧失信心、耗散动力。集中精力办好自己的事，努力增强人民群众的获得感、幸福感和安全感，才是我们的正事和大事。自吹自擂和自我贬损，都没有太大意思。还是走自己的路，让别人去讨论吧！

基于上述分析可见，在后小康时代阶段，无论中国何时进入世界银行标准的高收入国家行列，都不应影响对中国国情和发展阶段的判断，更不应影响中国服务业发展及其政策选择。

---

[1] 新浪财经，http://finance.sina.com.cn/roll//2019-07-16/doc-ihytcem3983381-shtml，2019 年 7 月 16 日。

（二）注意使用人均 GDP 指标的局限性

顺带需要指出的是，近年来有些研究在讨论中国处于什么发展阶段，如何借鉴国际经验推进产业结构调整升级和服务业发展时，习惯于将中国人均 GDP 水平与发达国家进行比较。我们认为，这种比较的积极意义是值得肯定的，但怎样增强科学性、严谨性，也是必须高度重视的问题。主要原因有以下三个方面：

第一，人均 GDP 是衡量经济社会发展水平和发展阶段的重要依据之一，但仅用人均 GDP 来衡量经济发展水平和发展阶段也存在一定局限（李冠霖、辛红，2005），需要同经济、人口规模和开放特征，民族、区域和时代特征，甚至经济、社会、政治结构和体制因素结合观察。特别是 GDP 不能准确反映一个国家或地区的财富增长情况和福利、收入分配状况，也难以反映经济发展的质量差异和公共服务在经济发展中的作用（许宪春，2010），而这些方面都与服务业发展及其需求密切相关。黄志凌（2020）指出“跻身高收入国家不能忽视财富积累效应”，它不仅意味着较高的人均收入水平，还意味着国民综合财富位居世界前列。

第二，即便用人均 GDP 粗略判断经济发展水平和发展阶段，也需要考虑不同时期汇率和价格变动因素的影响。如果不考虑这些因素的影响，简单进行国家间甚至区域间的比较，容易陷入经济学常识性错误。

第三，是否存在具有普适性的产业结构“国际标准模式”，在产业经济学中一直是个有争议性的问题，何况中国是个发展中巨国，经济发展过程不像许多先发型发达国家那样“循序渐进”“按部就班”，在一定程度上还有不同发展阶段的叠加性质。在许多先发型发达国家发展过程中“空间继起”的不同发展阶段，在中国往往具有“时间并存”甚至“空间叠合”的性质。何况一国产业结构的状况，往往包括符合产业结构运行规律和国情特点的健康因素，也包括产业结构运行中的问题或其他非健康因素。正如郭克莎（2019）在讨论服务业结构问题时所指出的，当前中国金融业和房地产业占 GDP 比重达到或超过大多数发达国家水平，这并不表明中国金融业和房地产业已经发达或成熟，而是资金脱实向虚、投资过度、大量涌入金融业和房地产业的结果。其中有制造业产能过剩、实体经济市场前景不明的原因，也有居民储蓄资金投资渠道不畅、金融业和房地产业投资收益过高吸引资金过多的原因。应该高度重视与此相关的服务业结构性问题和经济运行中的泡沫、风险集聚现象。

可见，在考虑中国服务业发展、结构转变及其政策选择时，固然要结合人均 GDP 等因素，但也要考虑单纯应用人均 GDP 指标进行比较时，如何规避上述局限。

三、有效应对人口快速老龄化的挑战

人口快速老龄化与后小康时代没有因果关系，但在中国即将进入的后小康时代，人口快速老龄化却是如影随形的。因此，探讨后小康时代中国服务业发展的背景和需求，必须考虑如何通过服务业发展及其结构调整，有效应对人口快速老龄化的挑战。实际上，中国人口的快速老龄化，也会对服务业需求和劳动力供给产生深刻影响。

2000 年中国开始进入老龄化社会，当年老年人口（65 周岁及以上人口，下同）约 8872 万人，占总人口的比重达到 7.0%。此后从 2010 年开始中国人口老龄化进程提速（见图 2–1），到 2019 年中国老年人口总数已达 17603 万人，占总人口的比重达到 12.6%；同年 60 周岁及以上人口已达 25388 万人，占总人口的比重达 18.1%。中国老年人口占总人口的比重 2001—2009 年、2010—2015 年分别年均提高 0.17 个百分点和 0.33 个百分点，2016—2019 年年均提高 0.52 个百分点。最近几年来，65 岁以上人口占总人口的比重增幅拉大。2016 年、2017 年、2018 年和 2019 年分别较上年增加 0.3 个、0.6 个、0.5 个和 0.7 个百分点。2019 年，60 周岁及以上但不足 65 周岁人口达到 7785 万人。这部分人口除少量死亡外，在“十四五”时期都将加入老年人口队伍。新中国成立后，中国第一个人口生育高峰是1949—1957年，第二个人口生育高峰是1962—1970年，这两个人口生育高峰期的人口出生率都在35‰上下。到“十四五”期间，在第一个人口生育高峰出生的人口全部达到65周岁及以上，在第二个人口生育高峰出生的人口陆续进入退休年龄。山东、重庆、上海、辽宁、江苏、四川、安徽成为全国人口老龄化程度最为严重的地区，2018年65周岁及以上人口占总人口的比重均高出全国平均水平2.5个百分点以上，老年人口抚养比最高的山东达到22.69%，辽宁、重庆、四川也达到或超过20%。

人口快速老龄化，首先抑制劳动力供给的增加，容易推高产业发展的劳动力成本，加剧产业用工短缺问题；也导致延长退休年龄、缓解劳动力减少趋势的紧迫性明显增加。2011年以来，中国已经呈现劳动年龄人口数量和占比双下降的态势，许多产业面临用工短缺和劳动力成本快速上升的困扰。在“十四五”时期，劳动年龄人口将继续下降，就业总人口也将逐步减少，劳动参与率也持续下降（张车伟等，2019）。1991—2010年间中国人口出生率的下降，对于产业用工短缺和劳动力成本上升起到了推波助澜的作用。这一时间段出生的人口越来越多地进入劳动年龄，并将在“十四五”“十五五”期间全部进入劳动年龄。但人口受教育年龄的提高，将会继续推动劳动参与率下降，导致部分“90后”出生的人口在“十四五”，甚至“十五五”时期仍然不能成为实际的劳动力。产业用工短缺和劳动力成本的增加，容易导致发展劳动密集型产业的比较优势减弱，推动产业发展智能化、数字化、服务化的需求凸显。这不仅会导致产业发展“机器换人”提速，也为相关服务业发展带来发展契机。

人口快速老龄化，还会导致老年人口抚养比加速提高，这不仅容易抑制储蓄增长，有利于促进消费需求扩张，还可以为健康产业、养生养老、文化旅游等产业发展带来新的机遇。近年来实施全面两孩政策，带动人口出生率在总体上呈现提高趋势，进而导致中国少儿抚养比、老年抚养比、总抚养比都有所提高（图 2–1）。当前“90 后”人口已陆续进入结婚年龄。20 世纪 90 年代出生的“90 后”人口出生率下降，容易降低当前结婚、购房、购车甚至部分大宗商品的消费需求。值得注意的是，在新中国成立以来第二个人口生育率高峰期（1962—1970 年）出生的人口到 2022 年开始陆续进入退休年龄，到2027年后才陆续成为老年人口（65 周岁及以上人口）。随着生活质量的提高，即便在老年人口中，健康老人占比也较之前有明显提高。这些退休、低龄、健康老人的增加，还会带动生活服务需求的精细化、品质化。因为相对于退休前的工作状态，这些退休的低龄健康老人不仅拥有更多时间，也有更多收入追求较之前更为精细化、品质化的生活。与此同时，随着人均预期寿命的延长，高龄、失能老人也会趋于增加，带动相关家庭服务和健康养生需求的扩张。如在国家统计局发布的 2018 年全国人口变动情况抽样调查样板数据中，全国 80 周岁及以上的高龄老人占比达到 2.1117%，较 2013 年提高 0.339 个百分点。按 2018 年末全国总人口计算，仅由于高龄老人占比提高，即导致 2018 年相对于 2013 年增加了 473 万个 80 周岁以上的高龄老人。考虑到自 20 世纪 70 年代末开始实行的计划生育政策，导致由“独生子女”成长起来的劳动力越来越成为中国劳动力队伍的主力，由独生子女成人后组成的家庭往往难以独立胜任“上有更多老人，下有 1—2 个子女”的养育责任。这也会带动相关养老、健康服务等需求的扩张，甚至为相关生活性服务业带来成长契机。

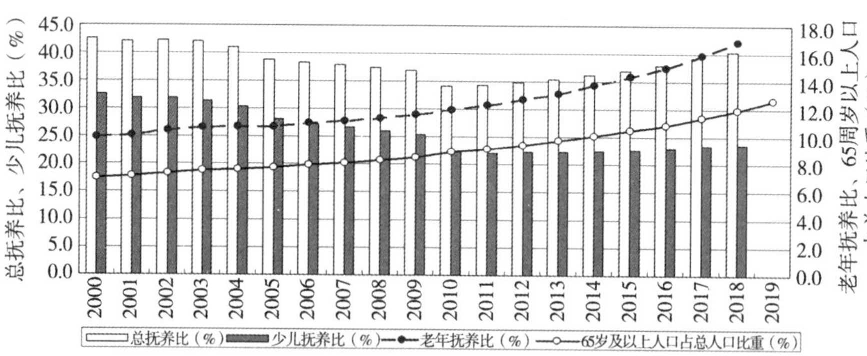

图 2–1　近年来中国老年人口和抚养比的变化

进入后小康时代，特别是“十四五”“十五五”时期，人口的快速老龄化容易导致利用老年人才的重要性和紧迫性迅速凸显。近年来，随着收入和消费水平的提高，社会平均预期寿命呈现提高趋势。无论是退休老年人才的身体条件，还是从降低社会老年抚养比、总抚养比的需求，都要求对具备健康劳动条件的老年人才、老年劳动力加强利用。许多略超过60周岁刚退休的老年人才具备企业或产业发展急需的专业技能或管理经验、社会网络资源。在不违反反腐倡廉原则规定的前提下，加强对老年人才，如退休官员、退休专业技术人员、退休技工和工匠的利用，鼓励其在一定条件下实现再就业，如引导其为企业发展或加强劳动力培训能力建设提供服务，有利于通过带动社会劳动力素质的提高，抵御劳动力数量减少对产业发展的负面影响。这也为相关人才中介服务业提供了发展契机。考虑到在后小康时代，特别是"十四五"时期，就业矛盾将转变为结构性矛盾为主，实现更高质量和更加充分就业是就业工作的总体目标，积极应对结构性矛盾是实现更高质量和更加充分的就业的关键任务（张车伟等，2019），更需要积极发展包括人才中介在内的就业服务业。

四、经济服务化、产业融合与服务业发展

当今世界，顺应新一轮科技革命、产业变革和消费结构升级潮流，推进经济服务化和产业融合，日益成为全球产业发展的新趋势，也是培育现代产业体系、抢占产业竞争制高点的重要选择。经济服务化主要体现为在投入和产出中服务地位的提升。从宏观上看，服务业在国民经济中地位作用的提升，也是经济服务化的重要表现。从企业等微观层面来看，经济服务化主要表现在两个方面。一是随着社会分工的日益深化，企业越来越多地使用服务作为

中间投入，导致生产性服务日益外部化、市场化、独立化；二是越来越多的企业将行为触角从产品生产延伸到覆盖整个产品生命周期的服务活动，实现从以生产产品为中心向以提供服务为中心的转变，导致服务越来越成为企业增加值的主要来源（夏杰长等，2010）；企业越来越转型为专业化的生产性服务供应商，甚至生产性服务综合集成商、问题解决方案提供商。通常所说的制造业服务化和发展服务型制造，都是经济服务化的重要表现。

产业融合是基于技术创新和制度创新（如放松产业规制），形成的产业边界模糊化和产业发展一体化现象；是不同产业或同一产业不同行业相互渗透、相互交叉，最终融为一体并逐步形成新产业的动态发展过程，其具体形式有高新技术的渗透融合、产业间的延伸融合、产业内部的重组融合，产业融合代表着产业间新型竞争协同关系的建立和更大的复合经济效应（周振华等，2011）。从技术融合到产品和业务融合、再到市场融合进而产业融合，是一个逐步实现的过程（郑明高，2011）。产业融合的实质是产业间分工的内部化（单元媛，2012），是在产业分工基础上形成的不同产业发生聚合和创新过程（陈秋玲等，2010）。通过产业融合过程，激发产业链、价值链的分解、重构和功能升级，引发产业功能、形态、组织方式和商业模式的重大变化，有利于降低产业运行成本和风险，实现产业提质增效升级；有利于培育新的经济增长点，塑造新的产业竞争优势。相对于工业和农业，现代服务业尤其是其中的生产性服务业，更多地需要通过与工业、农业乃至服务业相关行业的融合，来拓展市场和发展空间。

经济服务化的深化往往带动产业融合的形成发展，为培育新产业新业态新模式提供新的选择空间，为科技、人才、信息、金融、大数据等高级或专业化生产要素植入生产过程提供便利，有利于产业素质的提升和供应链的打造，提高产业生产率、附加值和竞争力；也有利于强化用户导向、产需互动和价值增值的产业发展方式，更好地改善供给体系的质量和效益，更好地破解低端产能过剩、高端供给不足并存难题。当前，信息化的迅速发展，成为经济服务化转型和产业融合发展的“催化剂”“放大器”。信息技术的广泛渗透和应用，推进产业融合成为一种普遍性的产业发展范式（单元媛，2012）。知识、信息密集程度高的现代服务业，往往是产业融合发生最为频繁的领域（陈秋玲等，2010）。近年来各种数字经济、平台经济和电子商务的迅速发展及其成效，形形色色的“互联网 +”广受青睐，都清楚地说明了这一点。2016 年由工业和信息化部、国家发展改革委、中国工程院共同牵头制定的《发展服务型制造专项行动指南》指出，“服务型制造，是制造与服务融合发展的新型产业形态，是制造业转型升级的重要方向。制造业企业通过创新优化生产组织形式、运营管理方式和商业发展模式，不断增加服务要素在投入和产出中的比重，从以加工组装为主向‘制造 + 服务’转型，从单纯出售产品向出售‘产品 + 服务’转变，有利于延伸和提升价值链，提高全要素生产率、产品附加值和市场占有率”。[1] 发展服务型农业也有类似作用，是推进农业发展方式转变和农业供给侧结构性改革的重要路径。

近年来，经济服务化和产业融合的迅速发展，对于引领产业向价值链高端提升、培育产业发展新动能、推进产业高质量发展做出了重要贡献。2019 年 8 月 26 日，习近平总书记主持召开中央财经委第五次会议时强调，要坚持应用牵引、问题导向，打好产业基础高级化、产业链现代化的攻坚战，打造具有战略性和全局性的产业链，支持上下游企业加强产业协同和技术合作攻关，增强产业链韧性，提升产业链水平，在开放合作中形成更强创新力、更高附加值的产业链。要建立共性技术平台，解决跨行业、跨领域的关键共性技术问题。[2]2019 年 9 月 9 日，习近平总书记主持的中央全面深化改革委员会第十次会议要求，“顺应技术革命、产业变革、消费升级的趋势，深化业务关联、链条延伸、技术渗透，探索新业态、新模式、新路径，推动先进制造业和现代服务业相融相长、耦合共生”。推进经济服务化和产业融合，是打好产业基础高级化、产业链现代化攻坚战的必修课。2019 年中央经济工作

[1]http://www.miit.gov.cn/n1146295/n1652858/n1652930/n3757016/c5164359/content.html。

[2]《习近平主持召开中央财经委员会第五次会议》，新华网，http://www.xinhuanet.com/politics/2019-08/26/c_11249238884.htm，2019 年 8 月 26 日。

会议进一步强调，“要更多依靠市场机制和现代科技创新推动服务业发展，推动生产性服务业向专业化和价值链高端延伸，推动生活性服务业向高品质和多样化升级”。可以预料，从进入“十四五”时期开始，在后小康时代阶段，不仅服务业在国民经济中的地位和作用进一步提升，推进经济服务化和产业融合在打好产业基础高级化、产业链现代化攻坚战中的作用，也将受到进一步重视。

2008 年发生国际金融危机以来，部分发达国家实行旨在重振制造业并大力发展实体经济的“再工业化”战略，在很大程度上带有对之前长期过度去工业化的矫正性质，但不能将其片面理解为排斥服务业发展的过程。当前发达国家的“再工业化”，要求工业化与信息化、制造业与服务业在新的更高水平上相融相长、耦合共生，要求工业与服务业相互关系和组合方式进行深度重构甚至网络化、数字化、智能化改造。如美国的先进制造业行动计划、德国的“工业 4.0”，其核心是通过推进制造业与现代信息技术、与服务业融合发展，来提升复杂产品制造能力，促进制造业快速满足消费者个性化需求，并重新赢得竞争优势（国家制造强国建设战略咨询委员会，2017 年）。美国制造业的最新趋势包括建设制造业创新中心，并支持其在重大成果研发、转化中发挥举足轻重作用；成立工业互联网联盟推进工业互联网发展，规划布局并支持发展“智能制造 + 人工智能”、虚拟现实与虚拟制造（国家制造强国建设战略咨询委员会，2017 年）。这些方面均与经济服务化转型和产业融合高度相关。

从国际经验可见，推进经济服务化转型和产业融合，不是要为发展服务业而发展服务业，也不是要脱离产业发展和居民生活水平提高的需求片面发展服务业，它与重视制造业是“立国之本、兴国之器、强国之基”并不矛盾。实际上，在后小康时代，中国要提升产业基础能力和产业链现代化水平，推动促进产业高质量发展，在促进经济服务化转型和产业融合方面仍然任重道远，需要统筹推进建设制造强国和培育发展现代服务业的“大合唱”。这从案例 2–1 可以看得非常清楚。要解决类似案例 2–2 所说的国内工厂不愿意选择国产设备的问题，避免大量产业资金用于购买昂贵的国外设备，关键还得靠推进制造业与研发等服务业深度融合。这从德国经验可以得到启发。德国长期坚持以工业为基础的经济模式，工业具有极强的竞争力和创新力，一个重要原因是服务业与制造业之间具有高度联动性。在那里，“工业向服务业的转移并不是说工业在削弱，而是价值创造的过程发生了根本性变化，与工业相关的服务在价值创造中的比重越来越大”。许多德国公司注重工业产品与技术培训、解决方案、售后服务进行捆绑式销售，借此增强客户对产品的忠诚度，扩大企业盈利空间。这里的技术培训、解决方案、售后服务，都需要以服务业或服务业与制造业的融合为载体。德国工业 4.0 战略旨在通过利用信息通信技术和信息物理系统相结合的方式，促进制造业向智能化转型，借此确保德国工业的未来竞争力（国家制造强国建设战略咨询委员会，2017）。

案例 2-1　2020 年初暴发的新冠肺炎疫情，一度导致口罩奇缺成为全国范围的突出问题，甚至成为蔓延全球的普遍问题。据陈琛、林雪萍的分析，中国口罩产业的优势在于低成本和产能，但世界口罩产业的金字塔依然被 3M、霍尼韦尔、尤妮佳等公司占据。中国常年口罩产量占全球一半，大多数口罩属于廉价制造、模块化装配。小小口罩，拥有复杂精巧的产业链，国外品牌的价格往往超过国内 10 倍。日本口罩制造商尤佳妮曾两次入选“全球 100 家最具创新力公司”，其强大的情报收集能力和对用户个性化需求的把握能力是其最大优势。以口罩生产所需无纺布吸收材料为轴心，通过多面拓展，尤佳妮已成为生活护理领域的超级巨头。3M、霍尼韦尔、尤妮佳等口罩行业的超级巨头，并非以单项产业规模取胜，但通过底层技术向各领域渗透，形成多元化产品的结网效应；将看似无序的多元化产品，通过技术从内涵中串织起来，形成难以复制的有机体。有的则通过标准确立在行业中的领导地位，如 N95 口罩是美国标准，其背后是严格的测试流程、专业的测试仪器作为支撑。中国许多口罩企业的利润，被这些标准检测机构拿去很多。[1]

案例 2–2 近年来中国制造业的关键、核心技术被国外垄断的问题，日益引起政府和社会的重视。许多国内引以为豪的制造企业，用的却是国外品牌设备和关键软件。究其原因，并非为了追求奢华、好听，关键是零部件生产讲究加工精度、效率、品质和稳定性等实实在在的指标。国内机床设备以中低端为主，其加工性能和稳定性与国外品牌机床差距较大，加工精度和稳定性不够、效率低甚至故障率高。国外品牌机床虽然性能好，但往往价格高，且国外卖方企业拥有垄断定价权。许多企业把大量利润用于购买设备，甚至被迫“循环购买”。因为即使买来的设备是世界一流的，过几年又变成二流的，国内缺乏一流的设备制造能力。而且国外的品牌机床越来越智能化，各种核心技术被高度集成与加密，导致其使用对技能人才的需求越来越低，国内相关技术人员越来越难以掌握真正的工艺技术，加剧国外品牌机床在国内的垄断地位，也导致国内军工、航空航天等制造业核心技术保密的难度显著加大。有朝一日，对方很可能会通过远程遥控，让我们的超级工厂变成一堆废铁。[2]

可见，随着后小康时代的到来，为了推进产业高质量发展，更好地满足人民日益增长的美好生活需要，要在更加重视制造业地位作用的同时，着力引导和支持经济服务化转型与产业融合，并将其作为发展服务业尤其是现代服务业的重要战略导向。

---

[1] 陈琛、林雪萍：《小口罩里的大学问：中国为何是制造大国而非强国》，凤凰网财经，http://finance.ifeng.com/c/7uOxt6g59n6，2020 年 2 月 27 日。

[2]《为什么国内工厂选择昂贵的国外设备》，机电之家中国机电行业门户网站，http://www.jdzj.com/news/17530.html。

五、稳增长、收入差距与中国服务业

近年来，尽管“国内外风险挑战明显上升”，中国经济运行仍总体平稳，经济增长保持在合理区间，并未改变稳中向好、长期向好的基本趋势，人民群众的生活福祉持续增进。但在肯定这种重大成就的同时也要看到，随着经济下行压力持续加大，城乡居民收入增长放缓的问题也在迅速凸显（见表 2–1 和图 2–2）。2019 年 12 月召开的中央经济工作会议提出，“当前世界经济增长持续放缓，仍处在国际金融危机后的深度调整期，世界大变局加速演变的特征更趋明显，全球动荡源和风险点显著增多”。当前，全球贸易保护主义和单边主义抬头，逆全球化浪潮汹涌，国际金融市场震荡和经贸纷争加剧；尤其是中美经贸摩擦对中国经济增长特别是发展外向型经济的影响正在加速加深释放，并呈现即期负面影响大且不确定性强的特点。这种日趋复杂多变的外部环境，很容易放大国内结构性、体制性、周期性问题对经济增长的负面影响，增加建设现代化经济体系、推进产业高质量发展的难度；也导致扩大内需对推动经济发展、增进人民福祉、防范化解重大风险的重要性和紧迫性迅速凸显。这种情况很可能持续到后小康时代。在此背景下，统筹推进稳增长、促改革、调结构、惠民生、防风险、保稳定，保持经济运行在合理区间，将“确保经济实现量的合理增长和质的稳步提升”有效结合起来，为城乡居民收入增长提供可持续的强劲支撑，仍是后小康时代必须高度重视的问题。借此，不仅可以直接强化生活性服务业发展的需求拉动，还可以通过拉动产品和服务需求扩张间接拉动生产性服务业需求的增长。

表 2-1 近年来城乡居民人均可支配收入及其增长情况

单位：（元、%）

		2014	2015	2016	2017	2018	2019
居民人均可支配收入	全国居民	20167.1	21966.2	23832	25973.8	28228	30733
	城镇居民	28843.9	31194.8	33616.2	36396.2	39250.8	42359
	农村居民	10488.9	11421.7	12363.4	13432.4	14617.0	16021.0
居民人均可支配收入较上年实际增长率	全国居民	8.0	7.4	6.3	7.3	6.5	5.8
	城镇居民	6.8	6.6	5.6	6.5	5.6	5.0
	农村居民	9.2	7.5	6.2	7.3	6.6	6.2

注：本表中 2014—2018 年居民人均可支配收入数据来自《中国统计年鉴 2019》，2019 年居民人均可支配收入和各年人均可支配收入较上年实际增长率来自各年国民经济和社会发展统计公报。人均可支配收入按照当年价格计算，人均可支配收入增长率按不变价格计算。

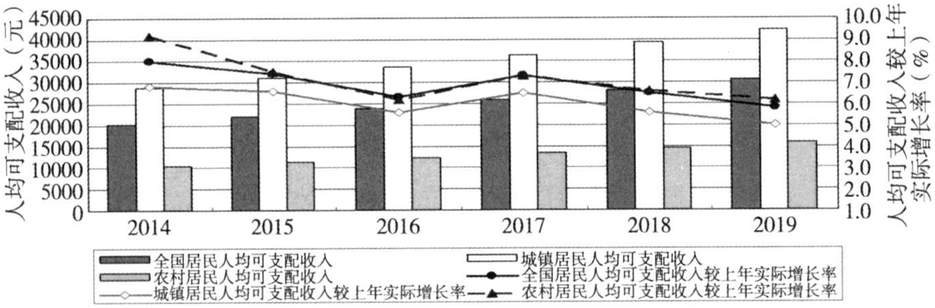

图 2-2 近年来全国居民人均可支配收入及其实际增长情况

与此同时，近年来中国居民收入差距扩大，不仅影响到经济社会稳定和可持续发展，对于产业特别是服务业需求扩张的制约作用也在迅速凸显。近年来中央的一系列重要文件反复强调中国“有超大规模的市场优势和内需潜力”，2019 年 12 月召开的中央经济工作会议也要求“要充分挖掘超大规模市场优势，发挥消费的基础作用和投资的关键作用”。但居民收入差距扩大的态势如果长期得不到根本扭转，也不利于更好地形成超大规模的市场优势和内需潜力。在居民收入五等份分组中，低收入户、中等偏下户、中等收入户、中等偏上户、高收入户各占全部户数的 20%，那么，近年来不同等级居民的收入差距在总体上呈现逐步扩大的态势。如果将城镇居民、农村居民人均可支配收入五等份分组中的低收入户的平均收入分别作为100，则近年来在城镇居民中，低收入户与中等偏下户的收入差距稳中略减，与中等收入户的收入差距基本稳定；但从中等偏上户到高收入户，随着收入等级的提高，低收入户与其收入差距在总体上呈现逐步、明显拉大的态势。在农村居民中，低收入户与中等偏下户、中等收入户、中等偏上户、高收入户，随着收入等级的提高，低收入户与其收入差距逐级以更大幅度拉大（见表2–2、图2–3、图2–4）。况且，无论是在城镇居民还是在农村居民中，中等收入户人均可支配收入的平均水平都明显低于全部居民人均可支配收入的平均水平。以2018年为例，在城镇居民、农村居民中中等收入户人均可支配收入的平均水平分别为35196.1元和12530.2元，同年全部城镇居民、农村居民人均可支配收入的平均水平分别为39250.8元和14617.0元；在城镇居民和农村居民中，中等收入户（20%）人均可支配收入的平均水平分别比全部城镇居民、农村居民人均可支配收入平均水平低10.3%和14.3%。

表2–2　中国城镇居民、农村居民人均可支配收入按五等份分组的变化

	人均可支配收入分组	2013年	2014年	2015年	2016年	2017年	2018年
城镇居民	中等偏下户（20%）	178.1	175.1	175.3	177.3	178.9	172.8
	中等收入户（20%）	244.3	237.5	238.0	242.4	246.2	244.6
	中等偏上户（20%）	329.6	317.6	315.4	321.5	329.1	341.8
	高收入户（20%）	583.7	549.2	532.1	541.0	561.8	590.2
农村居民	中等偏下户（20%）	207.3	238.6	234.0	260.4	252.8	232.1
	中等收入户（20%）	293.2	343.3	334.2	371.2	362.8	341.8
	中等偏上户（20%）	410.6	485.9	471.1	523.1	513.1	492.4
	高收入户（20%）	740.9	865.1	843.1	946.2	947.9	928.6

注：本表各年城镇居民、农村居民人均可支配收入按五等份分组，均以本居民类型的低收入户（20%）为100。

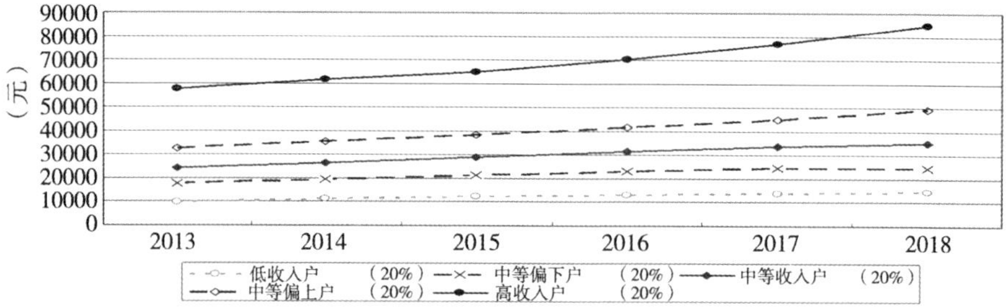

图 2-3 近年来按五等份分组全国城镇居民人均可支配收入的变化

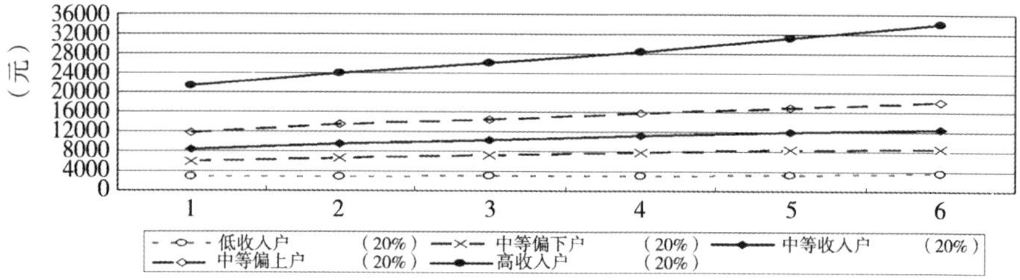

图 2-4 近年来按五等份分组全国农村居民人均可支配收入的变化

有人说，中国许多工农业产品的生产已经达到或逼近需求的历史峰值，因而产业扩张空间有限。据此似乎可以较好地解释近年来中国经济增长速度的下行。但是，换个角度看，如果中低收入群体、中低收入地区的增收步伐有所加快，中国的收入分配制度能够有所调整，导致不同人群的收入差距更加合理化；或者低收入户、中等偏下户的人均可支配收入能够提升到中等收入户、中等偏上户收入的现有水平，如果农村居民的人均可支配收入能够达到城市居民人均可支配收入当前的平均水平，那么，城乡居民对工农业产品甚至服务业的市场需求空间将会得到大幅拓展，在现有收入分配格局下的许多过剩产能和无效供给，很可能转化为有效供给，并能通过产业需求扩张更好地带动居民就业增收机会的增加，进而形成带动产业发展和就业增收的良性循环效应。届时，中国超大规模的市场优势和内需潜力将会得到进一步激发和释放。可见，中共十九届四中全会通过的《中共中央关于坚持和完善中国特色社会主义制度 推进国家治理体系和治理能力现代化若干重大问题的决定》，将“坚持按劳分配为主体、多种分配方式并存”作为推动经济高质量发展的重要措施，尤其是要求“完善相关制度和政策，合理调节城乡、区域、不同群体间分配关系……鼓励勤劳致富，保护合法收入，增加低收入者收入，扩大中等收入群体，调节过高收入，清理规范隐性收入，取缔非法收入”，这是非常必要的。在后小康时代阶段，应该进一步重视这个问题，采取有效措施抑制居民收入差距进一步扩大的势头，为更好利用超大规模市场优势和内需潜力创造条件。

从前文分析还可以看出，在2020年特别是从“十四五”开始的后小康时代，仍需通过加强公共服务，特别是基本公共服务，进一步强化政府保基本作用和普惠性、基础性、兜底性功能，以便做好做实保就业、保民生、防风险、保稳定工作，尤其是强化关键时点、困难群众的基本生活保障。显然，加强公共服务，需要服务业发展有所作为和呼应。与此同时，后小康时代在推进产业特别是服务业高质量发展的同时，政策选择还需要特别重视以下两点。第一，通过推进产业特别是服务业的多层次多样化发展，更好地满足人民群众日益增长的多层次多样化需求；尤其是通过创新供给，增强对细分市场、小众市场需求的柔性适应和动态响应能力。第二，在引导产业提质增效升级的同时，推进产业发展更好地兼顾公平，同健全有利于更充分更高质量就业的促进机制更好地结合起来。要把促进服务业发展与积极培育服务业就业带动功能有机结合起来，积极培育服务业对营造公平就业制度环境、创造更多就业岗位、促进就业结构升级的促进功能；助推进一步实施就业优先战略和更加积极的就业政策，推动将促进就业目标真正融入统筹推进稳增长、促改革、调结构、惠民生、防风险、保稳定的全过程全领域中，将就业目标从社会政策特别是民生保障范畴拓展提升到整个宏观经济和社会政策层面，并将就业政策纳入国家宏观经济调控范畴，为努力实现民生保障与宏观经济稳定的多赢格局创造条件（张车伟等，2019）。要结合发展公共服务业和推进就业服务体系功能升级，加强对就业困难人员的托底帮扶，切实提升对大学生、农民工等重点就业群体的就业支持能力，有效激发市场化就业服务体系的就业促进功能，以便改革发展成果更多更公平惠及全体人民。

推进产业的数字化、智能化、网络化、服务化是中国产业发展的大势所趋，后小康时代的服务业要积极呼应、有效支撑这种趋势，统筹处理推进服务业转型升级与发展传统服务业的关系。如随着中国老龄化的日益深化，养老服务、家政服务的“机器换人”和数字化、智能化、网络化步伐亟待加快。但在此过程中，要聚焦解决不平衡不充分发展问题，努力将加强创新激励与夯实普惠支持有效结合起来，同努力创造更多更高质量的就业机会结合起来、同增加居民生产生活的便利结合起来，切实增强人民群众的获得感、幸福感和安全感。比如，有些商家推广“无人商店”，但如果不能让消费者获得质优价廉的商品，不能增加消费者的便捷性，也不能带来衍生的就业增收机会，反而减少了就业渠道，这种“无人商店”的推广价值，至少从社会层面是值得怀疑的。李克强总理曾经在国务院常务会议上强调“保留地摊经济，给底层民众一点温暖”，不能“一味追求整洁，不让开小店”“没有百姓便利的生活条件，大城市就会萎缩，流通业发展也就失去了根基”[1]，也是这个道理。

近年来，许多产业发展从微观主体推进提质增效的需求来看，要加快“机器换人”步伐；但从宏观和区域层面来看，也要注意把握好“机器换人”的力度，统筹考虑就业问题与产业提质增效升级的平衡。鉴于机器人、人工智能的大量应用，减少了低技能劳动力的长期需求，并且对低技能劳动力的工资增长将产生明显的负面影响，张车伟（2019）提出“积极应对新技术变革关键要实现劳动与资本、技术之间利益关系的再平衡，探索更广泛、更适用的社会安全网”，为此可探索实施“机器人税”，并且“机器人税在中国的设计方案有必要将弱势群体的就业支持放在优先重要位置”；通过“机器人税”或“机器人增值税”，“更好地包容受到AI等新技术影响的失业和非正规就业群体”。我们认为，这一研究是很有见地的，值得重视。实际上，机器人发展还有重要的收入分配效应。如投资者和高技能劳动力可能成为最大受益者，但可能导致大量低技能甚至中技能劳动力被部分替代。罗连发等（2020）

[1]《总理怒批城市管理：一味追求整洁不让开小店是懒政》，搜狐公众平台，http://mt.sohu.com/20170905/n509812779.shtml，2017年9月5日。

的研究发现，机器人应用引发的新产业新业态虽然提供了部分新的就业岗位，但存在较大的不确定性和难以预测性。在“十四五”期间，中国“机器换人”效应还将不断提升，机器人应用带来的劳动力就业问题应引起高度重视。当然，此处无意否定支持机器人产业发展的重要性，只是说相关支持政策也亟待完善和“转型升级”。目前中国对机器人支持政策的力度高于国外，政策出台的密度高、对于机器人使用和研发的补贴幅度大。与发达国家相比，中国机器人产业政策也应更多注重功能性和普惠性（罗连发等，2020）。这与中国产业政策转型的总趋势是一致的。

有些服务业创新举措，看起来很美，也很有前瞻性和发展潜力，但也要适度兼顾不同人群的需求，兼顾惠及的广泛性，尤其是底层群众的需求和消费便利。比如，2020 年 3 月在新冠肺炎疫情防控期间，为控制地铁客流密度和地铁车厢满载率，保障乘客出行安全，北京地铁公司从 3 月 6 日开始在地铁 5 号线天通苑站、昌平线沙河站这两个乘客密集地段，在工作日从 6∶30 到 9∶30 的早高峰期间，开始地铁预约进展试点。预约成功后，可由专门的预约通道快速进站乘车。[1] 但预约进站总人数不超过乘客总数的一定比例。这项举措实际上兼顾了不同人群的需求，为创新和普惠结合提供了一个较好的范例。有些新兴服务业具有强烈的创新导向，但容易导致赢者通吃，“财富向少数人集中，多数人被迫支付成本”，加剧收入分配和就业机会的不平等，影响普惠发展，最终会通过制约城乡居民收入增长，影响产业发展的可持续性，甚至增加整个社会的无效供给问题。这是特别需要重视并规避的。

[1]《北京地铁试点早高峰预约进站》，http://toutiao.lawnewcn.com/pc/85221.html。

六、坚持“五个注重”推进产业高质量发展

党的十九届四中全会将推动经济高质量发展作为推进国家治理体系和治理能力现代化的重要内容。刚刚闭幕的中央经济工作会议明确要求“确保经济实现量的合理增长和质的稳步提升”，并将“着力推动高质量发展”作为2020年要抓好的六大重点工作之一。推动产业高质量发展是推动经济高质量发展的关键，也是后小康时代面临的重点任务之一。随着服务业在国民经济中地位作用的提升，推进服务业高质量发展对推进产业高质量发展的重要性日趋凸显。推进产业高质量发展，也日益成为推进服务业高质量发展的重要背景环境。在“十四五”时期乃至后小康时代，服务业发展应该置于产业高质量发展的框架之下,注意从推进产业高质量发展的思路和路径中汲取营养。因此，本节着重探讨在“十四五”乃至后小康时代推进产业高质量发展需要注意的若干问题。我们认为，面对当前国内外风险挑战明显上升的复杂局面，推动产业高质量发展需要多管齐下，协同发力，坚持“五个注重”。

（一）注重坚持新发展理念的系统性、整体性和协同性

顺应发展阶段和主要矛盾的变化，坚持创新、协调、绿色、开放、共享的新发展理念，是推进产业高质量发展的行动先导。新发展理念是个有机的整体，重视其系统性、整体性、协同性至关重要，要防止顾此失彼加剧产业发展中的不平衡不充分问题。如在推进产业高质量发展的过程中，要坚持推进传统产业优化升级与培育产业发展新动能有机结合、并重互动,先进制造业、现代农业与现代服务业融合共生、协调联动，努力形成加快建设现代化经济体系的“大合唱”。要坚决杜绝形形色色的形式主义和官僚主义，切实做好

以供给侧结构性改革为主线的大文章，引导企业和产业着力提升质量、效益、竞争力，防止将推进产业高质量发展局限于“嘴上”和政府、部门的文件中，导致产业发展违背市场规律和商业逻辑，“好看难见效”。要坚持创新是引领产业发展的第一动力，更要注意增强产业创新的可持续性，做好提升产业基础能力和产业链现代化水平的大文章，防止产业发展“成在创新，败在缺乏可持续创新”。要注意通过强化创新驱动，全面提高中国产业的整体竞争力；也要注意让利益相关者共享产业创新成果，不断增强广大人民的获得感、幸福感和安全感；规避产业发展中“少数人获得暴利，多数人被迫买单”现象的发生。

（二）注重积极营造稳定公平透明、可预期的营商环境

科学处理政府、市场和社会关系，优化营商环境是推进产业高质量发展的基础工程，也是激发各类市场主体活力和创造力的基本要求。企业家是推动产业高质量发展的中坚和领航力量，也是推进中国产业迈向全球价值链中高端的开路先锋。激发和保护企业家精神、鼓励更多社会主体投身创新创业、培育具有全球竞争力的世界一流企业和若干先进制造业集群，离开了良好的营商环境都无从谈起。近年来中国结合实施大规模减税降费和深化“放管服”改革，推进营商环境建设进展良好。但中国营商环境与国际先进水平、与推进产业高质量发展的要求仍有很大差距，优化营商环境任重道远。在此方面没有最好，只有更好！没有完成时，只有进行时！要有时不我待的紧迫感，也要有不骄不躁的战略定力。当前国内经济下行压力加大，全球经济增长持续放缓，动荡源和风险点明显增多。要用优化营商环境的稳定性和持续性，对冲国内外发展环境的不稳定性、不确定性；用营商环境的简约化对冲国内外风险挑战明显上升的复杂化。优化营商环境，最重要的不是开了多少会、发了多少文，而是看企业家特别是民营经济和中小微企业家能否做到安心、省心、舒心、对未来发展有信心。观察营商环境要看明规则，更要看潜规则。要坚持市场化、法治化、国际化原则，推动国务院《优化营商环境条例》有

效落地生根，帮助企业切实化解推进产业高质量发展的痛点、难点，培育兴奋点。

（三）注重挖掘超大规模的市场优势和内需潜力

我国约 14 亿人口、人均 GDP 接近并即将超过 1 万美元，有世界上最大的中等收入群体。随着经济的持续健康发展，中国超大规模的市场优势和内需潜力还将进一步激发或释放。超大规模的市场优势和内需潜力，有利于增进中国产业发展的规模经济和范围经济，增加应对国内外风险挑战的回旋余地，是多数国家难以具备的推动产业高质量发展的“利好”。随着城乡居民收入和消费水平的提高，消费需求的个性化、多样化、优质化、服务化加快推进。作为一个发展中巨国，中国在鼓励企业、产业创新发展的同时，更有条件将细分市场、小众市场需求与企业规模化生产有效匹配，更有条件推动新产业新业态新模式跨越市场化产业化运行的盈亏平衡点，培育产业竞争新优势。当前中国城乡、区域、不同群体间的收入差距总体较大，市场需求的层次、水平和类型差异仍较显著。但合理调节城乡、区域、不同群体间分配关系，已经成为推进国家治理体系和治理能力现代化的重要导向。在鼓励勤劳致富前提下，优化收入分配格局，增加低收入者收入、扩大中等收入群体、调节过高收入，有利于将城乡、区域、不同群体间的市场需求差异，转化为层次鲜明、梯次跟进、波浪推进的市场空间，更好地增进超大规模的市场优势和内需潜力，更好地延长产业生命周期、增强产业发展柔性和协同性，打造产业高质量发展雁阵。

（四）注重激发改革开放对推动产业高质量发展的动力源作用

改革开放 40 余年来，通过参与全球产业分工，中国与世界经济的融合程度不断提高，有效分享了全球化红利，为推进产业高质量发展打下了良好基础。当前中国特色社会主义进入新阶段，世界面临百年未有之大变局，世界的发展离不开中国，中国的发展也离不开世界。顺应发展阶段、发展环境和国内主要矛盾的重大变化，建设更高水平开放型经济新体制日益成为时代要求。要在互利共赢前提下，通过实施更大范围、更宽领域、更深层次的全面开放，推动规则、规制、管理、标准等制度型开放，更好地带动中国产业在参与国际竞争中成长，将深度融入全球产业链、供应链、价值链、创新链与培育本土企业的主导能力结合起来，培育中国参与国际产业合作竞争新优势。要结合推动共建“一带一路”和加快对外开放高地建设，以及健全外商投资国家安全审查、反垄断审查等制度，统筹推进中国产业对外对内开放提质增效升级。要注意激发高水平开放对全面深化改革的带动效应。中央经济工作会议要求“以创新驱动和改革开放为两个轮子，全面提高经济整体竞争力”。但就当前而言，如何培育鼓励创新、宽容失败、诚信公正的创新生态，强化鼓励创新人员想干事、敢干事、依法办事不担心出事的制度环境；如何有效推进科技创新、理念创新、体制创新有效转化为产业创新；如何优化创新人才成长发育的环境，仍需持续深化改革。

（五）注重与改善民生、打好三大攻坚战有机结合

要顺应产业发展规律和消费需求升级分化趋势，做好适应需求、创造需求、引导需求文章，更好满足人民日益增长的美好生活需要，促进产业和消费“双升级”。把瞄准全面建成小康社会必须完成的硬任务抓重点、补短板、强弱项，同增强实体经济可持续发展能力结合起来。结合加强基本公共服务，激发健康养老、文化旅游等领域市场化改革对改善民生的促进作用，增强多层次多样化供给和民生保障能力。把推进产业高质量发展与引导产业体系更好地稳定就业总量、改善就业结构、提升就业质量结合起来，优先支持解决重点群体、困难群众的就业问题。在鼓励大企业强化社会责任的同时，加强对中小微企业的支持，统筹推进稳增长、促改革、调结构、惠民生、防风险、保稳定。

要把推进产业高质量发展与坚决打好防范化解重大风险、精准脱贫、污染防治攻坚战结合起来，着力推进产业扶贫、易地搬迁扶贫高质量发展，有

效防范扶贫产业发展风险，增强产业扶贫对建立扶贫长效机制的支撑能力。2020年，既要实现全面建成小康社会的目标，又要全面打赢脱贫攻坚战。到2020年后进入后小康时代，巩固全面建成小康社会成果、推动扶贫工作重心向解决相对贫困转变、统筹解决城乡贫困问题，也要求通过推进产业高质量发展，让参与者更好地分享发展成果。要结合打好污染防治攻坚战，努力做好治山理水、显山露水、借势山水文章，引导生态优势转化为产业发展优势，把提升产业绿色发展水平作为推进产业高质量发展的重要导向。结合推进有效防范化解金融风险，着力增强金融服务实体经济能力，增加对民营经济、中小微企业的中长期融资支持。顺应产业结构从工业主导向服务业主导的转变，培育创新友好型金融体制。要有效把握宏观政策逆周期调节力度，防范因金融机构顺周期预期行为，带来产业收缩风险和企业效益、竞争力大幅度滑坡。当然，打好防范化解重大风险的攻坚战，不仅包括金融风险。从2020年初暴发的新冠肺炎疫情来看，防范由重大传染病等引发的公共卫生风险，更应警钟长鸣。

第三章 从全面小康到后小康时代：服务业高质量发展向何处去

习近平总书记在中国共产党第十九次全国代表大会的报告指出，“我国经济已由高速增长阶段转向高质量发展阶段”。2017年中央经济工作会议指出，“推动高质量发展是当前和今后一个时期确定发展思路、制定经济政策、实施宏观调控的根本要求”。2018年11月，《中共中央、国务院关于推动高质量发展的意见》发布，为当前和今后一个时期推动高质量发展提供了行动指南。2019年12月召开的中央经济工作会议将“着力推动高质量”作为2020年需要抓好的6项重点工作之一。近年来，中国产业结构从工业主导向服务业主导的转变正在推进之中。待2020年全面建成小康社会后，我们将迎来从全面小康向后小康时代的历史性跨越。在此背景下，探讨推进服务业高质量发展问题向何处去，具有重要的理论和政策意义。

一、文献述评

（一）关于中国经济高质量发展的研究

中国共产党第十九次全国代表大会召开以来，关于推进中国经济高质量发展问题的研究，与此前关于中国经济发展阶段转变和经济发展新常态、关于推进中国经济发展方式转变或供给侧结构性改革的研究，实际上是一脉相承的。少数研究很早就直指中国经济增长“由数量追赶到质量追赶”的问题（刘世锦，2016）。

自党的十九大以来，关于中国经济高质量发展问题的研究不断升温，并逐步成为当前经济研究的热点问题之一。如王春新（2018）将中国经济转向高质量发展的内涵概括为提质增效、创新驱动、绿色低碳和协调共享四个方面。刘世锦（2018）认为，推进高质量发展需要新的坐标系和政绩观，应重塑和提升地方竞争机制。在关于中国经济高质量发展问题的研究中，以下研究值得关注。王一鸣、陈昌盛（2018）提出发展质量是一个多维度的概念，在微观层面是指产品和服务质量，在中观层面是指产业和区域发展质量，在宏观层面是指国民经济整体质量和效率，全要素生产率是重要衡量指标；高质量发展是满足高质量需求的发展、是促进人的全面发展的发展、是可持续的发展。金碚（2018）提出，“高质量发展是能够更好满足人民不断增长的真实需要的经济发展方式、结构和动力状态”。张月友等（2018）的研究发现，导致此轮增长动力减弱的产业成因不在服务业，而在工业；产业结构服务化非但没有阻碍反而显著促进了中国全要素生产率的提升，经济服务化过程中制造业与服务业的生产率差距将趋于收敛，应正确认识服务业的行业性质，多视角尝试化解中国服务业发展与“结构性减速”之间的矛盾。

（二）关于中国服务业高质量发展的研究

在党的十九大召开之前，诸多关于建设服务强国、关于服务业发展方式转变的研究，成为后续推进服务业高质量发展研究的重要支撑。如刘志彪（2011）、王一鸣（2017）、夏杰长等（2017）、姜长云（2017）等。关于推进服务业供给侧结构性改革的研究，实际上也属于服务业高质量发展问题研究。如张晓兰和孙澄玉（2017）、戴翔和张为付（2017）等。自党的十九大召开以来，关于服务业高质量发展问题的研究也开始引起重视。如冯俏彬（2018）认为，“推动我国经济转向高质量发展，大力发展服务业应当是其中一个主要的着力点”。刘涛（2018）提出，要以服务业高质量发展推动经济稳中有进，为此要把握好保持服务业较快增长、促进生产性服务业与制造业深度融合、深化服务业高水平全面开放、提升生活性服务业品质和消费满意度等 4 个着力点。任兴洲（2018）探讨了推动服务业高质量发展的必要性和条件，以及服务业高质量发展面临的质量变革、效益变革、动力变革等主要任务。刘奕、夏杰长（2018）厘清了经济服务化与经济高质量发展之间的关系，提出推进服务业高质量发展的主要任务包括产业融合、服务创新、传统服务业转型升级等，进而提出推动服务业高质量发展的政策建议。

应该说，迄今为止，关于中国服务业高质量发展问题的实质性研究在总体上仍然较少，而且这种研究与之前一般性的服务业发展研究之间并无多大明显差别。至于应该怎样看待服务质量与服务业质量之间的关系，如何理解高质量发展与服务业高质量发展问题，这些涉及服务业高质量发展的基本问题也亟待进一步深入探讨。本章力图在此方面进行尝试。

二、基础概念讨论

研究服务业高质量发展问题，首先必须回答服务业高质量发展与提高服务质量到底是什么关系。

（一）服务特性与服务质量及其评价

所谓服务，即满足顾客需求、可识别、在本质上无形的活动，是在特定时间、地点能够产生价值并能为顾客提供利益的经济活动。服务的性质主要表现为无形性、（生产和消费的）不可分割性、异质性、不可储存性、顾客参与性（尼密・乔杜里，2007；卡尔・麦克丹尼尔等，2009）。这是服务经济学的常识，但是认真剖析这些常识性问题，对于准确把握服务质量及其与服务业质量的关系具有重要意义。

由于服务的无形性，与有形的产品或商品相比，衡量服务的质量通常要难得多。服务质量很少通过搜寻质量（search quality）来衡量，更需要通过体验质量（experience quality）和信誉质量（credence quality）来体现。[1]像到医院看病，医生的服务质量如何，如果缺少必要的知识或经验，病人很难预先感知，只有通过实际的治病过程才能了解；甚至即使在治病之后很长一段时间内，由于以下原因也很难准确判断治病的质量：治病过程可能带来若干病人不知道的潜在副作用；治好了胃病但可能带来了病人尚未感知的其他器官损害；有些病“治标未治本”，或者表面看是治好了，但如复发起来治愈的

[1] 搜寻质量即在购买前就能预计到的产品或服务质量。所谓体验质量（experience quality），即只有在使用后才能衡量的产品或服务质量。而信誉质量 (credence quality) 则是指如果顾客对产品或服务缺少必要的知识和经验，即使在购买后也难以准确判断的质量。

难度更大。因此，服务往往很少属于搜寻品，更多地具有体验品或信任品的特征；服务营销往往比工农业中的商品营销困难得多。为什么我们经常容易感知的健康管理与促进等服务行业的服务质量参差不齐，甚至坑蒙拐骗现象较多？为什么许多尽职尽责，甚至努力为患者长远康复着想的医生也容易遭遇患者家属的抱怨指责？服务质量衡量的困难，是重要原因之一。

服务的异质性、不可分割性、不可储存性和顾客参与性，往往加剧了对服务质量进行准确定义和衡量的困难，导致提高服务质量往往是服务业发展面临的严峻挑战之一。如对服务质量的评判，不仅取决于服务供给者提供服务的能力、专业素质和行为，还取决于服务供求双方的互动，甚至取决于诸多服务供给者难以完全控制的因素，如服务购买者对服务需求的精准表达、服务供给过程中供求双方交流的协调程度甚至情感交流方式。周边环境因素、供求双方之前的情绪累积，也会影响对服务质量的评判。越是服务供给者与需求者接触频度高的服务，对其服务质量的评价越容易受到供求双方的交流、互动，甚至情感因素的影响。

由于服务的无形性和异质性，服务往往难以标准化，增加了控制服务质量的难度。在部分服务行业如养老服务业中，不仅有服务的供给方、需求方，作为服务需求方的购买者和直接消费者往往还有所不同。这进一步增加了评价服务质量的难度。如养老服务的购买者可能是家庭中有经营或就业收入者，养老服务的直接消费者可能是其年老体弱的父母。这种购买者和直接消费者的不一致性，增加了对养老服务质量进行准确评价的难度，甚至经常出现服务购买者和直接消费者评价的服务质量存在巨大反差。在养老、家政等服务业中，服务供求双方或利益相关者往往还因社会地位、文化程度、身心健康程度等悬殊差别，增加沟通协调的难度，并对评价服务供给质量形成较大影响。在服务业发展中，往往特别重视以用户为中心的发展理念，这与服务的异质性和不可储存性也有很大关系。

产品或服务质量，往往是指产品或服务“能够满足实际需要的使用价值特性”，而在竞争性领域，“同时还是指具有更高性价比因而能更有效满足需要的质量合意性和竞争力特性”（金碚，2018）。因此，对同一供给者提供的同一服务，不同的需求者或消费者可能有不同的质量评价，这与不同消费者之间需求的差异性往往密切相关，正如餐饮消费者有的更看重餐饮“可口”，有的更看重“实惠”，有的更看重消费环境“雅气”一样。服务质量的提高，只有契合顾客或消费者的需求时，才有实际价值。尤其是在许多情况下，为提高服务质量往往需要支出较高的服务成本。因此，对服务需求方或服务消费者而言，服务质量未必是“高高益善”，评价服务质量应该关注其性价比。对于服务消费者而言，花同样的钱得到更优质的服务当然是好；但如果得到的服务质量改进，相对于为此多花费的服务成本或服务消费价格“得不偿失”，则服务的性价比将会有所下降。这样的服务质量提高，对许多服务消费者来说，可能是不必要、不值得的，甚至属于“无效供给”。因此，在服务业发展中，需要把客户价值放在首位。客户价值主要关注客户收益与获得这些收益所付代价之比。不能将客户价值简单理解为“高质量”，尤其是高价格前提下的高质量并不等同于高质量。只有产品或服务的质量符合客户预期，并且价格可以接受，才能说有良好的客户价值（卡尔·麦克丹尼尔等，2009）。这里面实际上有个“边际收益”与“边际成本”的权衡问题。有些服务质量的“提高”，对于部分消费者缺乏使用价值，“没有意思”，“性价比”较低。这样的服务质量“提高”对于整个社会来说，要么属于多余或浪费，要么属于错配——该要的人没有得到，不该要的人反而得到了。这不应是推进服务业高质量发展所追求的。

（二）服务质量、客户价值、客户满意度

客户价值与客户满意度有密切关系。正如卡尔·麦克丹尼尔等所言，传递客户价值意味着评价客户体验，提高客户满意度，并更多关注客户反馈和态度。一件产品或一项服务达到或超过自己的预期，可以说客户满意度提高了（卡尔·麦克丹尼尔等，2009）。但提高客户满意度的方法也是多种多样的，改善消费体验就是一个重要路径。比如为刚下飞机的客户提供到达宾馆的出

租车接送服务，在事前承诺一个小时送达的前提下，结果两个小时才送达，由此带来的客户满意度可能较低；但如结果半小时送达，可能客户满意度较高。在出租车提供接送服务的过程中，道路颠簸难行、出租车司机态度不好，也会导致客户对出租车服务的满意度大幅下降。因此，评价服务质量不仅要关注服务本身的技术质量，如分别由出租车司机驾驶技术、养老服务技术所决定的出租车或养老服务的服务质量；还要关注服务的功能质量和服务体验，如由养老服务交付过程和服务环境决定的养老服务质量。随着城乡居民收入和消费水平的提高，随着服务消费个性化、多样化的推进，改善消费体验在提高服务质量中的重要性日益凸显。许多上档次的服务业企业，较为重视员工的知识和服务礼仪、服务态度，重视培训员工与顾客沟通、获得顾客信任的能力和技巧，就有这方面的原因。

但是，在服务的客户价值、服务质量和服务的客户满意度之间，并非简单的同向或等同关系。如甲医生帮患者看病，“治好了肝炎，带来了肺癌”[1]，甲医生提供医疗服务的实际质量可能不好，只是因他会“花言巧语”“甜言蜜语”让患者开心，但患者毕竟不懂医术和疾病成因，可能不了解他得的肺癌是在治疗肝炎的过程中引发的，因而对甲医生的服务可能还比较满意，加之治病过程中花费的时间和财力比较少，因而甲医生提供的医疗服务客户满意度比较高，但服务质量实在谈不上好。乙医生不仅帮患者治好了肝炎，还连带治好了相关疾病。但乙医生可能不善沟通，因而他提供的医疗服务质量虽好，但客户满意度未必好。有些服务顾客满意度和客户收益都比较高，但顾客为此支付的代价比常规服务要大得多，可能客户价值也不一定很高。还有些服务客户价值或服务质量差别不大，但由于客户预期的差别，可能导致客户满意度差别很大。如甲和乙两个患者同样到医院找医生看病，找的是同一个医生，治疗结果都是一样的。但患者来之前对治疗效果的预期，甲明显高于实际结果，乙来前的预期正好相反，治疗后对同一医生提供的服务，患者甲的客户满意

[1] 此处仅为举例，未必具有技术上的可能性，说的是医生帮患者治好了一种较轻的病，但给患者在其他方面带来了更大程度的损害。类似现象是可能发生的。

度就可能低，患者乙的客户满意度就可能高。

（三）服务业高质量发展与提高服务质量

服务业高质量发展往往需要建立在稳定或提高服务质量的基础之上。这是显而易见的。但如前所述，评价服务质量的复杂性，往往增加了评价服务业高质量发展的难度。衡量一个国家或地区的服务业发展质量，必须考虑服务业发展及其质量的提高，与整个社会对服务需求和需求结构变化是否适应，特别是与产业发展和产业结构转型升级对生产性服务业的需求、与人民日益增长的美好生活需要对生活性服务业的需求是否吻合，能否实现动态协调。在社会服务需求迅速扩张的同时，由于服务需求日益个性化、多样化、优质化和体验化，要准确判断整个社会对服务需求和需求结构的变化，往往存在很大困难。这也是评价服务业高质量发展的难度所在。除此之外，无论是生产性服务，还是生活性服务，许多新兴服务需求或中高端服务需求，往往单体规模小、隐蔽程度高、分散性和潜在性强，潜在需求向现实需求的转化具有较高的弹性或伸缩性，甚至容易因临时性、季节性、时段性因素的影响而出现不规则波动。在特定地区，这些潜在需求向现实需求转化的“密度”低，转化成本高，进一步增加了相关服务业产业化的难度，制约服务业高质量发展。在许多服务业发展中，注重通过服务消费示范和“服务消费补贴”等措施，引导、激发新兴服务需求，也有这个原因。

但提高服务业发展质量与提高服务质量不是简单的等同关系。除稳定或提高服务质量外，提高服务业发展质量还表现为服务业整体素质和竞争力的提升、服务业效益和可持续发展能力的改善，以及服务业对工业、农业乃至经济社会发展引领支撑带动能力的增强。甚至在各服务行业质量既定的前提下，顺应全国或区域性服务需求（结构）的变化，更好地优化服务业供给结构和布局，借此促进整个社会更好地实现服务供求衔接，解决服务质量错配问题，也属于提高服务业发展质量的表现。如果撇开这些方面，单纯强调提高服务质量，并据此推动服务业高质量发展，至少是片面的。

如前所述，衡量一个国家或地区的服务业发展质量，要考虑服务业供给体系是否顺应了整个社会服务需求和需求结构的变化、是否同人民日益增长的美好生活需要变化相协调。但也要摈弃在国家特别是区域内部片面追求服务业自给自足的传统思路，从开放的视角来考虑问题。如果一个国家特别是地区的服务业整体素质和竞争力强，则可以更好地凝聚、引导和激发其他国家或地区的服务业需求，这也是提高服务业发展质量的重要表现。这实际上是通过国家或地区间的“服务贸易”来实现的。相对于国家之间，在地区之间服务业需求的开放性和流动性往往强得多。因此，在地区服务业发展中，更要注重提高服务业素质和竞争力。

强调服务业发展要摈弃追求区域自给自足的套路，不是“纸上谈兵”，而是有着丰富的实践寓意。比如，培育发展新兴服务业，是培育产业发展新动能的重要路径，应该给予高度重视。但推进差异化、特色化和集约化发展，是许多新兴服务业实现高质量发展的基本要求。尤其是部分与数字化、信息化高度关联的新兴服务业推进高质量发展，甚至实现其市场化、产业化发展，要求其辐射带动半径很大，凝聚需求、创造需求、引导需求能力很强。如果先行地区取得了成功经验，后发地区纷纷模仿复制，追求“自我发展”甚至“自成体系”，其结果很可能是妨碍这些新兴服务业市场需求的集聚、集成，影响“需求规模经济”的实现，导致多数地区产业发展难以跨越“盈亏平衡点”，难以形成循环、造血机制和投资回报，容易蓄积地方财政风险和经济社会运行风险。

近年来，有些地方发展一些与数字化、信息化高度关联的新兴服务业，主要领导“热情很高，积极性很强”，说起来“重要性和战略意义”头头是道，但对于如何发展、怎样发展、发展中的难点和短板如何化解却只能“知其皮毛”，并不能深究。其结果很可能是，据此规划发展的特定新兴服务业，长期依靠政府巨资支持，迟迟不见赢利可能性和自我发展能力，与其说它是“服务产业”，倒不如说它是“服务事业”更为恰当。况且，这些特定新兴服务业的发展，不仅需要其基础业态的发展，更需要关联业态、衍生业态的繁荣作为支撑，才能形成长期可持续发展能力和高质量发展的现实。有些地方如果相邻的每个地方都把某特定新兴服务业作为区域主导产业，甚至战略性新兴产业来“大力发展”，则很容易导致这些新型服务业“需求规模不经济”“吃不饱、盈利难”的问题，可能因市场分割而进一步加剧。这些特定新兴服务业要真正实现产业化，其难度恐怕远远超出预期。要规避这些问题，在发展新兴服务业的过程中，必须注意综合分析新兴服务业发展的优劣势、需要与可能，克服片面追求区域自给自足、轻视区域分工协作和需求规模经济、轻视其产业特性和发展规律的倾向。

三、服务业高质量发展怎么看

推进服务业高质量发展，是个长期、曲折和艰巨的历史性任务。弄清什么是服务业高质量发展、应该怎样看待服务业高质量发展等问题，不仅有利于更好地认识推进服务业高质量发展的必要性，还有利于廓清推进服务业高质量发展的方向，增强推进服务业高质量发展的坚定性和战略信心。

（一）服务业高质量发展是能满足人民日益增长的美好生活需要的发展，主要体现为服务业发展能有效地适应、创造和引领市场需求

习近平总书记在党的十九大报告中提出，“中国特色社会主义进入新时代，我国社会主要矛盾已经转化为人民日益增长的美好生活需要和不平衡不充分的发展之间的矛盾”。顺应社会主要矛盾的变化，服务业高质量发展首先应该体现为能够满足人民日益增长的美好生活需要的发展，通过化解服务业发展相关的不平衡不充分问题，克服其对满足人民日益增长的美好生活需要的制约。建设现代化经济体系，之所以要以推进供给侧结构性改革为主线，

在很大程度上正是因为供给结构的优化调整赶不上需求结构调整升级的步伐，导致无效供给和低端供给过剩，有效供给和中高端供给不足。在服务业发展中也是如此。

人民日益增长的美好生活需要，有的需要通过公共产品或公共服务的方式提供，但大多属于私人产品，需要通过市场化途径，满足人民日益增长的消费需求扩张和消费需求结构升级要求。[1]从当前和未来可以预见的趋势看，社会消费需求扩张和消费需求结构升级的基本趋势是个性化、多样化、优质化和服务化。消费需求的服务化，直接要求通过服务业高质量发展来实现，这很容易理解。消费需求的个性化、多样化和优质化，往往也要求通过服务业发展及其质量的提升来提供引领支撑。如消费需求的精致化、品牌化和体验化，是消费需求个性化、多样化、优质化的重要表现，往往要求产品外形好看、包装精美、营养美味，甚至产品颜色和加工符合消费者的“口味”。适应这些要求，相关设计服务业、科技服务业、创意服务业的发展不可或缺。以农业为例，近年来，我国在继续重视农业产品功能的同时，对农业生活功能、生态功能的需求出现迅速扩张升级的趋势，甚至要求农业实现由“卖产品”向“卖风景”“卖文化”“卖温情”的转变。为顺应这种转变，促进农业发展和文化创意服务业、农业设计服务业、科技服务业等融合，推进农村一二三产业融合发展就是大势所趋。这几年，“互联网+”或电子商务迅速发展，很大程度上正是因为其具有重要的链接和匹配功能，有利于在更大空间内更好地实现供需顺畅对接，便于把之前边角化、碎片化、小众化的需求和细分市场、长尾市场有效集成、凝聚起来，更好地满足消费需求扩张升级对体验、便利、互联的需求，并带动之前难以实现盈利的新产业新业态新模式发展。

实际上，近年来中国消费需求的个性化、多样化、优质化和服务化，不仅是经济发展和居民收入水平提高的结果，也与人口年龄结构变化带来的激发效应密切相关。随着“90后”“00后”甚至“10后”逐步进入社会主流

[1] 由人民日益增长的美好生活需要引发的产业发展需求，进而产业发展对生产性服务的需求与此类似。因此，此处不再赘述。

消费群体，带动消费结构升级呈现新的特征，如体验消费的重要性凸显，甚至这些新生代的品牌消费观都与作为其前辈的“50后”“60后”“70后”“80后”有很大不同。近年来，中国城镇化不断深化，老龄化步伐提速，也会对消费结构升级和消费需求扩张带来新的影响，如带动健康养生、医疗服务、家庭服务的需求迅速扩张，为相关服务业发展提供新契机。有些特定年龄段人口，由于工作节奏和生活习惯方面的原因，到一定阶段后，几乎没有什么新增消费。在此背景下，通过提升服务业发展质量，增强服务业创新供给、激活潜在需求、引领需求升级方向、提升服务体验的能力日趋重要。与此相关的需求往往属于高层次消费需求，与满足衣食住行等基本需求后对快乐、健康和品质化、时尚化消费的追求密切相关。

问题是，怎样准确研判人民日益增长的美好生活需要到底是什么？市场需求、需求结构升级的特征和趋势如何？服务业发展是否真正顺应或引导了社会消费需求变化和消费结构升级的趋势？近年来我们到地方进行服务业调研时，往往会发现有很多服务业项目上马前对未来市场需求“信心满满”，上马后发现其实际的市场需求并不乐观，甚至与预期南辕北辙。究其原因主要有两个方面，一是对社会消费需求扩张和消费结构升级趋势判断失误，难以贴近实际；二是服务供给缺乏创新、特色和竞争优势，在区域内外难以有效激发和引导潜在需求，并凝聚现实需求。如在一些中西部地区，许多服务业项目建设在市场分析、业态创新和商业模式构建上存在“想当然”倾向，缺乏“靠谱”的市场分析和对创造市场、引导市场的统筹谋划，以致项目运行后容易出现供求失衡、资源错配，难以有效地对接需求、凝聚需求、创造需求，更难以对接规模化、高密度的高端客源市场，“留不住人、留不住钱、留不住心，形不成购买力”，商业可持续性和抗风险能力弱。一些贫困山区大型旅游项目遍地开花，资金来源以政府拨款、贷款为主，项目建成后人流量少，产能利用率低，资金回收难，获取回报难，实现可持续发展难。类似教训值得牢记。

近年来，随着区域之间、城乡之间交通、信息联系的日益通畅，随着区域之间服务业竞争的日趋激烈，增强服务业创新能力、竞争能力和特色优势的重要性迅速凸显。许多地方注意推进服务业发展与本土历史文化有机结合，正是为了塑造难以模仿复制的特色和竞争优势。许多服务业的发展往往强调本土化，不仅是因为服务的无形性、不可分割性、不可储存性和顾客参与性要求服务供给者接近消费者，还因为“必要的社会文化内涵，使得外来竞争者更难以立足”。因此，服务业往往将劳动力和资金引入地方经济（尼密·乔杜里，2007）。

当然，准确研判服务业发展是否真正顺应了社会消费需求变化和消费结构升级趋势，是否有效形成适应需求、创造需求、引导需求的能力，还需注意许多服务业本身是个容易出现过剩供给和过剩需求并存的行业，甚至由于服务业在需求高峰期和低谷期之间容易形成巨大的需求反差，产能利用率低往往是服务业相对于工业的重要特征之一，提高产能利用率往往也是多数服务业发展面临的难题。最典型者，如酒店和旅游景区。尽管如此，采取有效措施，推进服务业创新，借此熨平服务业发展的需求波动，对于提高服务业发展的质量、效率和竞争力是必要的。近年来，中国北方地区结合大力发展旅游业，加快发展“冰雪经济”，在很大程度上正是为了填补旅游业发展的低谷期。

（二）服务业高质量发展是有效体现新发展理念的发展，体现为服务业发展凸显坚持创新、协调、绿色、开放、共享发展理念的系统性、整体性和协同性

1. 坚持创新是服务业发展的第一动力

创新是服务业发展的灵魂所在。现代服务业及其与三次产业的融合发展，是推进大众创业万众创新的主战场。坚持创新发展理念，是推进服务业高质量发展的基本要求。近年来，中国许多地方的服务业发展，存在传统服务行业多、现代服务行业少，服务业衍生产业、关联产业和集群化发展滞后，有影响力的服务品牌少等突出问题。甚至一些在所在区域有较大知名度的服务企业也存在服务业态和内容单一、服务链条衔接不畅、文化内涵不足、商业

模式和营销渠道少等问题，难以形成品牌影响力和特色竞争优势。服务业创新能力薄弱是其重要成因之一。

推动服务业创新发展，首先要有可持续发展的理念。我们到许多地方调研时，经常听到介绍“大众创业万众创新发展态势良好”，每年有多少新企业“破土而出”，但当问到这些“双创”企业三年存活率到底有多少时，很少有人说得清楚。推动服务业创新发展也好，推动大众创业万众创新也罢，不能沉迷于表面的喧嚣，要有扎实稳健推进的“匠心”，着眼于培育长期可持续的创新能力，因为毕竟创新创业是有成本和风险的。在发展市场经济条件下，在推动服务业创新发展的过程中，企业生生死死是难免的“常事”，甚至一部分企业“死”，另一部分企业才能更好地“生”。这些话说起来轻松，但对与企业相关的创新创业者而言，如果企业“死”了，往往要为此付出沉重代价甚至陷入困境。就一个地方而言，如果“死亡”或“半死不活”的服务业企业太多，不仅服务业发展的风险很大，也容易挫伤其他创新创业者的积极性。在此背景下，区域服务业发展的活力难免受到很大损害，由此形成的社会资源浪费恐怕也不能低估。在服务业发展史上，有许多发展服务业的先行者成在创新，败在缺乏持续创新。在中国，近年来有些创新发展现代服务业的成功典型迅速成长，引起了更多后来者的“热心”模仿复制，但往往“成功者寥，失败者众”；甚至有许多先行成功的典型沉迷于短期创新成功的“喜悦”，缺乏长期持续创新的“激情”和“韧劲”，结果多以失败收场。推进服务业高质量发展，要注意汲取这方面的经验教训。

近年来，有些地方“龙头性”的服务业企业长期负债经营，缺乏足够的现金流和收益流；甚至企业投资长期没有回报，价值创造能力不足，循环、造血机制不畅，这样的服务业企业很难说是高质量发展的。当然，少数新兴行业在创新创业初期，需要经历一个艰难的市场开拓和需求培育过程，对其实现投资回报和形成循环、造血机制要有战略耐心，不能“急功近利”或“杀鸡取卵”。但是，尽管如此，这些尚无投资回报和循环、造血机制的服务业企业，只能说将来有可能成为高质量发展企业，当前说其是高质量发展的企业还为时过早。因为缺乏足够的现金流或收入流，很可能让其倒在成为高质量发展企业之前的“黑夜”之中。而且，一个地区类似服务业企业如果太多，服务业乃至整个经济社会运行的风险实际上很高。在培育服务业创新能力的同时，也要注意平抑或分散、化解创新风险，增强可持续发展能力。

培育服务业可持续发展能力，要注意防止以下两种倾向：一是通过地方政府和相关部门对特定服务行业、特定服务企业强力给予特惠式支持甚至“风险兜底”等方式，营造特殊有利的政策环境，人为降低企业“死亡”或陷入困境的概率，刻意营造服务业形势“一片大好”甚至“越来越好”的表象。二是部分地方政府对当前服务业发展的成绩过度乐观，想当然地以为当前服务业发展的好形势“理所当然”地可以长期延续，看不到在“大好形势”背后妨碍可持续发展的“暗流”和风险隐患也在悄然成长，防范化解重大风险的忧患意识和未雨绸缪积极应对的超前准备有些欠缺，甚至不惜“拔苗助长”，企图强化当前发展的举措，放大和“推广”当前发展的繁荣。这两种倾向都不利于服务业企业创新能力、竞争能力的可持续成长，容易导致短期部分服务业行业的“大上”为其未来的“快下”埋下伏笔，加剧服务业发展的波动。短期对部分服务行业（或企业，下同）的强力助推或刻意优惠，也可能导致在不同的服务业行业之间难以形成公平竞争、优胜劣汰的营商环境，影响市场对服务业资源配置决定性作用的发挥，妨碍服务业结构的合理化。

推动服务业创新发展，要把优化有利于服务业高质量发展的产业生态放在优先地位。为此，要摈弃急功近利、急于求成、“毕其功于一役”等传统思维。最近几年来，国内许多地方都把硅谷作为全球培育创新能力的样板，但硅谷的创新能力之所以全球领先，在很大程度上得益于其由求新求异、鼓励叛逆、支持冒险、宽容失败、崇尚竞争、平等开放、以人为本、协调合作和移民文化组成的创新创业生态。综观不同时代富有影响力的高质量创新型经济体，尊重创新规律、尊重服务劳动价值的创新创业生态，是助推其成功的重要“密码”（姜长云、姜江、张义博、邱灵，2018）。

推进体制机制创新，是推进服务业创新发展、优化有利于高质量发展的产业生态之重要内容。近年来，在中国许多地方服务业发展中，政府与市场界限不清问题突出，许多服务业项目的建设和运营存在政府行为与市场运作、服务事业与服务产业、公共服务与市场化服务边界不清等问题，在服务业发展中政府亲自"披挂上阵""自任先锋"者也不在少数。许多产业融合性强的服务业项目，受制于条块分割、部分分割的管理体制，运营、协调成本明显加大。许多地方服务业企业或项目之间同质化竞争严重，资源整合、市场集成和统筹规划亟待提升；甚至服务业基础设施投入较大，但投入分散，呈多点并进状态，难以形成有投资回报的适度规模。在不同行政区之间、不同服务业企业之间，服务业发展各自为战、盲目投资、重复建设、低水平过度竞争问题严重，制约服务业资源利用效率和发展质量的提升，导致区域之间服务业差异化、互补化、网络化、特色化发展不足。区域中心城市与所在地区梯级节点城市（镇）、乡村地区之间，服务业发展缺少有效关联、功能分工和发展特色，导致模仿较多、竞争有余、合作不足、劣势凸显，难以实现错位分工、优势互补，更难以通过借势发展有效带动造势发展。这些问题在很大程度上反映了推进服务业体制机制创新的紧迫性，也为培育有利于服务业高质量发展的产业生态昭示了方向。

2. 协调成为内生特点

协调是实现服务业持续健康发展的内在要求，也是处理服务业与工业、农业关系应该遵循的基本准则。让协调成为服务业发展的内生特点，有利于更好地促进城乡区域协调发展、经济社会协调发展以及新型工业化、信息化、城镇化、农业现代化同步发展，并将增强国家（区域）硬实力与提升国家（区域）软实力有机结合起来，增强服务业乃至经济社会发展的整体性。如在培育现代化都市圈的过程中，要强化城市间产业分工协作、促进城市功能互补和错位发展，离不开服务业在不同层次、不同类型城市间和城乡间的协调布局。要推动都市圈中心城市产业高端化发展，加快推动中心城市集聚创新要素、提升经济密度、增强高端服务功能，需要总部经济和现代金融、科技、商务、文化创意等高端服务业的集聚集群集约发展作为支撑。而且，在许多现代化都市圈内，在中心城市、梯级节点城市（镇）、乡村地区之间，往往存在明显的创新能级梯度差，服务业结构和主导行业的不同是这种创新能级梯度差的重要成因。向都市圈中心城市集聚的生产性服务业往往层次高，辐射半径大，辐射力也较强。至于向中小城市集聚的生产性服务业，则往往属于一般生产性服务业，甚至普通商贸物流业等传统生产性服务业。许多都市圈注意通过“生产基地 + 中央厨房 + 餐饮门店”“生产基地 + 加工企业 + 超市销售”等新型产销模式或“总部经济 + 基地”“城市服务 + 乡村生产”“特色商贸或服务小镇 + 农业基地”等方式实现以城带乡、城乡融合发展，在此中央厨房、超市销售、总部经济等服务业往往至关重要，甚至是画龙点睛。

推进服务业协调发展，还应重视服务业基础设施硬能力和人才队伍、服务软环境等软能力建设的协调。如据我们对一些地区的调研，境内旅游资源丰厚而又独特，且品位较高，但对内对外通道不畅，成为旅游业发展的突出瓶颈。许多服务业项目对产业生态、公共服务等服务业软环境建设重视不够，影响服务品质的提升和品牌的打造。人才队伍建设滞后，尤其是缺乏领军人才、市场营销人才、适应产业融合的复合型人才，成为许多服务业企业提质增效升级的瓶颈制约。在这些地区，加强人才队伍和服务软环境建设，营造有利于集聚服务业人才的产业生态，提升服务体验化水平，应该是未来需要努力的方向。

3. 绿色成为普遍形态

发展服务业本是推进产业结构绿色转型的重要方式，但是发展服务业自身也有个推进绿色转型的问题。要建设资源节约、环境友好的绿色发展体系，实现绿色循环低碳发展、人与自然和谐共生，对加快服务业绿色发展提出了新要求。推进服务业自身的供给侧结构性改革，促进服务业规范化或标准化、品牌化、品质化也与推进服务业绿色发展相关。近年来，服务业新产业新业态新模式蓬勃发展，但如何有效引导其持续走上绿色发展的轨道，仍然不可掉以轻心。如共享单车的发展在解决城市交通出行“最后一公里”问题方面，显示了较强的创新价值，但由此带来的大量单车弃用、堆积、废置和其他可持续发展问题说明，推进服务业绿色发展仍然任重道远。

4. 开放成为必由之路

改革开放以来，中国服务业发展的经验证明，开放是推进发展的必由之路。推进服务业高质量发展，更要通过高质量推动全方位对外开放，激发服务业深化改革，为其持续注入强大动力。与之前相比，《外商投资准入特别管理措施（负面清单）》（2018 年版）表明开放的步伐明显加快，问题是怎样进一步解决这些开放举措落地过程中的“弹簧门”“玻璃门”问题。2018 年中央经济工作会议要求“适应新形势、把握新特点，推动由商品和要素流动型开放向规则等制度型开放转变”。习近平总书记在第二届“一带一路”国际合作高峰论坛发表的主旨演讲中宣布，中国“将采取一系列重大改革开放举措，加强制度性、结构性安排，促进更高水平对外开放”，推动服务业全方位对外开放并更加重视对外开放政策的贯彻落实。[1] 从国际经验来看，今后在推进服务业开放的过程中，要统筹注意以下三点：

第一，坚定深化对外开放的决心，将放宽外商投资准入与发展服务贸易有机结合起来，将推动服务业全方位对外开放与提高有效维护国家安全和战略利益的能力结合起来，统筹促进服务业开放加大力度、优化结构和提高效率。实际上，滥用国家安全和战略利益这个借口阻碍服务业开放和主张服务业“大门完全敞开”、不存在需要维护国家安全和战略利益的问题，这两种观点都不利于提升服务业对外开放的质量。

第二，把扩大对外开放同扩大对内开放有机结合起来，统筹提升服务业对内对外开放的水平和质量。部分地区服务业对内开放明显滞后于对外开放，既有高铁、航线等区域交通通信基础设施对外通道不畅、放宽市场准入不够

[1]《习近平出席第二届“一带一路”国际合作高峰论坛开幕式并发表主旨演讲》，新华网，http://www.xinhuanet.com，2019 年 4 月 29 日。

的原因，也与地方保护主义倾向有关，不利于提高服务业发展质量。

第三，将扩大和深化服务业开放同培育服务业国际竞争力、创新服务业监管方式有机结合起来。国际经验表明，这有利于服务业开放更好地做到扬长避短、趋利避害（姜长云、洪群联、邱灵，2016）。

5. 共享成为根本目的

共享成为根本目的，是坚持以人民为中心的发展思想的必然要求，也应是推进服务业高质量发展的要求。虽然一两个企业的经营活动未必需要、也未必能够做到全社会“共享”发展成果，但推进服务业整体的高质量发展应该做到“让改革发展成果更多更公平惠及全体人民”，努力“坚持在发展中保障和改善民生”，并为此坚守必要的底线，“使人民获得感、幸福感、安全感更加充实、更有保障、更可持续”。在创新服务业监管的过程中，之所以要注意包容创新、底线思维和红线意识，也在很大程度上是为了确保服务业发展能够体现共享发展理念。比如，如果没有必要的网络安全和信息安全红线，就有可能导致部分企业的发展，形成对另外一部分居民或企业基本生存、发展权益的侵蚀。

近年来，服务业尤其是现代服务业的发展，在总体上有效提升了全社会共享发展水平。但要将“共享作为发展的根本目的”真正落到服务业发展的实处，还有很多文章要做。有些现代服务企业的发展，显示了良好的创新绩效和发展潜质，有效增加了企业和居民的便捷和好处，提高了经济社会运行效率和发展质量，但也导致社会分配和就业机会更加不均。许多地方部分服务业新产业新业态新模式在经历短期的超常规增长后，发展动力迅速衰减，蓄积严重的金融风险和经济社会运行风险，导致“少数人迅速获得收益，多数人被迫支付成本”[1]。有些新兴服务业的发展常给人超预期和“革命性创新”之感，但少数企业的成功往往伴随着更多企业失败甚至“一蹶不振”的教训。

[1] 很早就有人说，共享单车将一小部分人送上巅峰，却带来了令人痛心的社会资源浪费，更多的人好处没捞到，成为牺牲品。

其中，接近成功但最终失败的部分企业，往往也曾有过一段时期的良好业绩，但由于持续创新的“韧劲”不足，或因为局部事件或偶然性、突发性因素的影响，导致其最终归于失败。类似现象说明，在现代服务业发展中，如何科学处理创新与共享的矛盾，培育持续创新发展能力，真正让更多的人在参与发展的过程中有更多获得感、幸福感、安全感，在政策上仍然值得认真研究和重视。比如，最近一两年来，网约车与出租车之间的竞争引起了社会广泛关注。就总体而言，鉴于出租车行业的痼疾，通过网约车发展增加出租车行业的竞争压力是必要的。但是，相对于网约车司机，出租车司机在总体上更处于劳动力市场的低端，就业困难性强，其就业竞争能力和收入水平也要明显低于网约车司机。在制定相关政策时，固然需要鼓励公平竞争，但“同等优先”地考虑出租车司机群体面临的就业困难和生存压力，恐怕也有其必要性。

有的企业家直言，未来二三十年，绝大多数人是很倒霉的，因为互联网、电子商务、人工智能的发展将会严重冲击其工作。如果这句话是提醒人们有效判断并应对未来挑战，这是值得重视的。当然，从历史经验看，互联网、电子商务、人工智能等技术进步和应用的前景是否那么悲观，恐怕也值得商榷。但反过来看，“让绝大多数人倒霉”的技术进步及与此相关的服务业发展，与实现共享发展的目标是背道而驰的，也不应该是推进服务业技术进步和创新发展应该鼓励的方向。最近几年来，基于新一代信息技术的各种新兴服务业迅速发展，与此相关的垄断问题日益引起关注，相关新情况新问题层出不穷。有的依托资本强势和融资便利，不惜长期亏损、大量“烧钱”企图“耗死”对方，借此形成垄断地位，为未来取得垄断利润创造条件。有的待形成垄断地位和构建起循环、造血机制后，盈利能力很可能出现指数型或超常规增长，导致社会财富加快向其大量集中。这不仅对传统的反垄断措施提出了新的挑战，也对创新服务业政策和宏观治理提出了新的要求。回应这种挑战，也需要科学处理创新发展与共享发展的矛盾。

习近平总书记在党的十九大报告中提出，“我们要激发全社会创造力和发展活力，努力实现更高质量、更有效率、更加公平、更可持续的发展”。

在推进服务业高质量发展的过程中，“更高质量、更有效率”的发展容易受到关注，但如何同时实现“更加公平、更可持续”的发展，往往容易受到轻视，可能应该花费更大功夫。这是推进服务业共享发展必须高度重视的。

四、推进服务业高质量发展怎么办

前文对什么是服务业高质量发展、如何理解服务业高质量发展进行了分析。但是，推进服务业高质量发展应该从哪些方面着力，还是缺乏抓手。我们认为，推进服务业高质量发展的抓手应该体现在以下四个方面：

第一，造就一批顺应服务业高质量发展要求的企业或企业家。这些企业和企业家应该是富有开拓创新精神和市场驾驭能力，能敏锐感知服务业市场需求变化并具有创造市场需求、凝聚市场需求、引导市场需求的能力。要让服务业发展能够更好地满足人民日益增长的美好生活需要，具有适应、创造和引导市场需求的能力，离开了这些企业或企业家就无从谈起。这些企业或企业家是推进服务业创新发展、增强服务业竞争力的中坚力量和基本依托。企业家良好的社会责任意识，也是实现服务业绿色发展、共享发展的有效保障。顺应高质量发展要求的企业或企业家，往往也善于从当前发展的不协调中找到新的服务业增长点和盈利机会。

第二，营造有利于服务业高质量发展的营商环境。这种有利于高质量发展的营商环境，应该能够顺应服务业产业特性和发展规律、有利于激励和吸引企业家创新创业、让企业家在发展服务业的过程中真正做到“安心、省心、舒心、对未来发展有信心”。当然，良好的营商环境也包括对民营经济和外部资本开放、包容的环境，有利于减少对内对外开放中的“玻璃门”和“弹篱门”，降低企业经营活动的成本和风险。有的地区成长性强、发展有潜力的民营企业少，现有的民营企业多由本地国有企业转制而来，真正来自区域之外的国内资本和国际资本非常稀少，而且越来越少。这实际上反映当地的营商环境建设存在很大问题。提升社会诚信和政府服务标准化水平，是营造有利于服务业高质量发展的营商环境之基本要求。有些地方社会诚信意识薄弱，坑蒙拐骗现象较多，“欺客”“宰客”“毁约”问题频出，甚至政府“新官不理旧账”。还有一些地方政府服务普遍存在“差不多”“马马虎虎”等思维定式，缺乏精细化、品质化服务意识和行为规范，加大了企业经营风险和运行成本。还有一些地方，政府推进营商环境建设“轰轰烈烈”，企业对政府推进营商环境建设的举措“漠不关心”。究其原因，在很大程度上是因为政府推进营商环境建设的举措与企业或企业家对营商环境的实际需求“南辕北辙”。营造有利于服务业高质量发展的营商环境，应该着力解决这些问题。

第三，培育契合服务业高质量发展要求的产业生态。这种产业生态应该瞄准增强服务业竞争力和创新力的方向，能够有效顺应现代服务业的产业特性和发展要求，有利于维护服务业创新、协调、绿色、开放、共享发展的整体性、系统性和协调性，有利于将增强服务业发展活力、培育服务业发展的品质品位同普遍增进居民或企业的获得感、幸福感、安全感有效结合起来。

第四，创新完善包容审慎的服务业监管框架和政策体系。我们曾经的研究显示，创新服务业监管，要推动由行业归属性监管向功能性监管，由具体事项的细则式监管向事前设置负面清单的触发式监管转变，强化服务业发展中的包容创新、底线思维和红线意识。按照审慎监管理念，促进形成统一高效、普惠公平、开放包容、多元共治的监管体系，形成“企业自律＋行业组织的自律＋强化平台型企业社会责任＋优化政府监管＋营造鼓励社会参与监管”的复合型、网络化监管体系（姜长云、洪群联、邱灵，2016）。构建包容审慎的服务业监管框架，有利于将鼓励服务业创新与平抑服务业发展风险、提高服务业质量效益竞争力和增强服务业可持续发展能力有效结合起来。优化政府监管，不仅要顺应新产业新业态新模式的产业属性和发展要求，创新政府监管方式，还要注意顺应服务业产业融合的趋势，鼓励政府多部门协同监管，推进信息互换、监管互认、执法互助。在许多新产业新业态新模式发展的初期，由于对新产业新业态新模式的产业属性和发展规律需要有个深化认识的过程，政府切忌对其盲目“站台”、背书。否则，容易对新兴行业的发展推波助澜，加剧行业发展的波动和“浮躁”情绪。从长远来看，也容易加剧服务业发展的资源浪费和发展风险。在基本认清行业属性和发展规律前，政府也不要仓促出台监管措施，否则容易因不适应新产业新业态新模式的产业属性和发展规律而误伤创新。

有利于服务业高质量发展的政策体系，不仅应该有利于激发全社会发展服务业的积极性、主动性和创造性，注意加强对服务业战略性新兴行业、关键领域、包容环节的支持，还要在鼓励创新的同时，注意培育鼓励协调发展、绿色发展、开放发展和共享发展的激励机制，将坚持功能导向鼓励创新与促进不同类型服务业平等竞争有效结合起来。许多地方鉴于新兴服务业的发展打破了服务业原有的生态平衡，形成了对现行监管格局的严峻挑战，往往以破坏市场秩序为由，自觉不自觉地希望通过强化现行监管措施将其“扼杀在摇篮之中”。这容易“碾压”服务业创新发展的“幼苗”。但如以鼓励创新为由，对新兴服务业的发展“拔苗助长”，也会形成新兴服务业与传统服务业的不公平竞争,加剧服务业创新发展与满足人民日益增长的美好生活需要的矛盾，影响服务业高质量发展。在此方面，理性的态度应该是将放宽准入与创新监管有效结合起来，因势利导，顺势而为；普惠公平，功能导向；冷静观察，谋定后动；创新监管，多元共治（姜长云、洪群联、邱灵，2016）。

第四章 “十三五”规划服务业目标实现程度评估

《国民经济和社会发展第十三个五年规划纲要》（以下简称“十三五”规划）设定的服务业目标是服务业增加值比重，这是“十三五”时期经济社会发展主要指标之一。“十三五”规划要求到2020年服务业增加值比重实现的预期性目标为56%，“十三五”期间共提高5.5个百分点。到2019年进入“十三五”时期已逾三年，从当时实际情况看，到2020年服务业增加值比重目标能否实现，要不要实现？在未来两年乃至更长时期内，推进服务业发展应该注意哪些问题？本章试就这一问题进行探讨和分析。需要指出的是，第一，根据2019年11月22日发布的“国家统计局关于修订2018年国内生产总值数据的公告”，[1]国家统计局根据中国国内生产总值（GDP）核算制度和第四次全国经济普查结果，对2018年国内生产总值初步核算数进行了修订，由此导致2018年服务业占GDP比重从52.2%提高到53.3%。通常根据全国经济普查结果调整最近一年国内生产总值核算数后，对于以前年份的国内生产总值及三次产业增加值数据也要进行后续调整。但考虑到第三次、第四次全国经济普查分别以2013年和2018年为普查年份，《中

[1]http://www.stats.gov.cn/tjsj/zxfb/201911/t20191122_1710868.html。

华人民共和国国民经济和社会发展第十三个五年规划纲要》是2016年3月发布的，处于第三次、第四次经济普查两个普查年份之间，因此根据第四次全国经济普查结果调整前的数据，来评估“十三五”规划服务业增加值比重目标的完成情况，才更有可比性。[1] 因此，本章关于“十三五”规划服务业增加值比重目标实现程度评估，根据第四次全国经济普查结果调整前的数据，数据来源于《中国统计年鉴2019》。“十三五”规划即将收官，“十四五”规划编制在即，希望读者通过本章分析，能够更好地得出对于编制“十四五”规划的启发价值。

---

[1] 郭克莎（2019）用各产业平减指数来反映价格变动因素的影响。GDP平减指数也称缩减指数，指没有剔除物价变动的GDP（即现价GDP）增长与剔除了物价变动的GDP（即不变价GDP）增长之商。参见MBA智库·百科“GDP平减指数”。

一、服务业增加值比重目标完成难度较大但并非没有可能

按照中国现行统计制度，服务业与第三产业等同。从近年来“十三五”规划的实施情况来看，2016 年、2017 年、2018 年服务业增加值比重分别为 51.8%、51.9% 和 52.2%，分别较上年提高 1.3 个、0.1 个和 0.3 个百分点，3 年间共提高 1.7 个百分点。到 2020 年要实现“十三五”规划的服务业增加值比重目标，未来两年（即 2019 年和 2020 年，下同）服务业增加值比重共需再提高 3.8 个百分点。目前断言到 2020 年不能完成服务业增加值比重的规划目标还为时过早，但完成这一目标的难度也不容低估。

“十三五”规划中的服务业增加值比重指标，实际上是指用现价计算的服务业增加值占 GDP 的比重。它主要受到两方面因素的影响。第一个因素是服务业与第一产业、第二产业价格变化的相对比较。从长期和总体来看，相对于第一产业和第二产业，通常服务业价格水平上涨较快，成为按现价计算的服务业增加值比重提高的重要推手。第二个因素是服务业增加值与 GDP 实际增速的比较。在第一产业、第二产业、第三产业（即服务业，下同）价格水平和发展基础保持不变的前提下，服务业增加值的实际增速如果快于 GDP 增速，则服务业增加值比重提高；反之则反是。当然，GDP 实际增速是第一产业、第二产业、第三产业各自基础和实际增速综合作用的结果。因此，服务业增加值与 GDP 实际增速的比较，可进一步归结为在第一产业、第二产业、第三产业各自发展基础既定的前提下，服务业与第一产业、第二产业增加值实际增速的比较。从当前中国产业发展的阶段性趋势来看，第一产业增加值

的实际增速明显低于服务业，因而服务业增加值增速与 GDP 的比较又可主要归结为服务业增加值与第二产业增加值实际增速的比较。当然，第一产业增加值占 GDP 比重及其实际增速，对服务业增加值比重的提高也有一定影响。

纵观改革开放 40 多年来中国按现价计算的服务业增加值比重的变化，可以发现连续两年增幅合计超过 3 个百分点的时段有 4 个（为叙述简便起见，以下简称“节点时段”），分别是：① 1984—1985 年，服务业增加值比重合计提高 6.2 个百分点，其中 1984 年、1985 年分别较上年增加 2.3 个和 3.9 个百分点；② 1991—1992 年，服务业增加值比重合计增加 3.2 个百分点，其中 1991 年、1992 年分别较上年增加 2.1 个和 1.1 个百分点；③ 1997—1999 年，服务业增加值比重三年合计提高 5.0 个百分点，其中 1997 年、1998 年、1999 年分别较上年增加 1.4 个、2.0 个和 1.6 个百分点，1998 年无论是往前一年还是往后一年，连续两年服务业增加值比重都合计增加 3 个百分点以上；④2014—2016 年，服务业增加值比重三年合计增加 4.9 个百分点，其中 2014 年、2015 年、2016 年分别较上年增加 1.1 个、2.5 个和 1.3 个百分点，2015 年无论是往前一年还是往后一年，连续两年服务业增加值比重都合计增加 3 个百分点以上。尤其值得关注的是，2015—2016 年两年服务业增加值比重合计恰好增加 3.8 个百分点。

分析这些连续两年服务业增加值比重合计增幅超过 3 个百分点的节点时段，可以发现有个共同特点，即服务业价格的增加幅度大于第二产业，这从图 4–1 至图 4–3[1] 对应时段服务业与第二产业之间现价增加值与不变价格增加值差距的比较可以看得非常清楚，在包含 2015 年的这个节点时段更为鲜明[2]。在此时段，不仅服务业现价增加值与不变价格增加值的差距有所扩大，

[1] 图 4–1 至图 4–3 时间段较短，主要是为了让相关趋势在图中表现得更加清晰。在图 4–1 至图 4–3 中分别采用 1980 年、1990 年、2000 年不变价格，主要是为了规避不变价格所在年份差异的影响。因为不变价格所在年份偏离越远，按不变价格折算的 GDP 与三次产业增加值之和的差距往往越大。

[2] 郭克莎（2019）用各产业平减指数来反映价格变动因素的影响。GDP 平减指数也称缩减指数，指没有剔除物价变动的 GDP（即现价 GDP）增长与剔除了物价变动的 GDP（即不变价 GDP）增长之商。参见 MBA 智库·百科“GDP 平减指数”。

第二产业增加值与不变价格增加值的差距还有所缩小。从表 4–1 也可以看出，在这些节点时段，服务业占 GDP 比重的提高，主要是由服务业价格更为快速的上涨引起的：服务业（即第三产业）增加值比重按当年价格计算的增幅，明显大于按不变价格计算的增幅；第二产业增加值比重按不变价格计算的降幅，明显小于按当年价格计算的降幅。

表 4–1 部分与节点时段相关年份服务业增加值比重的变化

单位：（%）

年份	服务业增加值比重提高幅度（百分点）		第二产业增加值比重提高幅度（百分点）	
	按当年价格计算	按 2000 年不变价格计算	按当年价格计算	按 2000 年不变价格计算
1984 年	2.3	1.1	–1.3	–0.3
1985 年	3.9	1.7	–0.2	1.6
1991 年	2.1	0.1	0.5	1.5
1992 年	1.1	–0.3	1.6	2.3
1997 年	1.4	0.4	0	0.5
1998 年	2.0	0.2	–1.3	0.5
1999 年	1.6	0.6	–0.4	0.2
2014 年	1.1	0.2	–0.9	0
2015 年	2.4	0.5	–2.2	–0.3
2016 年	1.4	0.4	–1.0	–0.2

注：本表数据根据《中国统计年鉴 2018》和国家统计局网站“数据查询”数据整理。

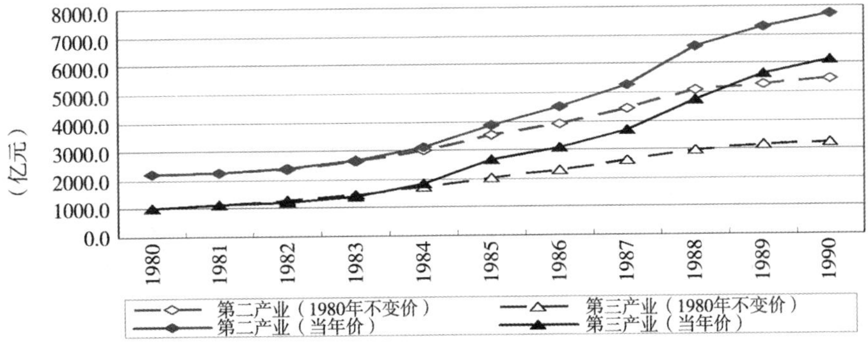

图 4–1 1980—1990 年中国第二、第三产业增加值的变化

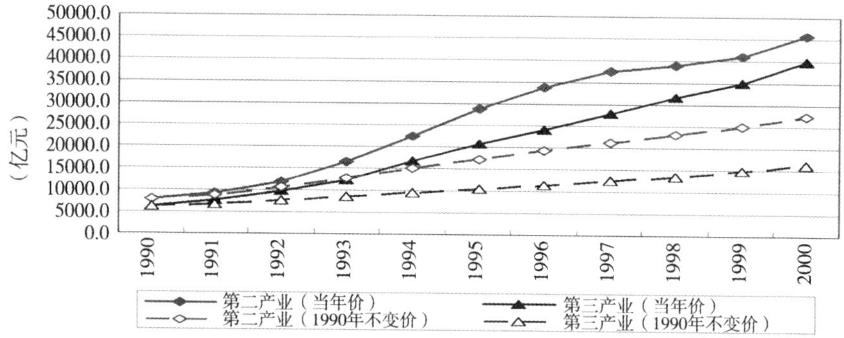

图 4-2　20 世纪 90 年代中国第二、第三产业增加值的变化

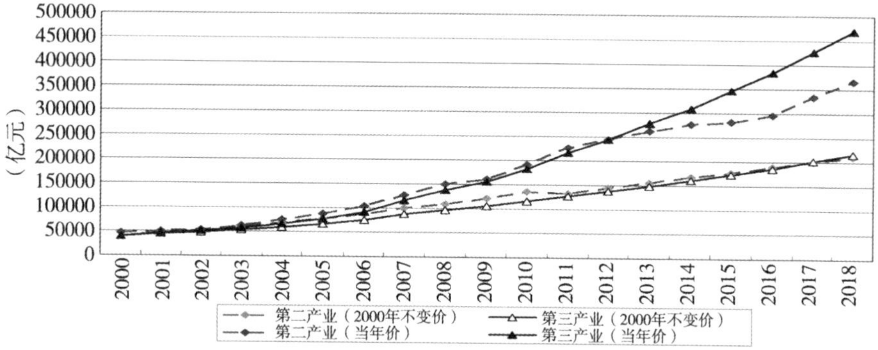

图 4-3　进入本世纪以来中国第二、第三产业增加值的变化

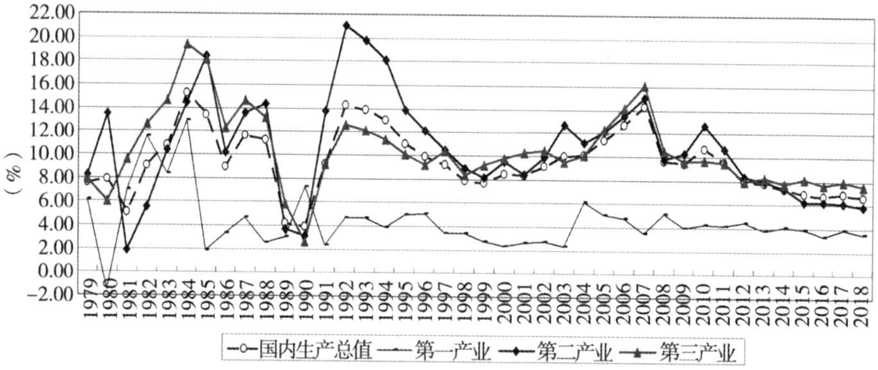

图 4-4　按 2000 年不变价格计算的三次产业增加值增速的变化

进一步分析可以发现，在大多数节点时段及与其相关的大多数年份中，服务业增加值的实际增速均快于 GDP 实际增速，甚至也快于第二产业增加值的实际增速（见图 4-4）。虽然 1991 年和 1992 年属于例外年份，服务业增

加值增速慢于 GDP 增速，但差距并不大。从表 4–1 和图 4–2 可见，在这两个年份，服务业价格涨幅拉大，冲抵了服务业增速慢于 GDP 增速的影响，仍然导致按当年价格计算的服务业增加值比重呈现较大幅度的提高。

可见，改革开放 40 年来在上述节点时段，中国服务业增加值比重出现大幅度增长，形成连续两年合计增幅超过 3 个百分点的格局。服务业价格涨幅较大，是形成这种现象的主因。按不变价格计算的服务业增加值实际增速快于 GDP 甚至第二产业，也会推动这种格局的形成。

到 2019 年第一季度，中国服务业增加值的同比增速已经连续 27 个季度超过第二产业、连续 28 个季度超过 GDP 同比增速。从未来两年即 2019 年、2020 年的趋势看，服务业增加值实际增速快于 GDP 特别是第二产业很可能继续成为趋势，成为推动服务业增加值比重提高的重要原因。但仅靠服务业实际增速快于 GDP 和第二产业实际增速，要实现“十三五”规划的服务业增加值比重目标，并在未来两年内将服务业增加值比重提高 3.8 个百分点，几乎没有可能。[1]

可见，在“十三五”剩余两年，要实现服务业增加值比重提高 3.8 个百分点的目标，前提条件是与整个经济的其他部分特别是第二产业相比，服务业价格再次呈现较大幅度上涨的格局。2018 年，按当年价格计算，中国第一产业、第二产业、第三产业实现增加值分别较上年增加 4.2%、10.0% 和 10.3%。按当年价格计算，假设 2019 年和 2020 年第一产业增加值增速在 2018 年基础上下降 1 个百分点，第二产业增加值增速在 2018 年基础上下降 2 个百分点、第三产业增加值增速在 2018 年基础上增加 2 个百分点，那么到 2020 年服务业增加值占 GDP 比重即可达到 56.1%，实现“十三五”规划预期目标。当然，在这种假设情景下，虽然服务业实际增速未必受到影响，但要

[1] 实际上，2017 年、2018 年我国服务业增加值的实际增速已经明显快于 GDP 特别是第二产业。2017 年、2018 年，我国服务业增加值分别实际增长 7.9% 和 7.6%，2017 年服务业增加值实际增速分别快于 GDP 和第二产业实际增速 1.1 个百分点和 2.0 个百分点，2018 年服务业增加值实际增速分别快于 GDP 和第二产业实际增速 1.0 个百分点和 1.8 个百分点。但这两年按当年价格计算的服务业增加值比重，分别仅提高 0.1 个和 0.3 个百分点。

求服务业价格相对于第一产业、第二产业实现大幅上涨。

二、“十三五”规划服务业增加值比重目标设置偏高的原因

就总体而言，“十三五”规划前期研究充分，为提高规划质量打下了坚实基础。但“白璧微瑕”也是难免的。虽然我们都不能做“事后诸葛亮”，但现在回过头来看，在国家层面和许多地方层面的“十三五”规划中，都存在服务业增加值比重目标设置偏高的问题。早在 2017 年，就有地方发改委同志告诉笔者，当地及其所属地区“十三五”规划确定的服务业增加值比重目标肯定实现不了，希望组织专家帮其认真研究这个问题。那么，在国家或地方“十三五”规划中，为什么服务业增加值比重的目标设置偏高？这里面固然原因很多，但同相关前期研究不足也有密切关系。具体表现是：

（一）对“十二五”期间尤其是 2012 年以后服务业增加值比重连年大幅度提升的原因研究不够

与此相关的是，将服务业增加值比重连年大幅度上升，简单片面地理解为服务业形势“一片大好”，甚至服务业“风景这边独好”。当时，这种认识比较盛行，很自然导致盲目推崇和过度重视服务业增加值比重的提高，期望能将服务业增加值比重连年大幅度提高“寓示”的服务业“乐观形势”趋势性延续到“十三五”。但实际上通过进一步研究可以发现，2012 年之后服务业增加值比重一度连年大幅度提升，既是产业结构优化升级和服务业相对于第二产业或 GDP 较快增长的结果，经济增速下行特别是工业增速明显放缓、

服务业价格较快上涨、工业品价格增长疲软等也是重要原因（姜长云、盛朝迅，2016）。

从2012年开始，按当年价格计算的服务业增加值比重连年大幅度提高，每年均较上年提高1个百分点以上，2012—2015年4年间共提高6.2个百分点，但在此期间，按2000年不变价格计算的服务业增加值比重共仅增加0.9个百分点。可见，这一时期服务业增加值比重的提高，主要是由服务业价格的更快上涨引起的。而且，这一时期在服务业增加值比重提高的同时，不仅GDP或第二产业、工业增加值增速呈现较为明显的下行趋势，服务业增速下行的压力也比较大，只是服务业增速下行的幅度没有第二产业那么大、且其下行过程有一定反复而已。按不变价格计算，2012、2013、2014、2015年服务业增加值分别较上年增长8.0%、8.3%、7.8%和8.2%。[1]在此期间，人力资本、房租、水电等快速上涨，支撑服务业价格较快上涨。但由于工业发展的结构性矛盾日趋突出和产能过剩问题加重等原因，工业品价格在总体上呈现疲软态势。以上年同月为100，则工业生产者出厂价格指数自2012年3月开始一直低于100，这种现象实际上延续到2016年8月。服务业价格涨幅较大、第二产业特别是工业品价格增长疲软，合力推动服务业增加值比重大幅提高。

（二）对服务业与经济增长、服务业与制造业关系的国内外经验研究薄弱

此前，较为流行的观点认为，要把推进以服务业为主导的经济转型、形成服务业主导的经济新格局作为制定“十三五”规划的基本目标，甚至有人认为在“十二五”末、“十三五”初期中国将进入“服务经济时代”。在2016年相关部门起草服务业重大政策文件时，仍有部分专家向文件起草组建议到2025年服务业增加值比重应该达到60%，服务业增加值比重连年大幅提高“是好事”，且这种前期趋势可以“外推”。与此相关的是，很少重视

[1] 相比之下，2008—2011年4年间，按当年价格计算的服务业增加值比重共提高1.4个百分点，按2010年不变价格计算的服务业增加值比重没有变化，但服务业增加值的增速明显高于2012—2015年的水平。2008年、2009年、2010年、2011年分别较上年增长10.5%、9.6%、9.7%和9.5%。

到服务业增加值比重的连年大幅度上升往往伴随着经济增速下行，轻视经济发展过程中工业或制造业与服务业的相互依存、相互制约和融合互补关系。

近年来，也有一种观点认为，中国没有必要把提高服务业增加值比重作为产业结构升级的着力点，应高度重视服务业比重过快上升隐含的问题，警惕其负面影响。如李钢（2013）提出，第二次世界大战后发达国家服务业增加值比重不断提升主要是由服务业价格上涨速度快所致，服务业实际产出增长更快并不是重要原因；到2020年中国经济增长的主要动力产业仍然是第二产业，而且很难是服务业；服务业增加值比重的提高对真实经济增长意义不大。卓贤（2016）通过对韩国、美国、日本、德国、法国等世界主要经济体的研究发现，服务业增加值比重上升幅度超过1个百分点的年份，经济增长率出现下滑的可能性明显增大。姜长云、盛朝迅（2016）的研究发现，通常由于服务业抵御经济衰退的能力较强，经济增长减速尤其是工业、制造业增速下降过快，容易导致服务业增加值比重提高幅度较大。服务业增加值比重大幅度上升，与经济增长速度下降同时出现是大概率事件。从国内外经验来看，服务业增加值比重连年大幅度提高，往往伴随着经济下行压力加大和经济增长放缓，不利于实现经济中高速增长，甚至容易带来工业化“早熟”和过早“去工业化”问题，加剧服务业发展中的低端化、泡沫化倾向。[1]但是，客观地说，类似观点在“十三五”规划前期研究和制定阶段的2014年、2015年还很少，影响比较微弱，而且更多是在“十三五”规划定稿后提出来的。

实际上，服务业增加值比重只是反映经济发展水平和产业结构优化升级的重要指标之一，但不是唯一指标。从产业结构演进的一般规律来看，随着经济发展水平的提高，农业增加值比重呈现下降趋势。在农业增加值比重既定的前提下，第二产业与服务业增加值比重呈现此消彼长关系。但在经济发展过程中，第二产业或工业与服务业之间绝非简单的对立和排斥关系。单纯依靠服务业增加值比重，难以准确判断服务业乃至国民经济的发展水平和质

[1] 如在服务业中传统的、低层次服务业，甚至非组织化服务业比重上升，高端服务业发展困难加大。

量。在国家之间和国家内部的不同行政区之间，服务业增加值比重和服务业乃至国民经济的发展水平与质量之间，并非简单的一一对应关系。以 2017 年为例，服务业增加值比重位居全国最低的陕西省，人均 GDP 位居全国第 12 位；服务业增加值比重位居全国第 4 位的海南省（56.1%），人均 GDP 位居全国第 17 位的水平；人均 GDP 位居全国最低水平的甘肃省，服务业增加值比重居于全国第 6 位（54.1%）；而人均 GDP 高出全国平均水平 80%、位居全国第 4 位的江苏省，服务业增加值比重仅位居全国第 12 位（50.3%），低于全国服务业增加值比重 1.6 个百分点（见图 4–5）。可见，衡量经济发展水平和产业结构优化升级，应把服务业增加值比重和其他指标，特别是衡量经济高质量发展的指标结合进行。片面追求服务业增加值比重的提高，不利于协调处理服务业与第一产业、第二产业的关系。

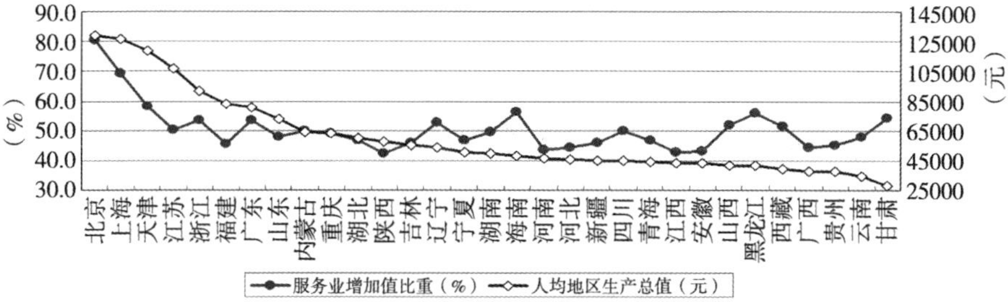

图 4–5 2017 年全国各省、市、自治区人均地区生产总值和服务业增加值比重

根据近年来许多学者的研究，尽管服务业已经成为国民经济中最大的产业，科学处理服务业与第一产业、第二产业，特别是服务业与制造业的关系仍然至关重要。在德国和美国的 GDP 中，工业分别占 28% 和 19% 左右。但德国政府仍把“工业 4.0”战略上升为国家战略，致力于推进以智能制造为主的第四次工业革命，着力提高德国工业竞争力。2018 年美国商务部和国家标准技术研究院联合发布的年度特别出版物——《追求投资回报，释放美国创新绿皮书》仍然将“美国制造业优先”作为拟采取的行动之一。[1] 加拿大学

[1]《美国商务部发布释放美国创新力绿皮书》，中国科学院知识产权网，http：//www.casip.ac.cn/website/ipr/iprnewsview/1904。

者瓦科拉夫·斯米尔（2015）强调制造业“成为推动美国经济、战略和社会生活的基础动力”，制造业“成为美国夺取全球经济、战略和社会主导权的基本力量”；一个发达的现代经济体“要想真正地实现繁荣富强，那么就必须有一个强大、多样和富于创新性的制造行业，它的目标是不仅能在资源约束下提供高质量产品的制造业，而且是能提供更多就业机会的制造业”。哈佛商学院教授加里·皮萨诺和威利·史（2014）的研究发现，“制造能力的缺失往往会使得产业创新出现断层，创新成为无源之水”，美国需要“制造业复兴”。当前中国经济正处于从工业主导向服务业主导的转变之中，服务业日益成为国民经济和社会发展的新引擎，但在今后相当长的时期内，仍应坚持工业与服务业“双引擎”战略，促进工业与服务业各展其长、优势互补、和谐共存、有机融合。

三、不必刻意追求实现个别预期性目标

从前文分析可见，基于现有基础，到 2020 年，要实现“十三五”规划关于服务业增加值比重的目标，不仅需要服务业相对于 GDP 呈现较快的实际增长，对服务业价格相对于第二产业、第三产业呈现较大幅度上涨还有更高要求，甚至服务业价格更快上涨是实现服务业增加值比重目标的前提。但从这两方面的条件来看，不必刻意追求到 2020 年实现“十三五”规划的服务业增加值比重目标。否则，有可能影响稳增长、促改革、调结构、惠民生、防风险的实现。

（一）在“十三五”未来两年，对于通过拉大服务业实际增速与第二产业进而GDP增速的差距来提高服务业增加值占GDP比重，不宜有太高期望

2018年按当年价格计算，中国第一产业、第二产业、第三产业增加值分别占GDP的7.2%、40.7%和52.2%；在第二产业中，工业占比超过83%。近年来，在中国GDP中，第一产业不仅占比较低，按不变价格计算的第一产业增加值实际增速也明显低于第二、第三产业，多在4%上下。从历史经验来看，考虑价格因素的影响，2019年和2020年两年第一产业占GDP比重的降幅合计很可能在0.8个百分点以内。因此，要确保顺利实现“十三五”规划的服务业增加值比重目标，在未来两年内将服务业增加值比重再增加3.8个百分点，只能主要依靠第二产业与服务业共同做出贡献。当前，按不变价格计算，中国第二产业特别是工业增加值的实际增速已经很低，[1] 今后进一步下降的空间应该不会很大，也不宜太大，否则，很容易导致GDP实际增速进一步放缓，影响产业发展对生产性服务业、城乡居民收入水平提高对生活性服务业的需求扩张，进而制约稳增长、惠民生的实现。从图4-4和图4-6可见，近年来中国服务业实际增速下行的压力一直很大。工业增速放缓、服务业增速下行压力很大，加之城乡居民收入增速徘徊，已经从需求方面制约服务业的增长。况且，许多新兴服务业正在经历从超常规增长向常规增长的转变，实际增长速度趋于平稳，也会抑制服务业实际增速的回升。考虑到许多新兴服务业超常规增长格局的形成，往往是以传统服务业快速萧条为代价的，对服务业实际增速的回升更不能寄予过高期望。

[1] 近年来，按不变价格计算的第二产业增加值实际增速在总体上呈现下降趋势，2018年为5.8%，低于2015年的6.2%，不及2010年（12.7%）的一半。2018年工业增加值的实际增速为6.1%，2015年以来一直徘徊在6%附近，也不及2010年（12.6%）的一半。

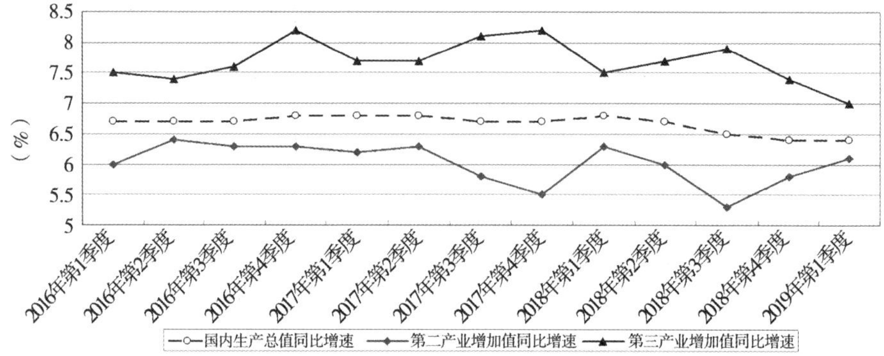

图 4–6　近年来服务业与 GDP、第二产业增加值季度增速的变化

（二）更重要的是要通过服务业价格相对于第一产业特别是第二产业更大幅度的上涨来提升服务业增加值比重，很可能增加产业发展成本和居民生活成本，加大经济社会运行风险

从表 4–2 可见，最近两年即 2017 年和 2018 年，服务业价格涨幅趋缓，不仅没有高于反而明显低于第二产业。主要表现为这两年按当年价格计算的服务业增加值比重增幅，明显小于按不变价格计算的服务业增加值比重增幅；在按当年价格计算的第二产业增加值比重有所提高的同时，按不变价格计算的第二产业增加值比重却有所下降。[1] 近两年服务业价格涨幅趋缓，在房租和劳动力成本等方面均有突出表现。房租和劳动力成本是服务业成本的重要组成部分，对服务业价格具有举足轻重的影响。近两年来，随着中国人口年龄结构和房地产供给格局的变化，以及房地产市场调控政策的转型，与“十二五”时期相比，推动房租价格上涨的因素在总体上明显减弱，部分地区甚至出现商业写字楼价格下跌的现象。这种现象在“十三五”的未来两年很有可能延续。尽管中国的劳动力成本仍将呈现持续提高的趋势，但受经济下行压力加大和中美贸易摩擦加剧等影响，在未来两年来也很难看出支撑劳动力成本呈现更大幅度上涨的因素。郭克莎（2019）认为，“十三五”时期

[1] 这种情况与 2012—2016 年间连续 5 年服务业增加值比重每年提高 1 个百分点以上的情况有明显不同。在后者，服务业价格的上涨明显快于第二产业。

的产业价格变动可能与“十二五”时期有较大差别，由于去产能等政策作用，工业和第二产业的价格水平将有所回升，第三产业（即服务业）由于在发展中竞争加强，价格水平上涨的趋势将会得到一定抑制，从而减少产业价格结构的变动幅度，并使服务业增加值比重上升趋势明显放缓。

退一步说，2018 年服务业增加值已占 GDP 的 52.2%，服务业已经深刻融入社会生产和生活。鉴于当前经济运行中不稳定不确定因素很多，受内外部因素的影响，特别是短期性、突发性因素的作用，在未来两年内，如果服务业价格呈现较大幅度的上涨，并明显快于第一产业和第二产业，将可能导致产业发展成本和居民生活成本明显增加，影响整个产业的提质增效升级和居民生活质量的改善，甚至加大经济社会运行风险。届时，虽然服务业价格的较快上涨，有可能推动服务业增加值比重实现“十三五”规划的 2020 年目标，但这并非理想结果，不应是我们追求实现的。

按照中国现行统计口径，服务业增加值统计数据包括批发和零售业，交通运输、仓储和邮政业，住宿和餐饮业，金融业，房地产业，其他服务业六大部分。从表 4–3 可见，按当年价格计算，其他服务业增加值超过服务业的 40%，批发和零售业，金融业，房地产业，交通运输、仓储和邮政业分别是服务业中第二、第三、第四、第五大行业。综合考虑表 4–2 信息可见，其他服务业价格涨幅最大，对服务业整体价格上涨的影响最强。其他服务业包括营利性服务业和非营利性服务业两部分，但国家统计局尚未发布营利性服务业、非营利性服务业及其进一步细分行业的统计数据，难以对此进行进一步分析。在 2012—2015 年 4 年间，金融业和房地产业价格上涨对服务业整体价格上涨的影响也值得关注；交通运输、仓储和邮政业，住宿和餐饮业价格涨幅较小，批发和零售业价格在总体上比较平稳。2016 年以来，就总体而言，金融业，批发和零售业，交通运输、仓储和邮政业的价格水平在总体上呈现下降趋势，这对于降低实体经济运行成本和改善民生有积极意义。同期，仅其他服务业和房地产业价格水平仍然呈现上涨趋势，但涨幅已较前期有所放缓。从对服务业行业结构的分析可以进一步看出，如果为了实现“十三五”规划的服务业增加值比重目标，推动服务业价格呈现较快上涨，很容易导致实体经济运行成本和居民生活成本增加，影响产业发展质量和民生质量的改善。

表 4–2　近年来中国第二、第三产业占 GDP 比重较上年提高情况

年份	当年价		2000 年不变价	
	第二产业	第三产业	第二产业	第三产业
2012	−1.11	1.17	0.21	0.03
2013	−1.25	1.42	0.08	0.19
2014	−0.89	1.16	0.03	0.19
2015	−2.15	2.45	−0.33	0.52
2016	−1.07	1.31	−0.20	0.41
2017	0.47	0.09	−0.31	0.48
2018	0.11	0.26	−0.30	0.48

表 4–3　近年来中国服务业不同行业占 GDP 比重和实际增速的变化

单位：（%）

<table>
<tr><th colspan="2">价格</th><th>时期</th><th>批发和零售业</th><th>交通运输、仓储和邮政业</th><th>住宿和餐饮业</th><th>金融业</th><th>房地产业</th><th>其他服务业</th></tr>
<tr><td rowspan="4">增加值比重增加百分点</td><td rowspan="2">按不变价计算</td><td>2012—2015 年</td><td>0.67</td><td>−0.32</td><td>−0.13</td><td>0.90</td><td>−0.47</td><td>0.50</td></tr>
<tr><td>2016—2017 年</td><td>0.07</td><td>0.10</td><td>0.02</td><td>−0.28</td><td>0.02</td><td>0.92</td></tr>
<tr><td rowspan="2">按当年价计算</td><td>2012—2015 年</td><td>0.7</td><td>−0.1</td><td>0.0</td><td>2.1</td><td>0.3</td><td>3.0</td></tr>
<tr><td>2016—2017 年</td><td>−0.2</td><td>0.0</td><td>0.0</td><td>−0.5</td><td>0.4</td><td>1.6</td></tr>
<tr><td colspan="2" rowspan="2">增加值占 GDP 比重（当年价）</td><td>2015 年</td><td>9.6</td><td>4.4</td><td>1.8</td><td>8.4</td><td>6.1</td><td>19.6</td></tr>
<tr><td>2018 年</td><td>9.4</td><td>4.5</td><td>1.8</td><td>7.7</td><td>6.6</td><td>21.8</td></tr>
<tr><td colspan="2" rowspan="2">实际增速</td><td>2012—2015 年</td><td>9.2</td><td>5.8</td><td>5.6</td><td>11.5</td><td>4.3</td><td>8.3</td></tr>
<tr><td>2016—2017 年</td><td>7.1</td><td>7.8</td><td>7.3</td><td>4.5</td><td>7.1</td><td>9.9</td></tr>
</table>

注：在本表中，不变价格系 2000 年不变价格，实际增速系按 2000 年不变价格计算。

况且，在“十三五”规划中，服务业增加值比重属于预期性目标，作为国家期望的发展目标，应该主要依靠市场主体的自主行为实现；政府主要通过创造良好的发展环境、完善宏观调控体系和政策导向努力争取实现，但并非一定要实现。这与明确并强化政府责任、要求确保实现的约束性指标有根本区别。因此，从指标属性来看，不必刻意追求实现“十三五”规划的服务业增加值比重目标。

四、对未来服务业发展的建议

（一）加快推动服务业优质高效发展仍应是未来服务业发展的重点

“十三五”规划明确提出“加快推动服务业优质高效发展”的方向，要求“推动生产性服务业向专业化和价值链高端延伸、生活性服务业向精细和高品质转变”“完善服务业发展体制和政策”。从“十三五”规划的实施情况来看，在“十三五”时期的后续阶段，仍应坚持这种方向，着力促进服务业提质增效升级。从当前服务业劳动生产率增速较低且与第二产业差距明显，也可看出这一点。

本书第一章的研究发现，按不变价格计算，2012—2017年间，中国服务业劳动生产率年均递增3.7%，年均增速是1992年以来的最低水平。[1]在“十二五”期间，中国服务业劳动生产率也年均递增3.7%，增速分别慢于第一产业、第二产业和全社会劳动生产率4.6个、0.9个和3.9个百分点。与“十二五”时期平均增速相比，进入“十三五”以来的前3年中国服务业劳动生产率平均实际增速有所加快（见表4–4），年均递增6.6%。从现有趋势来看，在“十三五”时期要实现到2020年全员劳动生产率年均增速大于6.6%、2020年全员劳动生产率超过12万元/人的目标，经过努力应该是可以实现的。尽管如此，2018年服务业占GDP比重已达52.2%，服务业劳动生产率及其增

[1]1992—2002年和2003—2011年，按不变价格计算的我国服务业劳动生产率分别年均递增5.2%和8.0%。

速明显低于第二产业（见表 4–4），这对于推进整个经济高质量发展和产业结构优化升级的不利影响仍然值得重视。按 2000 年不变价格计算的中国服务业劳动生产率，2011 年相当于第二产业劳动生产率的 70.1%，2018 年相当于第二产业劳动生产率的 53.6%；服务业与第二产业劳动生产率的差距由 2011 年的 2.0 万元 / 人，扩大到 2018 年的 5.2 万元 / 人。因此，在“十三五”乃至更长时期内，应把提高服务业劳动生产率放在突出地位。

表 4–4　近年来中国三次产业及全员劳动生产率的变化

年份	按 2000 年不变价格计算的劳动生产率（万元 / 人）				劳动生产率较上年增长（%）			
	全社会	第一产业	第二产业	第三产业	全社会	第一产业	第二产业	第三产业
2011	3.9	0.9	6.7	4.7	9.2	9.7	7.3	5.7
2012	4.2	0.9	7.0	5.0	7.6	7.0	5.1	6.5
2013	4.5	1.0	7.6	5.0	7.3	10.9	8.3	1.2
2014	4.9	1.1	8.2	5.1	7.1	10.8	7.8	1.8
2015	5.2	1.2	8.9	5.3	6.6	8.0	8.2	3.3
2016	5.5	1.3	9.6	5.5	6.4	5.7	7.9	4.7
2017	5.9	1.4	10.4	5.8	6.7	6.2	8.7	4.5
2018	6.3	1.5	11.2	6.0	6.6	7.3	7.9	4.5

注：在本表中，计算 2018 年劳动生产率时，2018 年 GDP 及各产业增加值数据根据上年不变价格对应数据乘以对应不变价格增长率计算。各年份劳动生产率根据对应年份增加值与就业人数之比计算。

推动服务业优质高效发展应该结合推进服务业体制机制改革和政策创新，引导形成一批顺应高质量发展要求的企业或企业家、营造有利于服务业高质量发展的营商环境、培育契合服务业高质量发展要求的产业生态、创新完善包容审慎的服务业监管框架和政策体系，将坚持功能导向鼓励创新与促进不同类型服务业平等竞争有效结合起来，加强对服务业战略性行业、关键落户和薄弱环节的支持，引导、激发全社会支持发展服务业的主动性、积极性和创造性。这对于提高服务业劳动生产率，促进服务业优质高效发展，都具有重要意义。

（二）“十四五”规划乃至后小康时代需求加强对服务业发展理论和政策问题的前期研究

从前文分析可见，在“十三五”规划中对服务业增加值比重目标设置偏高，同相关前期研究薄弱有较大关系。由此很自然得出结论，为了更好地做好“十四五”规划并引导后小康时代的服务业发展，建议加强对服务业发展及相关理论和政策问题的前期研究，为在“十四五”规划中科学设置服务业增加值比重等指标、为更好地完善后小康时代服务业发展政策提供科学依据。从前文分析可见，在“十四五”规划乃至后小康时代，关于推进服务业体制机制和政策创新主要任务的设计，也要注意加强对服务业细分行业的研究。此外，新兴服务业的发展是培育服务业发展新动能、推进服务业新旧动能转换必须关注的焦点。在后小康时代，如何科学把握新兴服务业的产业属性？如何科学把握服务业发展中贯彻“创新、协调、绿色、开放、共享”发展理念的系统性、整体性和协同性？如何科学处理新兴服务业发展中的垄断和创新监管问题，都值得深入研究。深化对这些问题的研究，有利于更好地提升服务业发展和服务业规划质量。

面向制定“十四五”规划乃至后小康时代的需求，加强对服务业相关理论和政策问题的前期研究，还需要注意发展环境和发展阶段变化对服务业发展的影响。如从经济发展和产业结构演进的长期趋势来看，服务业增加值比重是不断提高的。但是，这种长期趋势需要分阶段渐进实现，不能混淆服务业发展、产业结构演进的长期趋势和短期影响，企图“速战速决”“毕其功于一役”。从国内外经验来看，服务业增加值比重在经历若干年份的大幅度提升后，出现若干年份的震荡整理甚至徘徊反复，是正常的。企图将 2012 年开始服务业增加值比重连年大幅度提升的趋势简单外推到“十三五”，实际上存在着将“短期趋势长期固化”的局限，缺乏坚实依据。从国内外历史经验看，类似判断出现失误的概率可能很高。进一步来看，如果依据近年来服务业发展的趋势，来简单外推到“十四五”时期乃至更长时间，也容易出现判断失误。2018 年中央经济工作会议在部署 2019 年经济工作时提出，“世界面临百年未有之大变局”，要“紧扣重要战略机遇新内涵，加快经济结构优化升级”。加强对服务业发展环境和重要战略机遇期的研究，也应是加强“十四五”规划前期研究必须重视的。

第五章 生活性服务业：当前发展与迈向后小康时代

生活性服务业即满足居民最终消费需求的服务活动。按照国家统计局制定的《生活性服务业统计分类（2019）》，生活性服务业包括十二大领域，即居民和家庭服务、健康服务、养老服务、旅游和娱乐服务、体育服务、文化服务、居民零售和互联网销售服务、居民出行服务、住宿餐饮服务、教育培训服务、居民住房服务、其他生活性服务业等，这是对国民经济行业分类中符合生活性服务业特征有关活动的再分类，以面向居民的服务活动为分类主要依据。本章将基于对生活性服务业发展现状、问题的分析，探讨后小康时代特别是“十四五”时期中国生活性服务业发展的需求，以及生活性服务业发展的目标、重点任务和基本思路。

一、生活性服务业发展现状

党的十八大以来，尤其是进入“十三五”时期以来，中国生活性服务业的发展，有效支撑了消费结构升级和消费对经济增长基础作用的发挥，促进了产业发展和消费需求新热点的形成，为改善民生福祉、更好满足人民日益增长的美好生活需要做出了重要贡献，夯实了国民经济中高速增长和经济提质增效升级的根基。具体表现在以下方面：

（一）总体平稳健康较快增长，成为稳增长、调结构、惠民生的坚实支撑

当前，缺乏规范、权威的总体统计资料，给准确刻画生活性服务业发展全貌增加了困难。但通过生活性服务业部分行业的发展数据，仍可粗略观察其发展概况。旅游、文化、体育、健康、养老等“幸福产业”基本上属于生活性服务业。近年来，中国“幸福产业”蓬勃发展，不仅有效支撑了产业结构、消费结构的转型升级，还对扩大就业、提升就业质量和居民生活品质发挥了日益重要的作用。如 2018 年全国体育服务业、文化批发和零售业、文化服务业、旅游及相关产业增加值分别达到 6530 亿元、4340 亿元、24832 亿元和 41478 亿元，占当年 GDP 比重分别达到 0.7%、0.5%、2.7% 和 4.5%；未扣除价格变动因素影响，2016—2018 年这些生活性服务业增加值分别年均递增 34.2%、19.5%、22.1% 和 11.4%，增速明显高于同期全国服务业增加值年均递速（10.7%）。全国体育服务业占体育产业增加值比重，2015 年为

49.2%，2018年提高到64.8%。[1]2016—2018年，在中国规模以上服务业企业中，健康服务业、养老服务业企业营业收入分别年均递增13.3%和28.1%。[2]社会消费品零售总额和非实物商品网上零售额的增长，在很大程度上反映了批发和零售业、电子商务等生活性服务业的发展情况。2019年全年全国社会消费品零售总额411649亿元，未扣除价格变动因素的影响，2016—2019年年均递增8.1%。社会消费品零售总额包括实物商品网上零售额，不包括非实物商品网上零售额。2019年全国网上零售额106324亿元，非实物商品网上零售额21085亿元，2016—2019年4年间分别年均递增28.7%和35.0%。在许多地方，生活性服务业的迅速发展，还促进了城市公共服务向农村的延伸，带动了城乡基本公共服务的均等化，为推动精准扶贫、精准脱贫做出了重要贡献。

住宿和餐饮业是典型的生活性服务业，房地产业多属生活性服务业。近年来许多城市鼓励发展的“夜间经济”，也为观察生活性服务业发展状况提供了重要窗口。2019年，按当年价格计算，全国住宿和餐饮业、房地产业增加值分别占GDP的1.8%和7.0%，分别占服务业增加值的3.4%和13.0%。按不变价格计算，2016—2018年3年间，全国GDP和服务业增加值分别年均实际增长6.69%和7.74%，同期住宿和餐饮业、房地产业增加值分别年均实际增长7.21%和6.31%。[3]2019年，全国GDP和服务业增加值分别较上年实际增长6.1%和6.9%，住宿和餐饮业、房地产业增加值分别较上年实际增长6.3%和3.0%。[4]进入“十三五”时期以来，住宿和餐饮业增加值实际增速快于GDP，但略慢于服务业增加值实际增速；房地产业增加值的实际增速慢于

[1]《国家体育总局、国家统计局联合发布2015年国家体育产业规模及增加值数据的公告》，中华人民共和国国家统计局网站，2016年12月27日；国家统计局、国家体育总局：《2018年全国体育产业总规模和增加值数据公告》，2020年1月20日。

[2]此处本应采用期间数据，但因数据来源缺乏，只能用年度数据。参见国家统计局：《服务业风雨砥砺七十年 新时代踏浪潮头领航行——新中国成立70周年经济社会发展成就系列报告之六》，http://www.stats.gov.cn/tjsj/zxfb/201907/t20190722_1679700.html。

[3]本章数据凡未注明出处者，均据《中国统计年鉴2019》有关数据整理。

[4]国家统计局：《2019年四季度和全年国内生产总值（GDP）初步核算结果》，http://www.stats.gov.cn/tjsj/zxfb/202001/t20200117_1723591.html。

GDP 和服务业增加值增速。

中国第三、四次全国经济普查的标准时点分别为 2013 年末和 2018 年末。其间间隔的 5 年跨越“十二五”“十三五”时期。但基于数据可得性和可比性两方面考虑，将这两次经济普查相关数据进行比较，可以较为准确地观察近年来中国生活性服务业的发展状况。2018 年末全国住宿和餐饮业、房地产业企业法人单位从业人员分别为 706.4 万人和 1263.5 万人，2014—2018 年 5 年间分别年均增加 0.4% 和 7.6%；2018 年住宿和餐饮业人均营业收入 19.3 万元，2014—2018 年 5 年间年均递增 4.9%。[1] 至于“与人民群众对美好生活追求密切相关的文化、体育和娱乐业，居民服务、修理和其他服务业”，2018 年末这两个行业企业法人单位数分别达到 50.7 万个和 47.9 万个，分别占服务业全部法人单位数的 3.5% 和 3.3%；2014—2018 年 5 年间，企业法人单位数分别年均递增 23.9% 和 22.3%。2018 年末，这两个行业企业法人单位从业人数分别达到 336.4 万人和 414.8 万人，分别占服务业全部法人单位从业人数的 1.6% 和 2.0%；2014—2018 年 5 年间，企业法人单位从业人数分别年均递增 11.6% 和 9.2%。到 2018 年末，这两个行业资产总计分别为 3.4 万亿元和 1.0 万亿元，全年实现营业收入分别为 1.1 万亿元和 0.7 万亿元；分别占年末服务业全部资产总额的 0.5% 和 0.1%、全年服务业全部营业收入的 0.7% 和 0.5%；2014—2018 年 5 年间，这两个行业资产总额分别年均递增 17.7% 和 5.5%，营业收入分别年均递增 17.2% 和 13.0%。[2]

---

[1] 国家统计局：《批发和零售业、住宿和餐饮业就业规模持续扩大——第四次全国经济普查系列报告之十三》，http://www.stats.gov.cn/tjsj/zxfb/201912/t20191219_1718491.html。

[2] 参见①国家统计局：《我国第三产业规模扩大结构优化——第四次全国经济普查系列报告之二》，http://www.stats.gov.cn/tjsj/zxfb/201912/t20191204_1715262.html；②国家统计局：《批发和零售业总体规模不断扩大 行业结构持续优化——第四次全国经济普查系列报告之三》，http://www.stats.gov.cn/tjsj/zxfb/201912/t20191204_1715272.html。此处本宜采用“十三五”时期相关数据进行比较，但考虑到 2013 年、2018 年分别是第三次、第四次全国经济普查年份，从数据可得性和可比性两方面考虑，将 2018 年末和 2013 年末进行比较，借此反映近年来生活性服务业增长情况可能更有说服力。

（二）新技术新业态新模式蓬勃发展，成为深化改革开放、培育经济发展新动能的活跃力量

近年来，特别是进入“十三五”时期以来，顺应消费结构升级和消费需求个性化、多样化、品质化、高端化发展趋势，中国生活性服务业新技术新业态新模式迅速涌现，成为培育产业发展新动能、促进产业提质增效升级的重要途径。如快递服务深刻影响居民生活方式和社会交往方式。美团点评作为全球最大的生活服务电子商务平台，和合谷作为第一批入驻美团外卖平台的品牌商户，近年来美团点评利用其连接用户和商户多的资源优势，按照“互联网＋生活性服务业”发展模式，通过海量数据、先进技术和丰富行业经验，帮助和合谷推进数字化改造，改善用户体验，品牌推广和优化运营管理，有效促进了和合谷节本增效和创新发展。[1]家庭医生、高端私人助理、健康咨询服务、专业陪聊服务、体育医疗康复服务、健康医疗旅游、中医药养生旅游、食品药品检测服务、第三方健康管理评价服务等新兴生活性服务业，日益成为生活性服务业的新增长点，受到规模不断扩大且以年轻人为主的品质生活群体的青睐。许多生活性服务业新技术新业态新模式，日益成为部分个性化、品质化、小众化消费群体的“最爱”，具有较高的顾客黏性。如形形色色的网红艺术馆，各种人气旺盛的夜场景区，民俗遗产游、非遗文化游等浸入式文化旅游场景，印象刘三姐、魅力湘西等旅游演艺活动。文化旅游、冰雪旅游成为旅游发展新亮点。

随着新一代科技革命和产业变革的迅速深化，中国生活性服务业数字化、信息化、智能化步伐加快，与互联网、物联网、大数据等融合发展不断深化，加速了新技术新业态新模式形成的步伐，也增强了突破自身发展瓶颈的能力。近年来蓬勃发展的各类生活性服务业平台型企业，以及迅速崛起的电子商务、电子竞技、数据消费、网络零售、共享经济、智慧健康、智慧旅游、互联网

[1] 此处本应采用期间数据，但因数据来源缺乏，只能用年度数据。参见国家统计局：《服务业风雨砥砺七十年 新时代踏浪潮头领航行——新中国成立70周年经济社会发展成就系列报告之六》，http://www.stats.gov.cn/tjsj/zxfb/201907/t20190722_1679700.html。

金融等生活性服务业新业态新模式发展很快，正在深刻重塑生活性服务业生产方式和社会生活方式，并带动国家或区域消费市场格局、供求匹配方式出现深刻变化；也为充分利用大国规模优势增进产业发展的规模经济、范围经济，提升生活性服务业发展的便利化、精细化、品质化水平创造了条件。如近年来数字化文体激活文体产业发展新动能，带动网络动漫、短视频、电子竞技、抖音等新业态蓬勃发展；互联网、云计算、大数据、可穿戴设备等现代信息技术赋能健康养老产业快速增长。[1] 许多电商平台通过与社交平台融合，促进文化、旅游、商贸、体育、健康产业融合发展，推动直播电商、社交电商、生鲜电商等新业态快速扩张；或运用大数据等新一代信息技术为生活性服务业企业赋能，推进个性化设计、柔性化生产，带动定制消费、智能消费、时尚消费和服务消费拓展升级，甚至帮助小微企业化解融资难题（参见案例 5–1）。

案例 5–1 美团点评作为全球领先的一站式生活服务电子商务平台，在通过“线上 + 线下”方式向消费者提供广域生活性服务的同时，依托美团平台大数据、人工智能及在到家、到店、出行、旅游四大生活场景优势，利用取得的小额贷款牌照和注册成立的重庆三快小额贷款有限公司，为平台上的小微企业和个体工商户提供方便快捷、成本较低的信贷服务，其主打产品为无需抵押、无需担保、方便快捷的信用贷款“美团生意贷”，并利用大数据等手段开展信贷风险管理和精准营销。[2]

近年来，通过加快发展生活性服务业改善民生的重要性迅速凸显，特别是生活性服务业新技术新业态新模式的形成发展，激发了生活性服务业改革

[1] 杜双希：《服务业发展提质增效》，http://www.stats.gov.cn/tjsj/zxfb/202001/t20200109_1723779.html。

[2] 来有为、金麟：《普惠性小微企业贷款助力解决小微企业“融资难”问题——美团生意贷的实践探索及其启示》，美团研究院《调查研究报告》2019 年第 14 号。

开放的深化，也推动了生活性服务业成为培育经济发展新动能的活跃地带。许多地方把推进生活性服务业体制机制改革和政策创新，作为推进自由贸易试验区、服务业综合改革试点城市和服务业改革开放平台建设的重要内容，正是呼应了这种需求。上海市早在2016年就开始设立“互联网＋生活性服务业”创新试验区，聚焦制度、技术和业态创新，推动生活性服务业增强创新创业活力，提高供给能力和水平，并尝试运用信用数据和大数据分析等手段加强风险和信用监管。平台经济、跨境电商等发展，促进了金融、物流、贸易、数字技术的深度融合和产品市场、服务市场的竞争，不仅为促进产业结构、消费结构升级和服务消费拓展提供了便利，为推进消费多样化、个性化甚至定制化创造了条件；还对深化改革、开放、创新并激发三者的互动关系提出了强烈要求，日益成为深化体制机制创新和监管方式变革的强劲冲击波。

（三）集聚集群集约发展和标准化、品牌化加快推进，部分城市、地区或企业的龙头带动效应迅速凸显

许多城市结合提升居民生活品质、优化宜居宜业宜游环境，推进生活性服务业集聚区、示范街区等建设，或打造区域性甚至国际化都市商圈，有效推动了生活性服务业集聚集群集约发展和标准化、品牌化建设，提升了其质量、效益、竞争力。如海南国际旅游岛、上海迪士尼度假区、北京欢乐谷、横店清明上河图的品牌影响力迅速凸显，一批国际旅游度假区、精品旅游线路、文化创意集聚区、新型专业市场和区域消费中心在区域发展中的显示度迅速提升。还有更多地区正在着力培育新的现代生活性服务业集聚区和领军企业、知名品牌。如北京市昌平区积极打造文化旅游融合发展示范区和以回龙观天通苑地区为重点的高品质生活性服务业集聚区。海南省建设有世界影响的国际旅游消费中心进展良好。安徽的三瓜公社、陕西的袁家村等，已成为推进乡村旅游乃至农村生活性服务业集聚集群集约发展和标准化、品牌化建设初显成效的范例。

在区域内部生活性服务业集聚集群集约发展的同时，生活性服务业向区

域中心城市特别是大中城市集聚态势日趋鲜明，在城市群、都市圈内部生活性服务业优化布局积极推进，带动城市群、都市圈特别是区域中心城市功能和品质的提升。如富有区域特色的休闲、餐饮、旅游等生活性服务业迅速发展，成为成都市生活性服务业发展的一个突出亮点，有效带动了居民生活服务便捷化、舒适化、安全化水平的提升（参见案例 5–2）。近年来，北京市文化中心地位日益稳固,同文化产业特别是文化服务业的较快发展密切相关。2005—2017 年北京市文化产业增加值年均递增 16.1%，2017 年北京市文化产业增加值占 GDP 比重达到9.6%,居全国首位,高出全国平均水平 5.4个百分点;目前北京市影视制作机构约占全国的 1/3，信息网络传播视听节目持证机构约占全国 1/5，已成为动漫游戏、自媒体、知识付费等新业态创业企业的聚集地，建成一刻钟公共文化服务圈。[1]

案例 5–2　2016 年成都市实现生活性服务业增加值已达 2330.25 亿元，占服务业增加值的 38.3%。[2] 近年来，成都市在全国率先开展社区便民生活服务体系建设，创建“1+5+N”[3] 社区便民生活服务体系，即建设 1 个社区便民综合服务信息平台，完善菜市场、生活服务中心、养老中心、医疗服务中心、便民超市等基本服务配置，叠加衣食住行游购娱健等 N 项特色化、个性化服务项目；并早已启动国际消费中心培育建设工作。该市天府新区正在着力推进天府中央商务区国际化顶级商圈和成都科学城、锦江麓湖、天府文创城 3 个都市级商圈建设，培育聚集生活性服务业优质品牌的平台，打造全省新兴消费引领区、国际消费时尚创新区等。

---

[1]《北京文化产业增加值占 GDP 比重居全国首位》，《新京报》2019 年 9 月 27 日。

[2] 国家统计局：《2019 年四季度和全年国内生产总值（GDP）初步核算结果》，http://www.stats.gov.cn/tjsj/zxfb/202001/t20200117_1723591.html。

[3]《数读成都生活性服务业：餐饮收入位列副省级城市第二位》，http://www.cnr.cn/hd/20180113/t20180113_524097950.shtml，央广网，2018 年 1 月 13 日。

（四）发展生活性服务业的政策环境持续优化，政府支持不断加强

2015 年 11 月，《国务院办公厅关于加快发展生活性服务业 促进消费结构升级的指导意见》（国办发〔2015〕85 号）发布，廓清了“围绕人民群众对生活性服务的普遍关注和迫切期待，着力解决供给、需求、质量发展存在的突出矛盾和问题，推动生活性服务业便利化、精细化、品质化发展”的发展导向，明确要求重点发展贴近服务人民群众生活、需求潜力大、带动作用强的生活性服务领域，推动生活消费方式由生存型、传统型、物质型向发展型、现代型、服务型转变，并将为居民的家庭服务、健康服务、养老服务、旅游服务、体育服务、文化服务、法律服务、批发零售服务、住宿餐饮服务、教育培训服务作为未来发展生活性服务业的主要任务，出台了相关政策措施。此后，生活性服务业发展的政策环境持续优化。各级政府除直接出台文件促进服务业或生活性服务业及其相关领域发展外，关于鼓励和扩大国内消费、推进生活性服务业“放管服”改革和扩大生活性服务业开放的政策文件，也都有利于优化生活性服务业的发展环境。2019 年 10 月，财政部、国家税务总局发布公告，到 2021 年底前进一步加大生活性服务业减税力度，允许生活性服务业增值税加计抵减比例由 10% 提高到 15%。这对于缓解当前“国内外风险挑战明显上升”的影响，降低生活性服务业发展成本具有重要意义。

2019 年 10 月，商务部等 14 个部门联合印发了《关于培育建设国际消费中心城市的指导意见》，明确提出国际消费中心城市是现代国际化大都市的核心功能之一，要通过培育建设国际消费中心城市，聚集优质消费资源、建设新型消费商圈、推动消费融合创新、打造消费时尚风向标、加强消费环境建设，带动一批大中城市提升国际化水平，加快消费转型升级和产业结构优化升级。发展现代生活性服务业，应该是培育建设国际消费中心城市的基本依托。国际消费中心城市，应该是生活性服务业组团化集群化集约化发展的高地。

值得注意的是，越来越多的地方政府把推进生活性服务业发展和转型升

级，作为推进产业结构转型升级、生产方式生活方式转变、提升城市功能品质和竞争力的重要措施。如2015年《北京市提高生活性服务业品质行动计划》就已出台，明确要求"守住基本公共服务底线，充分发挥市场配置资源的决定性作用，加快推进本市生活性服务业规范化、连锁化、便利化、品牌化、特色化发展……为建设国际一流的和谐宜居之都提供有力支撑"，并部署加快实施品牌建设工程、营商环境建设工程、人才培养与岗位技能培训工程，全面推进"加强便民网店建设、促进新型商业模式发展、探索服务功能集成、引导业态转型升级、深化开放合作、推动绿色发展"等重点工作，并为此出台了"营造良好发展环境、加大财政支持力度、建立协调联动和运行监测机制"等保障措施。成都市2018年专门召开生活性服务业发展大会，推动城市发展从产业逻辑回归人本逻辑，从生产导向转向生活导向，加快发展生活性服务业，建设高品质和谐宜居生活城市，要求通过提升生活性服务业品质，发挥新消费引领作用，实现造福民生、服务民需并提高居民归属感、获得感、幸福感，推动经济提质增效和经济增长动力转换，更好地支撑成都市建设国家中心城市、构建和谐宜居之都，并促进产城人融合发展。

二、发展生活性服务业面临的主要问题及其成因

（一）主要问题

1. 服务供给总量严重不足，难以满足人民日益增长的美好生活需要

近年来，整个服务业增加值的增速明显快于第二产业特别是制造业。但就总体而言，生活性服务业的发展往往慢于生产性服务业的发展，供给总量

不足仍是生活性服务业发展面临的突出问题之一。许多地方居民就医难、养老难、幼儿入学难，交通通信、居民服务等生活服务面临诸多不便，都是生活性服务业供给不足的表现。加之，许多地方生活性服务业空间配置与人口分布格局失衡，影响居民生活质量，加大居民生活成本。更为突出的是，许多新城新区和面向农业转移人口的生活性服务可获性差、多样化程度低；部分地区城市公共服务向农村延伸不足，导致农民获取生活性服务成本高、难度大、集成性和及时性差，影响农民生活质量。这些问题在养老服务、健康服务等方面表现尤甚。体育服务等惠及面窄，多数居民可望而不可即，也是突出问题。

2. 供给侧结构性问题突出，服务质量、特色、品牌和有效供给能力亟待提升

就总体而言，生活性服务业发展也存在严重的供给侧结构性问题：低端供给和无效供给过剩，中高端供给和有效供给不足，部分中高端需求和个性化、特色化、定制化需求存在严重的服务供给盲区；甚至“重硬件，轻软件”“重设施，轻体验”，文化内涵和服务体验不足，影响生活性服务供给层次和质量的提升。许多生活性服务业规范化、标准化、品牌化程度低，服务质量参差不齐，缺乏品质品位，服务供给便捷化、精细化不足，加剧服务供给不适应服务需求和消费结构分化升级等的问题。如许多地方医疗、旅游服务的消费便利度、服务满意度不高，交通通达性和信息、厕所、停车、维权等配套服务的可获性或及时性问题突出。依靠以公立医院为主的现行医疗服务体系，许多居民的慢性病、职业病长期难以治愈，甚至越来越重；但市场化、多样化、特色化的医疗或健康服务供给不足，难以有效惠及相关居民。家政、医疗、旅游等许多生活性服务，供给者不专业不上心、消费者不放心不安全的问题时常存在，都在很大程度上反映服务质量亟待提升。近年来广受关注的医患矛盾、游客与导游纠纷、“霸王餐饮”直至相关恶性事件的发生，固然有多种原因，服务质量不高、服务供求双方换位思考和沟通不够，可能也是原因之一。加之，许多生活性服务供给创新不足，导致服务供给难以有效凝聚、引导和激发潜在服务需求，影响生活性服务消费结构升级和生活性服务业质量、特色和竞争力的提升。

3. 运行和发展风险有所加大，影响服务供给的稳定性和可持续性

近年来，许多生活性服务业运营成本增加，尤以房租和人工、水电成本为重，[1] 容易形成成本侵蚀利润现象，加大盈利难度，影响服务供给的稳定性和可持续性。许多生活性服务企业基于经济高速增长阶段形成的乐观预期，盲目扩张，摊子铺得过大，资金回收期过长，形成大量的资金占用或沉没成本；近年来面对宏观经济增速下行、消费扩张放缓和“模仿型排浪式消费阶段基本结束，个性化、多样化消费渐成主流”的背景，这些企业的投资与发展模式未能及时转型，很容易遭遇困境，陷入亏损或资金链断裂风险，甚至形成大量“半拉子工程”。况且，当前许多互联网相关的生活性服务业因互联网流量见顶，之前靠扩大用户数谋求流量红利的时代已经终结，这也容易导致靠之前惯性思维运行发展的“互联网＋生活性服务业”，在新的阶段性“拐点”出现后容易陷入困境，影响服务供给的稳定和持续。此外，当前加大生活性服务业运行发展风险的因素还主要有：

（1）经济下行压力加大增加了潜在风险显性化的可能性。尤其是许多生活性服务企业的生产经营本需长期资金，但现行金融系统对企业的融资支持以信贷资金为主，信贷资金又主要是短期资金，多为一年期以内的银行贷款，这很容易驱使企业将“短债长用”普遍化。在经济上行、经济繁荣、企业经营风险普遍较低的背景下，银行对企业纷纷加大放贷甚至劝贷力度，企业因“短债长用”带来资金链断裂、经营风险增加的可能性通常还不至于很大。但在经济下行、企业经营风险普遍增加的背景下，银行往往对企业惜贷、限贷、抽贷。在此背景下，企业“短债长用”普遍化，很容易明显增加企业出现资金链断裂和经营亏损增加的可能性，导致企业陷入难以自拔的经营和违约失信风险。

[1] 最近一段时间，多数城市的房租成本增速放缓，甚至有所下降，但人工、水电等成本仍在不断增加。

（2）新技术新业态新模式发展风险迅速蓄积。许多生活性服务业新技术新业态新模式热衷于“烧钱换市场，补贴换流量”，但长期不遵循商业逻辑，虽然“烧了很多钱”却迟迟换不来市场，没有现金流和投资回报，最终容易出现资金链断裂并形成经营风险。许多政府或企业在发展生活性服务业的过程中，对生活性服务业产业属性认识不清，以崇尚“互联网思维”为名，迷恋于“颠覆”和“短、平、快”思维，导致部分新产业新业态新模式长期难以形成可持续创新能力和核心竞争力，也未能形成独特的竞争壁垒和可持续盈利模式，很可能导致风险随时间加速集聚并最终“引爆”。

（3）部分生活性服务企业和平台公司的假创新、伪创新行为为“爆雷”埋下伏笔。有的生活性服务企业甚至借创新之名，行“庞氏骗局”之实，通过借新债还旧债搞“击鼓传花”游戏，吸引梦想“一夜暴富”者，一旦“击鼓传花”游戏玩不下去，“庞氏骗局”链条断裂，发生风险只是迟早的事。

4. 国际竞争力较弱，贸易逆差持续扩大

以 2018 年为例，中国服务贸易逆差 2922 亿美元，较上年增长 12.9%；其中运输逆差 669 亿美元，较上年增长 19.5%；旅行逆差 2370 亿美元，较上年增长 8.0%，旅行逆差占全部服务贸易逆差的 81.1%。[1] 近年来，类似趋势一直存在。关于这个问题，许多文献有专门研究，此处不再赘述。

总之，当前生活性服务业发展中的问题，既有总量性的，又有质量和结构性的；生活性服务业运行风险和竞争力不强的问题，也值得高度重视。

---

[1]《数读成都生活性服务业：餐饮收入位列副省级城市第二位》，http://www.cnr.cn/hd/20180113/t20180113_524097950.shtml，央广网，2018 年 1 月 13 日。

（二）形成问题的原因

1. 战略研究和统筹规划不足，重复投资、盲目建设、同质竞争和空间布局失衡问题严重

生活性服务业的发展，在总体上应该顺应人口流动和空间布局演变趋势，形成较强的柔性适应能力。近年来，随着城镇化的深入推进、城镇住宅建设布局的调整和城乡人口流动空间的扩大，许多地方人口分布的空间格局发生重大变化。随着城乡之间、区域之间交通的畅达化及人口空间流动趋势的强化，培育现代化城市群、都市圈和各种层级的中心城市、推进大中小城市网络化建设等，带来人口、经济包括生活性服务业空间组织方式的调整，也会对完善生活性服务业空间格局不断提出新要求新挑战。此外，随着居民收入水平和消费水平的提高，不同群体之间的收入和消费分层日趋突出，“80后”“90后”甚至“00后”日益成为新增消费需求的主力。这也会带来生活性服务需求结构的重大变化。对于这些变化的战略研究、规划调整滞后和前瞻性把握不足，很容易加大生活性服务业供求失衡、错位和供给不足问题，甚至加大部分基本公共服务供给“短板”问题。

当前在发展生活性服务业的实践中，区域之间重复投资、盲目建设、低水平同质竞争问题严重，也与相关规划、战略研究滞后和对生活性服务供求变化的前瞻性把握不足相关。由此导致区域之间、城乡之间生活性服务业竞争有余、合作和统筹协调不足。部分地区在发展生活性服务业的规划和政策调整中，以推进转型升级、环境整治等为名，盲目追求生活性服务业“高、大、上”，粗暴打压地摊经济或经济适用型生活性服务业发展，强推生活性服务业离开社区进园区（集聚区），影响低收入、就业困难群体的就业增收和民生保障，还增加了居民生活成本和生存不便，一个重要原因是对生活性服务业发展需求和战略研究不够。

2. 对产业属性和运行规律认识不清，影响政策和监管的精准性、有效性

生活性服务业有其共同的产业属性和运行特征。如关系民生需求且有较

强的外部性，但需求点多、面广、单体规模小、分散性强，潜在需求向现实需求的转化面临较大伸缩性。因此，在生活性服务业发展中，激发潜在需求向现实需求转化的重要性较为明显。由于服务的无形性、异质性和顾客参与性，生活性服务往往具有较强的经验品和信任品特征，服务质量难以准确定义、衡量和监督。服务质量如何，需求方往往很难预先感知，只能通过实际的消费过程才能了解；甚至消费者如果没有必要的知识和经验，即使在享受服务消费之后，也难以准确判断其质量。如医生通过医疗服务，帮助病人治好了咳嗽，但可能让病人出现了医患双方当时都没有意识到的肾损伤。换句话说，在生活性服务业尤其是供求接触频度较高的生活性服务业中，服务质量如何不仅取决于由服务供给者能力、行为决定的服务产出，还取决于服务消费者（需求方）对服务质量的评价。服务消费者（或需求方）对服务供给者及其服务过程的评价，服务供求双方的交流互动甚至情感因素，都可能影响对服务质量的评价（姜长云，2019）。但服务需求者对服务质量的评价，从长远或综合来看未必准确。因此，在发展生活性服务业的过程中，增进利益相关者的信任至关重要。在某些生活性服务业发展中，不仅有服务的供给方和需求方，作为服务需求方的购买者和消费者往往还具有较大的不一致性，增加了评判服务质量的难度。如保姆服务的购买者和消费者分别是家中成年人和年幼的子女，而家中成年人往往不甚了解实际的服务过程，年幼子女往往难以准确表达对服务质量的感受。这不仅给生活性服务业标准化增加了障碍，还对控制和监督服务质量带来意想不到的困难。

但生活性服务业行业众多，不同行业之间在产业属性、运行规律和需求层次上往往呈现较大差别。许多生活性服务业属于传统服务业，附加值低，吸纳就业能力强，但就业人员文化和受教育程度低，甚至缺乏基本的职业技能培训或训练机会。特别是许多生活性服务业供给者与需求者面对面接触频度高，容易因食品安全、环境污染事件，甚至对待客户的态度和客户体验引起社会舆情。但是，也有许多生活性服务业对人力资本和人才职业化要求高，甚至是推进数字化、智能化和产业融合的“前沿阵地”。由于不同类型生活性服务业的产业属性和运行规律不同，对发展生活性服务业的政策支持和监管方式选择必须基于对其产业属性和运行规律的科学把握。如家庭服务业大多数行业劳动密集程度高、吸纳就业能力强，且进入壁垒低、处于劳动力市场低端；推进标准化、规范化、产业化的难度和产业运行风险较大，容易被排斥在社会保险等制度保护之外；多数行业人员流动性大、职业过渡性强，培训的难度和需求都很大（姜长云，2011）。因此，发展家庭服务业对于维护民生和社会稳定，特别是困难群众的就业和收入，对于优化社会收入分配格局，具有特殊重要的意义。但是，相对于多数生活性服务业，发展家庭服务业更需要政府加强政策支持和资金投入，加大支持职业培训。因为对家庭服务业的职业培训，容易通过其较高的职业流动性外溢给社会。但现行政策对这些方面往往关注不足。

如果对生活性服务业特定行业的产业属性和运行规律把握不准，基于甲类生活性服务业的产业属性和运行规律，来选择乙类生活性服务业支持政策和监管方式，容易出现张冠李戴甚至南辕北辙的问题，从而误导生活性服务业特定行业的发展，甚至加大其发展成本和运行困境。如许多地方简单要求乡村旅游或乡村民宿执行城市酒店的消防和卫生标准，导致投资者望而却步，或长期难以跨越盈亏平衡点，或被迫将违规经营常态化。近年来，少数生活性服务细分行业经历了从地方政府热情礼赞、推波助澜到急速“专项整治”甚至“全面取缔”的转折，推动其潜在问题、发展风险迅速积聚和潜在风险加速释放。究其原因，很大程度上同发展初期政府对其行业属性和运行规律出现误判相关。这不仅影响政策支持和监管方式的精准性、有效性，还在很大程度上影响其产业发展的可持续性。如相当一部分互联网金融属于生活性服务业，前几年许多地方互联网金融超常规发展，近一两年来许多地方互联网金融越来越多地频繁“爆雷”，这里面有发展阶段、监管“无先例可循”和社会信用环境不佳等原因，但与前期对其产业属性和运行规律认识不清，导致风险防控和可持续发展能力欠缺也有密切关系。2020 年后，特别是“十四五”时期，互联网金融“爆雷”风险仍有加重趋势。互联网金融就其本质而言仍是金融。金融科技本质是服务金融的科技创新，更多带有为金融业务提供科技服务的基础设施性质，如第三方支付、区块链、金融云等。互联网金融、金融科技不仅没有改变金融的风险属性，反而放大了金融风险的传染性、涉众性和社会危害性，容易导致网络数据的信息安全风险更加突出。[1]但有些地方在发展互联网金融的过程中片面重视技术、业态、模式的“新”，不尊重金融运行规律，疏于金融风险防控和监管能力建设，容易蓄积金融风险，侵蚀金融可持续发展能力。

3. 体制机制和政策环境创新滞后，优化行业治理日趋紧迫

部分生活性服务业的发展仍然存在较多的准入限制，体制机制和政策创新滞后成为突出问题。对民营经济和中小微企业发展的事实歧视，或明或暗的“玻璃门”“弹簧门”较多；在这些方面，生活性服务业发展首当其冲，因为其中小微企业居多。如有些地方普惠性公办幼儿园发展不足，幼儿入学“难挤进”公办幼儿园。虽然国家一直强调幼儿园公办、民办并举，并鼓励发展普惠性民办幼儿园；但在许多城市小区特别是乡村地区，如何有效解决普惠性幼儿园配套不足的问题？或者进一步说，如何在大力发展公办幼儿园的同时，让扶持引导民办幼儿园提供普惠性服务的政策切实“落地生根”，还亟待通过政策创新解决“最后一公里”问题。甚至在坚持学前教育公益普惠基本方向的前提下，如何通过进一步的政策创新，允许部分民办幼儿园按照营利性幼儿园而非普惠性幼儿园模式，满足部分高收入家庭的高端需求，仍有很多文章要做。[2]这有利于在幼儿教育中适度引入竞争和分层、分类发展机制，从战略上培育高质量发展和可持续发展能力。

此外，服务业开放经常因为意识形态、公益或维护国家安全和战略利益等借口被延滞甚至搁浅，对外开放“政策好、落实难”等问题在总体上仍然

---

[1]《数读成都生活性服务业：餐饮收入位列副省级城市第二位》，http://www.cnr.cn/hd/20180113/t20180113_524097950.shtml，央广网，2018 年 1 月 13 日。

[2] 当然，在现行条件下，国家明确民办幼儿园一律不准单独或作为部分资产打包上市等政策仍有其必要性。参见余颖：《民办幼儿园不会退出历史舞台》，《经济日报》2019 年 2 月 28 日“时评”版。

比较突出。近年来服务业市场准入限制“明规则”大幅度减少，但“暗规则”“潜规则”多，时常导致“准入不准营”问题严重。形形色色的地方保护主义，时常导致部分生活性服务业行业分割、地区分割，部分地区服务业对内开放严重滞后于对外开放，加大服务业发展成本和风险。如许多平台型企业具有“一地注册，服务全国乃至全球”的特点，但许多地方基于税收等原因，要求平台型企业在本地设立分支机构甚至注册新公司，这样才能在当地经营。在服务业尤其是各类生活性服务业平台型企业发展中，如何有效解决维护公平竞争、激励创新和强化反垄断机制的问题，至今尚待破题。如何有效解决服务业企业融资难、融资贵、融资繁问题，化解金融“脱实向虚”难题？如何顺应服务业尤其是生活性服务业发展需求，推进创新友好型金融体系的发展，借此增强创新驱动发展能力？如何优化服务业特别是生活性服务业的政府监管和行业治理，有效发挥政府、商会和行业协会、平台型企业等在优化服务业治理中的作用？如何有效激发开放对改革、改革对创新发展的带动作用，促进开放—改革—创新互动提升，仍是服务业尤其是生活性服务业发展面临的紧迫课题。

4.基础设施、消费和营商环境瓶颈突出，产业组织化和从业人员专业化职业化亟待提升

目前，仍有许多生活性服务企业运营成本高、盈利难、社会认可度低，与基础设施、消费环境、营商环境的瓶颈制约有密切关系。部分生活性服务业从业人员社会地位低，主要由农民工承担，本地居民鲜有涉及，甚至宁愿享受低保也不愿涉足。形成这种现象既有观念原因，也有基础设施、消费环境、营商环境原因。许多地方交通基础设施“断头路”，网络基础设施“最后一公里”问题突出；或诚信环境建设缺位，服务消费担心被“坑蒙拐骗”；许多生活性服务企业时常因各种原因被迫“关门停业”，企业家对财产和人身安全心有余悸，都是基础设施、消费环境、营商环境问题的突出表现。如近年来许多地方生活性服务业的发展，有效促进了夜间经济和夜间消费的加快扩张，也带动了城市活力的彰显和居民生活品质的提升。但许多城市夜间消费集聚度低，夜间经济布局和外卖、旅游、文娱、住宿等商圈分散，居民到夜间经济载体的交通等基础设施夜间通达率低，食品安全、社会治安、消防、环保等配套服务跟不上，线上线下融合度低，在很大程度上制约了夜间经济和夜间消费的扩张。

基础设施、消费环境、营商环境对生活性服务业发展和改善民生的制约，主要有四方面的原因。一是生活性服务业多属传统服务业，而多数传统服务业附加值低，市场化、产业化难度大，难以有效吸引社会资本和优质人才加盟，也加大建立行业规范和职业培训体系的难度，影响从业人员专业化、职业化程度的提高，妨碍其质量效益和竞争力的增强。二是政府对生活性服务业基础设施的投入和政策支持不够，影响企业投资效益的发挥和风险防范能力的提高，加大消费成本和消费困难。三是现行制度环境难以有效激发企业家创新创业的主动性和积极性，影响生活性服务业基础设施、消费环境、营商环境等障碍的化解。四是许多生活性服务业组织化程度低，影响行业发展共性问题、关键问题的解决。如在许多传统生活性服务业中，不仅小微企业居多，个体工商户等非企业化、非法人化机构更多；商会、行业协会、产业联盟等作用难以有效发挥，对行业参与者惠及面小，难以向政府、社会有效表达行业共性利益和关键诉求。有些新兴生活性服务业甚至没有行业协会、商会，形成少数头部企业控制行业话语权的格局，导致更多中、小、微企业和非企业化机构的利益被无视甚至轻视。

三、后小康时代发展生活性服务业的战略需求

（一）深化生活性服务业供给侧结构性改革，更好地满足人民日益增长的美好生活需要

从前文分析可见，当前中国生活性服务业的发展既有总量问题，又有结构性问题，二者都值得高度重视；但相对于总量问题，结构性问题占据更加重要的地位，而且结构性问题主要是供给侧的。通过深化生活性服务业供给侧结构性改革，增加生活性服务业多层次多样化供给能力，促进其更好地适应需求、面向需求，并增强创新供给、引导需求的能力，有利于生活性服务业增加有效供给和中高端供给，减少无效供给和低端供给，这不仅可以更好地满足人民日益增长的美好生活需要，还可以更好地推进生活性服务业高质量发展，减少其发展中的成本、风险和资源浪费。2019 年 12 月召开的中央经济工作会议要求，“确保全面建成小康社会和‘十三五’规划圆满收官，得到人民认可、经得起历史检验”。能否做到这一点，不仅要看 2020 年的实际成效，更要看“十四五”乃至后小康时代能否持续巩固这一成效。推进生活性服务业供给侧结构性改革，有利于夯实巩固这一成效的基础。

2019 年中国人均 GDP 超过 1 万美元。从“十四五”时期开始，中国人均 GDP 将超过 1 万美元。从国际经验来看，这一阶段往往是消费结构加快升级、消费需求加速分化，且日益追求服务化的阶段。[1] 随着中国特色社会主义进入新时代，经济发展进入新常态，社会主要矛盾转化为人民日益增长的

[1] 王微、王青、刘涛等（2017）的研究显示，达到中等收入水平以后，服务消费比重随人均 GDP 增长持续上升，服务业发展是居民消费结构升级特别是服务消费增长的重要基石，不断壮大的中等收入群体是推动服务消费增长的主导力量，发展型、享受型服务消费的增长是推动服务消费增长的主动力，服务消费升级与服务业创新转型呈现良好的互促共进关系。

美好生活需要和不平衡不充分发展之间的矛盾。坚持以人民为中心的发展思想，把人民对美好生活的向往作为奋斗目标，要求通过促进生活性服务业既好又快地发展，更好地满足人民群众日益个性化、多样化、品质化的消费需求。借此，为城乡居民实物消费加快优质化、集成化、个性化、多样化提供实现载体，为城乡居民服务消费相对于实物消费的更快增长提供实现渠道，更好地促进消费结构升级。随着城乡居民收入增长和消费水平的提高，城乡居民消费对消费品质和消费体验的需求，往往呈现更快增长的态势。这也需要通过生活性服务业深化供给侧结构性改革、提升发展品质来适应。

在后小康时代特别是“十四五”时期，发展阶段转变、社会竞争压力加大，很容易加剧对居民心理适应性的挑战，增加各种精神性疾病的发生概率。城乡居民消费水平提高，很容易增大各种营养性疾病发生的可能性。这种背景也容易导致城乡居民的生活性服务业需求，特别是对居民和家庭服务、健康服务、养老服务、旅游服务、体育服务、文化服务等需求迅速扩张，要求推进其“量的合理增长和质的稳步提升”，借此舒缓社会压力，更好地维护居民身心健康和社会稳定和谐。

（二）更好地坚持新型城镇化与乡村振兴“双轮驱动”，增进人民群众的获得感、幸福感、安全感

推进新型城镇化和乡村振兴都是当前、“十四五”乃至后小康时代中国必须着力实施的大战略。2019 年中国城镇常住人口占总人口的比重已达 60.6%，到“十四五”期末中国城镇人口占总人口的比重很可能超过 65%。2018 年，全国农民工总量已达 28836 万人，虽然农民工增量较上年减少 297 万人，农民工总量仍较上年增加 184 万人；其中到乡外就业的外出农民工 17266 万人，较上年增加 81 万人；在外出农民工中，进城农民工 13506 万人，分别占农民工总数的 46.8% 和外出农民工总数的 78.2%。[1] 相对于“十三五”

[1] 国家统计局：《2018 年农民工监测调查报告》，http://www.stats.gov.cn/tjsj/zxfb/201904/t20190429_1662268.html。

时期，在从“十四五”时期开始的后小康时代，中国推进新型城镇化应该更加重视以人的城镇化为核心，有序推进农业转移人口市民化，实现城镇化由数量型增长向数量与质量并重、更加注重质量的转变；更加重视以城市群为主体形态，推动大中小城市和小城镇协调发展，提高中心城市、城市群综合承载能力和可持续发展水平。为此，必须把推进生活性服务业高质量发展放在更加突出的地位，为增强城市功能和服务品质、增强城市群内部不同城市的功能特色和不同城市之间的有机联系创造条件。借此，让生活性服务业发展的“阳光雨露”更多更好更广泛更公平地惠及城市居民，包括进城农民工，增强其获得感、幸福感、安全感；更好地解决城市流动人口特别是进城农民工在享受城镇基本公共服务方面的边缘化困境。

随着城镇化和人口流动空间范围的扩大、人口空间布局的调整，如何通过生活性服务业又好又快发展为日益扩大的跨地区转移人口特别是进城农业转移人口提供基本生活保障？如何有效帮助其解决住房难、子女入学难，甚至普惠性、基础性、兜底性公共服务惠及难的问题，有效化解高房价、低收入、低质量就业和子女入学难、获得社会保障难等困扰？如何帮助日益庞大的农业转移人口更好地化解“进入城市易，融入城市难”的困局，顺畅跨越从“流入城市艰难谋生”转向“融入城市安居乐业”的“沟沟坎坎”？这些越来越成为发展生活性服务业“抓重点、补短板、强弱项”的“核心关切”所在。这也是推进城市乃至国家治理体系和治理能力现代化的当务之急。否则，很容易形成城市内部原市民与新市民之间的矛盾、对立和冲突，积聚社会风险，甚至激化群体性事件。

“十四五”时期是全面实施乡村振兴战略的时期。无论是巩固全面建设小康社会的成果，还是坚持农业农村优先发展总方针，以缩小城乡发展差距和居民生活水平差距为目标，着力推进农业农村现代化，加快城乡融合进程，都需要把加快发展农村生活性服务业放在突出地位。这样不仅有利于促进城乡基本公共服务均等化和城乡公共服务共建共享，还有利于围绕农民群众最关心最直接最现实的利益问题，加快补齐农村民生短板，增进广大农民的获得感、幸福感、安全感。实际上，近年来随着大量农村青壮年劳动力进城，农村自我发展、自我保护能力弱化。加强对农村生活性服务业，特别是农村基本公共服务发展的支持，也有利于消减农村自我发展、自我保护能力弱化对农业农村发展的负面影响。按照中共十九届四中全会精神，“巩固脱贫攻坚成果，建立解决相对贫困的长效机制”，也需要推动贫困地区加快发展生活性服务业，借此有效支撑贫困人口拓展就业增收渠道，增强风险抵御和民生保障能力。推进乡村生活性服务业“抓重点、补短板、强弱项”，也是推进乡村治理体系和治理能力现代化的基本要求。

（三）培育经济发展新动能，有效应对经济下行压力和国内外风险挑战

当前经济增长速度下行压力较大，一个重要原因是，在部分传统产业产能严重过剩和消费结构加快升级的背景下，面对“国内外风险挑战明显上升”的复杂局面，传统产业增长速度明显放缓，新产业新业态新模式的增长难以有效弥补传统产业增速放缓带来的增长缺口。在此背景下，“十四五”时期积极培育生活性服务业新技术新业态新模式，对于有效应对经济下行压力、拓宽培育经济发展新动能的路径，具有特殊重要的意义。鉴于当前国内发展面临的体制性、周期性、结构性矛盾在短期内仍难根本缓解，全球经济增长放缓及其影响仍在发酵，国内经济下行压力仍在不断加大，“十四五”时期中国 GDP 增速很可能在 5%—7% 之间。经济下行压力的持续，很容易传导为企业倒闭、就业萎缩、增收停滞，影响就业困难群体的基本生活，甚至容易形成新的就业困难群体。随着时间的延续，经济下行压力加大和国内外风险挑战的明显增加，还容易激化潜在的社会矛盾和社会风险，导致加强基本公共服务的需求明显增加。在此背景下，大力发展生活性服务业，不仅可以吸收经济下行带来的就业增收问题，还可以通过增加多样化、多层次化的生活性服务供给，舒缓社会矛盾、化解社会风险，更好地发挥生活性服务业作为社会稳定器的作用。

（四）推进生活性服务业数字化、信息化、智能化，从战略和现实的结合上更好地应对人口快速老龄化的挑战

从2000年开始，中国进入人口老龄化社会。近年来，老龄化步伐加快，老年人口占总人口的比重提升幅度加大。到“十三五”末的2020年和“十四五”末的2025年，全国老年人口占总人口的比重很可能分别超过13%和15.5%，老年人口总数将分别超过1.8亿人和2.1亿人。值得注意的是，在中国人口快速老龄化发展的同时，人均预期寿命持续延长。同时，“90后”人口出生率断崖式下降阶段出生的独生子女一代，早已成为劳动年龄人口并进入生育年龄。这将带动“十四五”时期人口出生率迅速下降，推动劳动年龄人口减少并快速老化。[1]在此背景下，“十四五”时期，中国在人口总量继续增长的同时，老年人口数量的迅速增加和占比的迅速提高，特别是高龄、失能老人的明显增加，将会增加对养老、家庭服务、健康养生等生活性服务业的需求。同时，随着人均寿命延长、老年抚养比提高，今后一对中青年甚至一个无偶中青年劳动年龄人口抚养4个以上老年人口的家庭将越来越多，对推进养老服务、家庭服务、健康服务智能化、数字化、信息化的需求将会迅速凸显。因为只有这样，才能更好地应对人口快速老龄化的挑战。

近年来，中国东北等部分地区已经出现人口数量减少的“收缩”效应，带动城市人口密度下降。到“十四五”时期，这种现象很可能有所加剧。这不仅会增加生活性服务业的供给成本，为推进生活性服务业“机器换人”和数字化、信息化、智能化提供便利；还会影响生活性服务业规模经济、范围经济的实现，容易加大生活性服务业高质量可持续发展面临的障碍。考虑到新中国成立以来中国经历的前两个生育高峰分别是1949—1957年、1962—1970年，这两个人口生育高峰期的人口出生率都在35‰上下。到“十四五”

[1] 这从近年来农民工队伍老化的现象中，也可以看得非常清楚。2018年，农民工平均年龄40.2岁，较2015年提高1.6岁。40岁及以下农民工占52.1%，较2015年下降3.1个百分点；50岁以上农民工占22.4%，较2015年提高4.5个百分点。国家统计局：《2018年农民工监测调查报告》，http：//www.stats.gov.cn/tjsj/zxfb/201904/t20190429_1662268.html。

时期，第一个生育高峰的人口将全部进入老年阶段（65周岁及以上）。“十五五”期间，第二个生育高峰的人口也将陆续进入老年阶段。“十四五”时期，不仅要通过生活性服务业的发展，更好地满足城乡居民特别是老年人口对养老、家政、健康等生活性服务的需求，还要通过支持生活性服务业基础设施和服务能力建设，为“十五五”乃至更长时期生活性服务业的发展提供基础和能力储备。这也是提高中青年乃至青少年人口生活质量的需要。

四、后小康时代发展生活性服务业的思路、目标和主要任务

（一）发展思路

以习近平新时代中国特色社会主义思想为指导，全面贯彻党的十九大和十九届二中、三中、四中全会精神，牢固坚持新发展理念和以人民为中心的发展思想，按照高质量发展要求，顺应发展阶段转变和社会主要矛盾变化，以增进民生福祉、满足人民日益增长的美好生活需要为目标，以推进生活性服务业供给侧结构性改革为主线，以推进开放—改革—创新互动提升为支撑，以解决人民群众最关心最直接最现实的利益问题为切入点，坚持以人为本、功能优先、品牌引领原则和市场化、产业化、社会化方向，夯实政府战略引导和保基本功能，着力增强多层次多样化供给能力，统筹推进生活性服务业增加有效供给、提升服务质量、优化空间布局、增强创新供给引导需求能力，优先提升生活性服务业便捷化、精细化、品质化和网络化水平，创新完善生活性服务业治理体系，统筹发挥生活性服务业稳增长、促改革、调结构、惠民生、防风险、保稳定作用，着力构建优质高效、竞争力强、亲民实惠、便

捷体验的生活性服务业体系，为持续巩固全面建成小康社会成果、加快建设现代化经济体系提供强劲支撑，为更好应对人口快速老龄化挑战、增进人民群众获得感幸福感安全感提供坚实保障，扎实开启全面建设社会主义现代化国家新征程。

（二）需要科学处理的几个关系

1. 坚持以人民为中心的发展思想与推进生活性服务业转型升级的关系

在后小康时代，特别是“十四五”时期，坚持以人民为中心的发展思想，应该是推进生活性服务业高质量发展的根本遵循。要树立生活性服务业发展的整体观、系统观和协调观，把增强生活性服务业整体功能，更好满足人民日益增长的美好生活需要，作为发展生活性服务业的首要原则，以稳定而不损害中低端有效供给能力为底线，着力提升生活性服务业民生保障能力和品质品位，切实增进人民群众的获得感、幸福感和安全感。推进生活性服务业高质量发展，既要解决有效供给不足问题，又要把推进生活性服务业转型升级和质量提升放在突出地位。要高度重视居民收入提高进而生活性服务需求日益分化的趋势，有效促进生活性服务业分层发展、分类发展，在顺应高收入居民消费结构升级趋势，积极推进生活性服务业转型升级的同时，稳健有序地把握推进转型升级的节奏和力度，防止顾此失彼，削弱甚至“误伤”中低收入群体的基本生活保障。

2. 发挥政府、市场、社会作用的关系

“十四五”时期生活性服务业的发展向何处去？从根本上上说要靠发挥市场对资源配置的决定性作用，鼓励企业更好地适应市场、面向市场，增强创新供给引导需求、凝聚需求的能力。同时，更好发挥政府作用，加强对生活性服务业发展的统筹规划和战略引导、优化其空间布局也是重要的。这对于更好应对人口快速老龄化的挑战、推进国家治理体系和治理能力现代化也有重要的战略意义。在发展生活性服务业的过程中，更好发挥政府作用，还需要把发挥政府保基本作用放在突出位置,强化基本公共服务普惠性、基础性、兜底性作用。要借鉴国际经验,把完善商会、行业协会、产业联盟等行业性组织和非营利组织成长机制放在突出地位,鼓励其培育参与服务业行业治理、推进行业转型升级的能力。

3. 坚持创新发展与普惠公平、赋能发展的关系

培育新产业新业态新模式,打造产业发展新动能,是推进生活性服务业供给侧结构性改革的重要路径,有利于打造新的经济增长点。但培育新技术新业态新模式,应该按照功能导向、普惠公平、技术赋能、创新优先原则积极稳健推进,防止以下两种倾向:一是片面追求标新立异,推动政策支持过度向新技术新业态新模式倾斜,形成对传统技术、业态、模式的变相歧视,导致生活性服务业整体发展的"滑坡"和发展风险的增加;二是片面追求形式上的"颠覆"和"迭代",鼓励"为创新而创新",甚至变相纵容大量假创新、伪创新,影响生活性服务业整体功能和结构升级。鼓励生活性服务业创新发展,应在不妨碍公平竞争的前提下,以增进生活性服务业的便利化、精细化、品质化为导向,同等优先地加强对赋能型创新的支持。

4. 当前效果与长远影响的关系

有些生活性服务业属于当前的民生短板,应该作为惠民生的当务之急。如农民工子女入学难、城乡居民看病难等问题。有些则属于惠民生的长远需求,如通过发展生活性服务业促进进城农民更好地融入城市,需要循序渐进、一步一个脚印地加以解决。在发展生活性服务业的过程中,要有效辨识哪些是当务之急,哪些是长远需求,分类施策。在培育生活性服务业新技术新业态新模式的过程中,更要注意当前效果和长远影响的关系,按照适时适度原则,统筹考虑当前提质增效与长远防范风险的平衡。

（三）主要任务

1. 引导生活性服务业增加有效供给

引导各类市场主体顺应消费需求扩张和消费结构升级趋势，优先面向人民群众最关心最直接最现实的利益问题，增加和创新生活性服务业有效供给，着力解决生活性服务供给短缺和低端供给过剩、中高端供给不足的问题，鼓励依托企业建立新兴消费体验中心，增强配套服务供给能力，统筹推进生活性服务业抓重点、补短板、强弱项，增强基本公共服务保基本功能，引导非基本公共服务更好地利用市场机制，增强生活性服务业多层次多样化供给能力，提升生活性服务品质化、安全化供给能力。支持城乡生活性服务业基础设施和消费环境建设，培育亲民体验、经济适用的生活性服务消费环境。

2. 鼓励生活性服务业提升服务质量

推进生活性服务业规范化、标准化、品牌化建设，鼓励生活性服务业创新商业模式和组织方式，推进连锁化、绿色化、网络化、集成化供给能力建设。鼓励商会、行业协会、产业联盟和标杆企业在推进服务业标准化、品牌化建设中发挥带动作用，制定高于国家标准的行业标准、企业标准。鼓励服务业优势行业、优势企业推进服务标准与国际标准接轨，鼓励新兴服务业推进标准研制。加强对生活性服务业标准化、品牌化服务体系建设的支持，增强标准化、品牌化系列服务能力。鼓励地方打造富有特色的生活性服务业区域品牌，支持富有竞争力的中国服务品牌“走出去”。

3. 优化生活性服务业空间布局

尊重产业特性和分布规律，顺应人口结构、人口空间布局演变趋势，推进生活性服务业产业融合、产城融合、城乡融合和跨界融合，优化空间布局，增强对改善民生、吸纳就业的支撑能力。按照构建更加有效的区域协调发展新机制的战略要求，鼓励结合实施京津冀协同发展、长江经济带发展、粤港澳大湾区建设、长三角一体化发展、黄河流域生态保护和高质量发展等国家重大区域战略，打造各具特色和竞争力的国际（区域）消费中心、品质消费高地，夯实生活性服务业发展基础，提高中心城市和城市群综合承载力。发挥平台经济对生活性服务业提质增效升级的引领作用，着力提升生活性服务业便利化水平和网络化供给能力。推进生活性服务业集聚发展、集群发展、集约发展，完善区域竞争和合作机制。

4. 增强生活性服务业创新供给引导需求能力

鼓励发展“互联网 + 生活性服务业”，推进生活性服务业赋能发展和创新治理，鼓励生活性服务业创新技术业态和商业模式，增强引导、凝聚需求和激发潜在需求能力。引导各类生活性服务业平台型企业公平竞争、合作共赢、可持续发展。鼓励依托大数据和现代信息技术，推进生活性服务业生产、服务、消费融合提升，促进数字化、智能化、信息化和网络化。鼓励使用微信、抖音、快手等社交媒体平台进行生活性服务业品牌推广和个性化展示，改善消费体验。

5. 加强生活性服务业风险防控和可持续发展能力建设

“十四五”时期很可能是生活性服务业发展风险的增发期。“十四五”时期中国仍处于经济社会加速转型期，新科技革命和产业变革容易引发各种灰犀牛、黑天鹅事件，形成人们习以为常但可以预见的大概率高风险事件和难以预料的小概率高风险突发事件交织叠加的复杂局面。经济下行压力加大、国内外风险挑战明显上升时间的延续，很容易激发生活性服务业潜在风险的显性化。“十三五”时期，部分生活性服务业新技术新业态新模式非理性增长的“后遗症”，以及地方政府对这些新技术新业态新模式拔苗助长，部分生活性服务业假创新、伪创新甚至“庞氏骗局”种下的恶果，都可能演变为“十四五”生活性服务业发展的“雷区”。因此，在后小康时代特别是“十四五”期间，如何加强和创新生活性服务业治理方式，帮助其降低和消解发展中的风险，阻隔风险的连锁影响，减少其社会危害面，应该是生活性服务业发展面临的重要任务。2003 年抗击非典、2020 年初抗击新冠肺炎疫情的经验证明，加强应急公共风险防控能力建设也应是生活性服务业风险防控的重要任务。

（四）重点领域

从人民群众最关心最直接最现实的问题入手，鼓励优先发展供给短板突出、需求潜力大、行业带动性强、促进就业和惠及民生作用显著的生活性服务业。着力推进旅游、文化、体育、健康、养老、教育培训等幸福型服务业转型升级，协调增加服务供给、提升服务品质、推进可持续发展能力建设。坚持就业促进、产业优先、服务为重原则，积极发展居民和家庭服务业，促进其专业化、规模化、网络化发展，提升个性化、特色化、集成化服务能力。积极发展惠及流动人口特别是进城农民工家庭的生活性服务业，引导其更好地融入城市安居乐业。结合城镇老旧小区改造和新城新区发展，增强批发零售、住宿餐饮等系列化生活性服务供给能力，夯实普惠性、基础性、兜底性服务保障能力。顺应推进生活方式向发展型、现代型、服务型转变和推进产业结构转型升级的需求，加快推进法律服务、教育培训服务供给侧结构性改革，培育跨越式发展能力。推进从业人员专业化、职业化发展。鼓励发展“文化＋生活性服务业”“互联网＋生活性服务业”，推进生活性服务业融合发展。鼓励生活性服务业瞄准细分市场和特殊消费人群，加强产品开发、市场营销、品牌推广和服务质量监测，助力生活性服务业改善消费体验，促进线上线下融合互动。鼓励通过大数据等推广应用和对接平台型企业、供应链组织，增强金融对生活性服务企业提供差异化、个性化服务能力，以及金融机构对生活性服务企业的风险防控和管理能力。

（五）主要目标

到 2025 年，生活性服务业规模持续扩大，新旧动能转换稳健取得突破性进展，便利化、多元化和规范化、标准化、品牌化水平大幅提升，质量、效益、竞争力显著提升，消费对经济增长的基础性作用进一步夯实；生活性服务业基础设施和发展环境明显优化，数字化、智能化、信息化水平大幅度提高，平台型企业的引领能力显著增强。生活性服务业空间布局明显优化，城市群、都市圈内部生活性服务业分工协作、融合互动、网络联动格局稳定形成，以城带乡、城乡融合、产业融合、产城融合格局稳定形成，人力资本质量大幅提升，顾客满意度和服务体验显著改善。

五、“十四五”推进生活性服务业高质量发展的政策建议

（一）积极营造稳定公平透明、可预期的营商环境，鼓励企业家在推进高质量发展中发挥中坚和领航作用

企业家是推动供给侧结构性改革、促进产业高质量发展的中坚力量，也是推进生活性服务业市场化改革和对内对外开放的开路先锋。许多生活性服务业兼具商业性和公益性，以公益性为基础，以商业性为主要潜力和新增长点。要科学区分基本公共服务和市场化、多样化服务，在发挥政府保基本作用并夯实普惠性、基础性、兜底性服务功能的前提下，推进生活性服务业高质量发展，必须建立在尊重其产业逻辑、尊重企业家精神的基础上，鼓励更多社会主体投身创新创业、培育产业品牌和市场竞争力，增强市场化、多样化服务能力。要把提升企业家素质、激发和保护企业家精神放在突出地位，引导企业家更好地坚持以用户为中心的发展思想，推进贴近用户需求、改善民生福祉的生活性服务供给创新。在生活性服务业发展中，哪些是突出的民生短板，哪些贴近民生需求，哪些符合产业化发展的逻辑，大多数企业家比大多数政府官员和专家学者更清楚。在“确保民生特别是困难群众基本生活得到有效

保障和改善”的过程中，也要注意引导企业家增强社会责任。

优化营商环境是推进生活性服务业高质量发展的基础工程，也是激发各类市场主体活力和创新创业潜力的基本要求。近年来中国结合实施大规模减税降费和深化“放管服”改革，推进营商环境建设进展良好。但中国营商环境与国际先进水平、与推进生活性服务业高质量发展的要求仍有很大差距，优化营商环境永远在路上，永远不值得沾沾自喜。在此方面没有最好，只有更好！没有完成时，只有进行时！要有时不我待的紧迫感，也要有不骄不躁的战略定力。当前国内经济下行压力加大，全球经济增长持续放缓，动荡源和风险点明显增多。要用优化营商环境的稳定性和持续性，对冲国内外发展环境的不稳定性和不确定性；用营商环境的便捷化、“亲企化”对冲国内外风险挑战明显上升的复杂化。“春江水暖鸭先知”，营商环境好不好，最重要的不是看会议有多少、文件有多长，而是看企业家特别是民营经济和中小微企业家的切身感受，看企业家的财产权能否得到有效保护，看企业经营“痛点”“难点”的化解、创新创业兴奋点的激发是否存在有效的机制性保障。要坚持市场化、法治化、国际化原则，推动国务院《优化营商环境条例》有效落地生根；更要因地制宜分类施策，为形成有利于企业家安心、省心、舒心、对未来发展有信心的营商环境提供良好的机制保障。

（二）加强对产业属性和战略、政策、规划研究，培育生活性服务业可持续发展能力

生活性服务业与改善民生、加强基本公共服务密切相关。其内部不同行业的产业属性、运行状况和发展潜力往往呈现较大差别。加强对生活性服务业产业属性和战略、政策、规划的研究，有利于从当前和长远的结合上，提升生活性服务业发展政策的前瞻性、针对性、有效性，提升产业质量效益竞争力，并培育产业可持续发展能力。2019 年服务业占 GDP 比重已达 53.9%，服务业占就业的比重很可能超过 47%。产业结构从工业主导向服务业主导的转变正在迅速推进，服务业作为国民经济增长的主要动力源，越来越成为创

新资源集聚和培育产业发展新动能的“优势区”。到“十四五”期末服务业占 GDP 的比重很可能超过 55%，占就业的比重很可能在 50% 上下。相对于生产性服务业和第一产业、第二产业，在生活性服务业发展中如何科学处理基本公共服务、非基本公共服务与市场化、经营性服务的关系，如何厘清政府和市场、政府和社会关系，将发挥市场对资源配置的决定性作用、更好发挥政府作用和有效发挥社会组织作用有机结合起来，其迫切性和复杂性更强、难度更大，更需要审视把握优先顺序、阶段特征和“度”；生活性服务业运行风险的释放，也更容易形成连锁性社会影响，因而更需要吸引更多的研究力量加强探讨。

生活性服务业许多新技术新业态新模式，在发展初期提供的服务质量和效益可能较好，但一旦从“点上突破”进入面上推广应用阶段，可能不完全具备“点上突破”阶段的应用场景，其质量效益往往要大打折扣。许多新技术新业态新模式在“点上突破”甚至试验阶段，对于推进生活性服务业提质增效升级显示了良好的长期前景；但这种长期前景未必能够转化为短期的质量效益，也有可能形成滞后一段时期的运行风险。推广普及新技术新业态新模式，应该采取扎实稳健的态度，多些耐心少些浮躁，多些“慢工出细活”，少些“急于求成期望立竿见影”，应该鼓励为此采取必要的试点试验。要防止操之过急，为未来风险的积聚埋下伏笔。况且，民生无小事，对待民生问题应该保持基本的敬畏心。有些地方在推广应用新技术新业态新模式的过程中，只注意其良好前景和“点上”光芒，不注意当前实效和风险防范，最终可能影响居民的获得感、幸福感和安全感。有些地方仓促大面积推广尚未成熟或充满不确定性的技术，更容易出现此类问题。“十四五”期间应努力规避。

（三）按照加快建设高标准市场体系要求，推进相关体制机制改革

中共十九届四中全会明确要求“厘清政府和市场、政府和社会关系”“建设高标准市场体系”。按照这种精神推进体制机制改革和政策创新，完善生活性服务业行业治理，也是推进生活性服务业高质量发展的基本要求。建议

在总结推广各地深化生活性服务业“放管服”改革先进经验的基础上，按照竞争中性、所有制中立和“非禁即准”原则，清理、废除对民营经济发展的各种歧视性政策规定，切实推动“坚持公平竞争，对各类市场主体一视同仁”和“强化竞争政策的基础性地位”等政策普遍落地。要结合推进完善产权制度和要素市场化配置，加快解决生活性服务业“政策好，落实难”的问题，切实清除推进生活性服务业市场化、产业化、社会化和在公共服务供给中引入竞争机制的障碍。近年来，许多服务业新技术新业态新模式迅速发展，给反垄断立法和执法带来了新的挑战。如何科学把握这些新技术新业态新模式发展过程中垄断现象的新特征新影响，形成顺应其产业属性和发展要求，又能保障不同类型服务业公平竞争的反垄断措施，是完善服务业行业治理亟待解决的问题。建议鼓励各类服务业改革试点行动开展相关改革试验。

从国际经验来看，商会、行业协会、产业联盟等对于推进服务业规范化、标准化、品牌化，对于推进服务业自律和维权、优化服务业行业治理和监管、促进行业交流和合作，加强人才培训和信息化及创新能力建设等，都可以发挥不可替代的重要作用。建议实施生活性服务业行业协会成长和能力提升行动，鼓励推进相关体制机制改革和政策创新。要按照包容审慎原则，鼓励探索适应生活性服务业新技术新业态新模式产业属性和运行特点的监管方式，进一步重视平台型企业和行业性组织在优化服务业行业治理中的作用，推动形成“企业自律 + 行业自律 + 增强平台型企业社会责任 + 政府监管 + 社会参与监督”的复合型监管机制。要鼓励各类平台型企业和相关服务机构依托大数据等手段，加强生活性服务业风险防控和治理能力建设，助推生活性服务业诚信体系建设，帮助政府和金融系统有效提升跨市场、跨业态、跨区域生活性服务业风险识别、预警和处置能力。[1] 鼓励具备条件的地区，开展防范化解生活性服务业发展风险的改革试验。

---

[1]《央行副行长潘功胜：互联网金融令我们付出巨大代价，教训非常深刻》，陆家嘴金融网，2019年12月23日。

（四）推进高水平开放，激发开放对改革、改革对创新的联动提升效应

从国内外经验看，深化开放是推进改革创新的利器。党的十九届四中全会将建设更高水平开放型经济新体制作为推进国家治理体系和治理能力现代化的重要方向，要求“实施更大范围、更宽领域、更深层次的全面开放”“促进内外资企业公平竞争”“健全外商投资准入前国民待遇加负面清单管理制度，推动规则、规制、管理、标准等制度型开放”。2019 年 12 月召开的中央经济工作会议明确要“以创新驱动和改革开放为两个轮子，全面提高经济整体竞争力”。当务之急是切实解决国家开放政策在生活性服务业落地生根的“最后一公里”问题。要在坚持互利共赢前提下，通过实施更大范围、更宽领域、更深层次的全面开放，推动规则、规制、管理、标准等制度型开放，更好地带动中国生活性服务业在参与国际竞争中成长，将深度融入全球产业链、供应链、价值链、创新链与培育本土企业的主导能力和国际竞争力结合起来。要结合推动共建“一带一路”和加快对外开放高地建设，以及健全外商投资国家安全审查、反垄断审查等制度，统筹推进中国生活性服务业对外对内开放提质增效升级，为更好地激发开放对改革、改革对创新的联动提升效应创造条件。

（五）加强政策支持和投入引导，引导中心城市和城市群、都市圈增强对优化空间布局的带动功能

加强对生活性服务业发展的政策引导和投入支持，有利于化解其发展中的问题和风险，对于改善民生、加强公共服务、推进国家治理体系和治理能力现代化，具有重要意义。鉴于基础设施和消费环境对生活性服务业发展的制约在总体上仍较突出，建议把加强对生活性服务业基础设施和消费环境建设的政府支持，创新激励机制引导社会资本增加这方面的投入，作为优化生活性服务业发展政策的重要内容。从战略上看，要加强对生活性服务业数字化、信息化、智能化的支持，引导其更好地依靠现代科技创新，应对人口快速老龄化和劳动年龄人口减少的挑战，夯实生活性服务业发展的战略根基。考虑

小微企业发展在吸纳就业、稳定社会等方面的特殊作用，应鼓励探索政策创新，支持小微企业发展和创新创业，支持大中型企业增强对小微企业的辐射带动能力。建议强化对生活性服务业进社区的政府支持，鼓励通过发放生活服务消费券、推广公共服务政府采购制度等方式，将增强政府扶危济困、特殊帮扶等基本公共服务职能与支持生活性服务业开拓市场结合起来。鼓励地方政府探索通过竞争性购买方式创新提供公共服务。要引导生活性服务业更好地贴近民生需求，利用社区邻里关系网络，激发潜在需求并培育规模化市场需求，强化生活性服务业连片开发机制，帮助其降低市场拓展成本，增强本土根植性。为鼓励生活性服务业培育新技术新业态新模式，建议通过服务消费补贴等措施，引导和激发相关服务需求。建议结合实施生活性服务业诚信行动，实施生活性服务市场培育工程，并将其同引导生活性服务业推进标准化、品牌化建设结合起来，增强供给引导需求、凝聚需求的能力。

鉴于“提高城市群质量，推进大中小城市网络化建设”和增强中心城市辐射带动力、培育发展现代化都市圈对于完善生活性服务业空间布局具有重要意义，要结合优化都市圈、城市群发展的空间布局，通过加强政策支持，鼓励城市群、都市圈内部不同层次城市之间、城乡之间强化生活性服务业区域特色和产业关联，增强协同发展、联动发展能力，鼓励城市生活性服务业向农村延伸服务能力。为此，建议实施国际消费中心建设工程、特色品质消费之都培育工程，引导具备条件的城市打造富有竞争力的生活性服务业发展高地。

（六）加强培训体系和职业教育能力建设，推进从业人员专业化职业化发展

提升人力资源质量，是推进生活性服务业创新发展、转型升级的基础工程。要顺应产业特性和发展需求，加强生活性服务业培训体系和职业教育能力建设，夯实生活性服务业发展的人才支撑。相对于生产性服务业，加强生活性服务业的人才培训难度更大，主要有两方面的原因，一是部分生活性服

务业处于劳动力市场的低端，收入水平低、人员流动性大、职业过渡性强，与社会保障等制度保护对接难；二是许多生活性服务业对从业者往往有特殊要求和筛选机制。如养老服务业从业者不仅要有职业技能，还要有较强爱心。这在 80 后、90 后甚至 00 后独生子女日益成为劳动力市场主力的背景下，实际上加大了集聚优质人才的难度。因此，在“十四五”期间，对于加强生活性服务业培训体系和职业教育能力建设应该给予特别的重视。况且，在此方面加强政府支持和政策引导，其效益容易外溢到整个社会，带动整个社会人力资本质量的提高和和谐社会建设。政府对生活性服务业培训体系和职业教育能力建设的支持力度,应该明显高于其增加值和吸纳就业占全社会的比重。

加强生活性服务业培训体系和职业教育能力建设，应同强化中高端人才进入生活性服务业的激励机制、鼓励从业者职业化专业化发展结合起来。如可参照支持贫困地区和特殊地区的相关政策，在职称申报和评定，人才引进、使用和评价，税收优惠、社会评价、享受职业技能鉴定补贴、灵活就业人员社会保险政策等方面，对生活性服务业实行同等优先政策。要结合构建促进劳动力和人才社会性流动的体制机制,鼓励各地开展相关体制机制改革试验，搭建劳动力和人才的横向流动桥梁、纵向发展阶梯，鼓励各类领军人才在促进生活性服务业人才融合、人才队伍成长、激发社会创新创业创造活力中发挥带动作用。

此外，有效利用中国超大规模优势，促进生活性服务业市场拓展升级也是重要的。作为一个发展中巨国，中国更有条件将细分市场、小众市场需求与企业规模化生产对接起来，更有条件推动新产业新业态新模式形成自我发展和竞争能力，打造生活性服务业乃至产业高质量发展雁阵。与此同时，要加强生活性服务业发展的统计制度，有利于增强相关宏观决策的可靠性和科学性，也应是“十四五”期间推进生活性服务业发展的重要任务。

第六章 新冠肺炎疫情防控对国家应急管理体系和能力的检视

2020年暴发的新冠肺炎疫情，不仅警示我们加强公共卫生应急体系和应急能力建设的重要性和紧迫性，对于如何加强公共卫生应急体系和应急能力建设也有重要的启发价值。进一步拓宽视野，此次疫情对于我们深入探讨如何完善公共服务体系，并健全国家安全风险研判、防控协同、防范化解机制，也提供了一个富有价值的分析案例。本章重点分析此次疫情防控对加强公共卫生应急管理体系和应急能力建设的启示，希望借此引发读者对加强公共服务体系建设的进一步思考。实际上，无论是确保全面建成小康社会，还是在后小康时代进一步推进经济社会高质量可持续发展，加强公共服务体系建设都是服务业发展必须夯实的基础。

一、引言

应急管理作为应对突发公共事件（以下简称“突发事件”）、防范化解公共安全风险而开展的综合管理活动，旨在减少甚至规避由突发事件形成的生命和健康损害、财产损失、社会危害或社会失序。国家应急管理体系和能力是国家应对突发事件的理念、制度安排和资源保障、动员能力的总和，也是国家治理体系和治理能力的重要反映。当今世界，突发事件多发频发，呈现紧急性、不确定性、公共威胁性、严重破坏性和扩散性等特征，给应急管理体系和能力建设带来了严峻挑战。加强国家应急管理体系和能力建设，以应对不断变化或难以预测的公共安全风险，是推进国家治理体系和治理能力现代化的基本要求。

国家应急管理体系从纵向看，包括从中央政府到县级政府等各层级的应急管理；从横向看，包括针对公共卫生、自然灾害、事故灾难、社会安全等不同类型和不同等级突发事件的应急管理。当今社会，突发事件日益呈现多种致灾因素复合叠加的特点，要求国家应急管理体系注意不同类型突发事件应急管理的综合协调和多部门联合响应，防止针对各种突发事件的应急管理各自为战而影响总体效能；但也要注意各种突发事件责任主体和风险、灾害的属性差异，避免将各种突发事件的应急管理混为一谈并张冠李戴。相对于自然灾害、事故灾难甚至社会安全突发事件，随着区域之间、国家之间经济社会联系和人员流动的日趋频繁，以重大传染病为代表的突发公共卫生事件，往往容易因人流、物流呈现穿插性、放射性、延伸性传播的态势，形成跨区域甚至跨国家快速传播扩散的现象。比如新冠肺炎疫情传染性强、感染速度快，“是近百年来人类遭遇的影响范围最广的全球性大流行病”[1]。大城市、特大城市和区域中心城市在国家发展中相对重要性的凸显，导致以重大传染病传播为代表的突发公共卫生事件更容易呈现密集性、集聚性、叠加性和快扩散性特征，加剧疫情影响的连锁性、复合性和复杂性。因此，加强公共卫生应急管理体系和能力建设的重要性和紧迫性更加凸显，且更应重视突发公共卫生事件应急管理的特殊性。

国家应急管理体系和能力，直接决定了国家应对各种突发事件的效率和结果。多数发达国家和越来越多的发展中国家都重视国家应急管理体系建设。但这种“重视”能否真正“落地”，并切实有效地转化为国家应急管理能力，还在很大程度上取决于其应急管理体系能否经受住突发事件的考验，能在多大程度上预防和减少突发公共事件的发生及其带来的损害。钟开斌（2014）针对我国应急管理体系演进与转换的研究发现，我国应急管理体系转型升级的方向，应该是多层次、全方位、立体化地提升综合性应急能力。从历史演进上看，许多国家的应急管理体系和能力建设带有政府自觉行为的深刻烙印，更是一个“从灾难中学习”并不断推进其跳跃式升级的过程（张海波和童星，2015）；甚至从灾难中学习，其教训比经验更宝贵；基于对灾难的理性反思，有可能将重大灾难转化成深化改革、改造学习的机会窗口（钟开斌，2013），达到“吃一堑长一智”的目的，为加强国家应急管理体系和能力建设、有效防范和应对新的突发事件创造条件。

2020年初在我国暴发的新冠肺炎疫情，“是新中国成立以来在我国发生的传播速度最快、感染范围最广、防控难度最大的一次重大突发公共卫生事件”[2]。面对突如其来的新冠肺炎疫情，以习近平同志为核心的党中央坚持“人

[1] 参见2020年6月7日由中华人民共和国国务院新闻办公室发布的《抗击新冠肺炎疫情的中国行动》白皮书，http://www.scio.gov.cn/zfbps/32832/Document/1681801/1681801.htm。

[2]《习近平：在统筹推进新冠肺炎疫情防控和经济社会发展工作部署会议上的讲话》，学习强国学习平台，2020年2月23日，http://www.xuexi.cn/lgpage/detail/index.html?id=5263885539366180855&item_id=5263885539366180855。

民至上、生命至上”，统筹全局、果断决策，带领全国人民通过艰苦卓绝的努力，“用一个多月的时间初步遏制了疫情蔓延势头，用两个月左右的时间将本土每日新增病例控制在个位数以内，用3个月左右的时间取得了武汉保卫战、湖北保卫战的决定性成果，疫情防控阻击战取得重大战略成果，维护了人民生命安全和身体健康”。从2020年4月29日以来，全国疫情防控已进入常态化阶段[1]。从迄今为止国内外疫情防控形势的变化来看，我国在坚决抓好“外防输入、内防扩散”“外防输入、内防反弹”、统筹推进新冠肺炎疫情防控和经济社会发展工作方面，已经取得重大而又扎实的成果。比如，我国有效应对了境外输入病例压力越来越大的挑战，控制了国外疫情输入；也有效控制了东北地区局部疫情扩散和北京新发地突发疫情[2]。根据中央纪委国家监委网站对中国疾控中心流行病学首席专家吴尊友的专访，到2020年7月15日24时，北京连续10天新增新冠肺炎确诊病例为零，北京新发地批发市场新冠肺炎暴发疫情及相关联传播已经终止，我国未来一段时间的疫情将呈现以境外输入病例为主，一些地方会出现零星续发病例，很难再现以地级市为单位的封堵现象；国内疫情基本阻断本地传播，现阶段采取的防控策略能够确保国内疫情总体保持在较低水平[3]。

这次新冠肺炎疫情防控，为我们检视国家公共卫生应急管理体系和能力提供了一次难得的“机会窗口”，习近平总书记称其为“是对国家治理体系

[1] 中华人民共和国国务院新闻办公室：《抗击新冠肺炎疫情的中国行动》白皮书，2020年6月7日，http://www.scio.gov.cn/zfbps/32832/Document/1681801/1681801.htm。

[2] 自2020年6月11日北京市新发地农产品批发市场相关的新冠肺炎疫情暴发后，北京市快速采取了一系列强有力的防控措施，“迅速明确确定疫情性质，提升突发公共卫生事件应急响应级别，采取‘及时发现、快速处置、精准管控、有效救治’等常态化防控机制，从实施分级分类精准防控、严格管理重点场所和重点行业等多个方面织密织牢疫情防控网”。参见中国疾控中心：《2020年6月—7月北京新型冠状病毒肺炎疫情进展》，http://www.chinacdc.cn/yw_9324/202007/t20200710_217703.html。

[3] 黄辉：《如何看待北京连续10天零新增——专访中国疾控中心流行病学首席专家吴尊友》，http://www.ccdi.gov.cn/toutiao/202007/t20200716_222083.html。自2020年7月20日零时起，北京市新冠肺炎疫情应急响应级别再度由二级调整至三级。

和治理能力的一次大考”[1]。在这次疫情防控中，既有全国人民同舟共济、众志成城、共度时艰的宝贵经验，也付出了巨大的代价和牺牲。[2]而应急管理中最关键也最重要的一步，就是从危机中提炼出经验与教训，推进风险评估机制和风险防控能力升级，识别和排除风险隐患，进一步改进和优化政策，从而提升对新的突发事件或危机的“免疫效能”。因此，本章将以新冠肺炎疫情从2019年12月底在武汉发现少数病例到2020年7月中旬的防控过程为例，探讨其对我国国家应急管理体系和能力建设的检视价值及启示。由于新冠肺炎疫情属于重大传染病，本章研究主要适用于以重大传染病为代表的国家公共卫生应急管理体系和能力建设。至于相关结论能在多大程度上延伸拓展到整个国家应急管理体系和能力建设，则留待读者去判断。

到2020年7月中旬，虽然我国已经“有效控制疫情”，通过“不失时机推动复工复产，近来经济呈现恢复性增长势头，表现出逐步回稳态势”[3]。但全球疫情仍然呈现持续上升特征，美国、巴西等部分国家的疫情甚至一路持续上升，几乎失控[4]。根据世界卫生组织数据实时统计，截至北京时

---

[1]《习近平：完善重大疫情防控体制机制 健全国家公共卫生应急管理体系》，学习强国学习平台，2020年2月14日，http://www.xuexi.cn/lgpage/detail/index.html?id=18265173808032925794&item_id=8265173808032925794。

[2] 新冠肺炎疫情不仅一度严重威胁了人民群众的生命安全和身体健康，也加大了经济下行压力和经济运行的不稳定性和不确定性，甚至导致一段时间内，经济出现历史少见的负增长局面，部分行业、部分企业遭遇产能破坏，加大社会就业压力和稳定风险。根据国务院联防联控机制新闻发布会，到2020年7月10日24时，全国累计报告确诊病例83587例，累计治愈出院病例78623例，累计死亡病例4634例。2020年第一季度，我国国内生产总值（GDP）较上年同比下降6.8%，第一产业、第二产业、第三产业增加值分别较上年同比下降3.2%、9.6%和5.2%。尽管通过推动复工复产，近来经济已经呈现恢复性增长和逐步回稳态势，如2020年第二季度GDP同比增长3.2%。但2020年上半年GDP仍同比下降1.6%，其中第一产业增加值同比增长0.9%，第二产业、第三产业增加值分别同比下降1.9%和1.6%。参见国家统计局网站（http://www.stats.gov.cn）“最新发布与解读”，2020年4月17日和7月16日。

[3]《李克强主持召开经济形势专家和企业家座谈会》，中国政府网，http://www.gov.cn/premier/2020-07/13/content_5526465.htm。

[4] 黄辉：《如何看待北京连续10天零新增——专访中国疾控中心流行病学首席专家吴尊友》，http://www.ccdi.gov.cn/toutiao/202007/t20200716_222083.html。

间 2020 年 7 月 14 日 8 时 30 分，全球新冠病毒肺炎中国以外累计确诊病例 13007190 例，累计死亡病例 568175 例，累计治愈 7543450 例，分别占全球比重的 99.34%、99.88% 和 98.94%[1]。美国成为全球疫情最严重的国家，平均约 100 人中就有 1 人确诊感染新冠肺炎[2]。国际环境的不稳定性和不确定性仍在增加，世界经济严重衰退；我国仍需要做好疫情常态化防控，抓好“科学防控、精准防控”，并统筹做好疫情防控和经济社会发展工作。鉴于国外疫情形势演变及国内外疫情形势相互影响的复杂性，本章主要基于对我国国内新冠肺炎疫情形成演变和防控过程的分析，尽量不考虑国际疫情形势变化及影响。

二、评价新冠肺炎疫情应急管理中的问题应该秉持何种视角

2003 年暴发的非典疫情，引起了党和政府对全面加强应急管理体系和能力建设的重视，推动了我国形成以“一案三制”（应急预案和应急管理体制、机制、法制）为核心内容的国家应急管理体系，实现了我国应急管理体系建设的阶段性跃升。2018 年成立的应急管理部，整合了自然灾害防治、安全生产监管等职责，但公共卫生、社会安全等方面的应急管理职能仍分别保留在国家卫健委和公安部，并未整合到应急管理部。因此，我国现行应急管理体制实际上形成了应急管理部、卫健委、公安部“三驾马车”的格局（尚勇，

[1]《最新！世卫组织：全球累计确诊超 1309 万》，国际金融报网，2020 年 7 月 14 日，http://www.ifnews.com/news.html?aid=72954&cid=49。

[2]《美国约每 100 人中有 1 人感染新冠 多国警惕第二波疫情》，中国新闻网，2020 年 7 月 14 日，http://www.chinanews.com/gj/2020/07-14/9238242.shtml。

2019）。现行应急管理体系在应急处置突发公共事件方面发挥了重要作用，但也经常被诟病不好使、不管用、不实用（付瑞平等，2019）；存在重处置轻预防、重上层轻基层、重政府轻社会（钟开斌，2014）和应急管理体系条块分割、重复建设、信息沟通和资源整合不够、统筹协调亟待增强等问题。

应急管理是针对突发事件从事前到事发、事中、事后阶段的全方位、全过程管理，包括突发事件的酝酿期、暴发期、缓解期和善后期，各阶段应急管理的主要任务分别是预防与应急准备、监测与预警、应急处置与救援、事后恢复与重建（闪淳昌和薛澜，2020）。这次新冠肺炎疫情“大考”，充分展示了我国应急管理体系和能力建设的现实基础，特别是中国共产党和中国政府将人民生命安全和身体健康放在第一位的责任意识、担当精神，坚持防控和救治两个战场协同作战的宝贵经验和集中力量办大事等制度优势，也充分暴露了我国应急管理体系和能力的不足。认真审视疫情从 2019 年 12 月在武汉发现少数病例[1]到 2020 年 7 月仍处于“疫情常态化防控”阶段的整个过程，可以发现尽管每一阶段都存在值得完善之处，但问题和经验在全过程不同阶段的分布是非常不均衡的。就总体而言，问题较为严重和集中的还是武汉市、湖北省从 2019 年 12 月底发现不明肺炎病例到 2 月初，特别是 1 月底前这一阶段。下文将其简称为新冠肺炎疫情形成和防控的前期阶段，对应新冠肺炎疫情作为公共卫生突发事件从酝酿到暴发再到开始得到初步抑制的过程，疫情应急管理的主要任务经历了从预防与应急准备到监测与预警，再到应急处置与救援阶段的转变。从 2020 年 1 月底开始，在继续做好疫情监测与预警的同时，疫情应急管理很快进入规模化应急处置与救援阶段。在以习近平同志为核心的党中央坚强领导和医务人员、社会各界的共同努力下，我国较好地发挥了“坚持全国一盘棋，调动各方面积极性，集中力量办大事的显著优势”，迅速遏制了疫情扩散蔓延的势头。到 2020 年 4 月 8 日，全国已有 4.2 万援鄂医疗队员与湖北当地医务人员并肩作战，推动了疫情防控取得阶段性重要成

[1] 新华社：《中国发布新冠肺炎疫情信息、推进疫情防控国际合作记事》，中国政府网，2020 年 4 月 6 日，http://www.gov.cn/xinwen/2020-04/06/content_5499625.htm。

效，这在世界抗疫史上是个壮举，赢得了国际社会的高度认可和广泛赞誉。2020 年 2 月 13 日中共湖北省委、武汉市委主要负责同志调整后，疫情防控可圈可点的地方更是明显增多。在防控疫情期间，习近平总书记亲自领导、亲自部署。在以习近平同志为核心的党中央坚强领导下，我国建立了统一高效的指挥体系等，更是为加强应急管理体系和能力建设提供了有力保障。

进一步分析在新冠肺炎疫情形成和防控前期阶段，即 2020 年 2 月初特别是 1 月底之前武汉市、湖北省疫情应急管理中的问题，主要发生在预防预警方面，具体表现为部分地方政府对疫情演变及其影响敏感性不够，在一定程度上存在严重误判、忙乱无序和决策迟滞，导致对疫情防控部分存在盲目招架和被动应付的局面。如最初没有通过我国传染病疫情和突发公共卫生事件网络直报系统上报、对疫情信息公开迟滞，甚至一度存在严重瞒报和误导。[1]湖北省启动突发公共卫生事件应急响应机制滞后，直至 1 月 22 日和 24 日，疫情最为严重的湖北省才分别启动突发公共卫生事件Ⅱ级应急响应和重大突发公共卫生事件Ⅰ级响应，启动重大突发公共卫生事件Ⅰ级响应还晚于周边疫情形势明显较轻的浙江、广东、湖南省一天。在疫情已经比较严重的 1 月中下旬，武汉市还多次举办大型会议、联欢会、团拜会等较大规模的聚集性活动。1 月 18 日农历小年这一天，武汉市江岸区百步亭社区举办了“热闹程度超过以往任何一届”的“万家宴”。这些聚集性活动，在一定程度上助推了疫情的扩散蔓延。

疫情初期，武汉市启动重大突发公共卫生事件应急响应机制滞后，特别是疫情预防预警方面的问题和部分信息不透明，不仅影响了公众特别是医护人员对疫情的有效预防和对自身安全的有效保护，还给有效抑制疫情扩散蔓

[1] 如在疫情最严重的武汉，2020 年 1 月 3 日市卫健委发布的通报宣布“未发现明显的人传人证据，未发现医务人员感染”；市卫健委 1 月 6 日到 10 日未通报新冠肺炎疫情新增病例，从 1 月 12 日到 16 日连续 5 天通报“无新增新型冠状病毒感染的肺炎病例”，1 月 16 日的通报仍然宣称“尚未发现明确的人传人证据，不能排除有限人传人的可能，但持续人传人的风险较低”。参见中国科技网、创新中国特别策划的“众志成城 共克时艰——抗击新型冠状病毒肺炎疫情大事记”，http：//www.stdaily.com/zhuanti/jujiao/2020kjyq.shtml。

延增加了障碍。当然，面对如此突如其来的重大传染病疫情，要求地方政府一点没有应对失误和恐慌，也是不现实、欠公允的，我们不同意用“事后诸葛亮”的心态对此次疫情的应急管理求全责备。有人通过追溯或复盘疫情发生过程，借此探索疫情预防与应急准备、监测与预警中的不足。这种分析固然有其重要价值，但确也存在低估重大传染病疫情的不确定性和快扩散性特点的问题。当然，在此这样说，也不否认，事后冷静分析、客观审慎疫情应急管理中的问题，具有重要性和紧迫性。武汉市于 2020 年 1 月 23 日凌晨 2 点宣布于当日 10 点“封城”。有人说如果武汉“封城”再晚一点，疫情扩散蔓延的规模将会更大一点，疫情带来的损失、影响也会更重一点。这确是事实。但反向思考也会存在反向结论。何况，如果顺着“封城晚疫情会更重”这种“宽容”心态，也容易犯下“好了伤疤忘了疼”的错误，不利于更好地实现对现行应急管理体系的纠偏纠错；也很容易浪费此次疫情给我们改善公共卫生应急管理提供的机会，今后遇到类似疫情突发事件时，也很难做到“防范于未然”，并最大限度地减轻疫情带来的损失。

有人认为，从国外新冠肺炎疫情形成演变的趋势，特别是 2020 年 3 月份以来疫情在部分国家扩散蔓延的势头来看，有些国家，包括部分发达国家一度出现对疫情演变态势麻木漠然、决策迟滞，甚至政府瞒报误导，导致疫情失控的情景；这些国家在此次新冠肺炎疫情应急管理中的问题更为突出。因此，对于我国在疫情形成和防控前期阶段应急管理中的失误，也不宜大惊小怪。但是，只要考虑到疫情发生和防控也让我国付出了巨大的代价和牺牲，有些人甚至为此付出了宝贵的生命，这种观点就是站不住脚的。突发公共事件应急管理应该坚持以人为本、生命优先的基本原则，疫情防控应该坚持“生命至上，安全第一”。何况，“明者防患于未萌，智者图患于将来”“凡事从最坏处着眼、向最好处努力，打有准备、有把握之仗”，有利于牢牢把握工作主动权，着力防范化解重大风险（中共中央宣传部，2019）。这是应急管理体系和能力建设中坚持底线思维的基本要求。

因此，评价新冠肺炎疫情应急管理中的问题，不能把国外作为参照系，要把抑制疫情扩散蔓延势头、减少其损失和负面影响作为参考依据。实际上，今天我们回过头来讨论此次新冠肺炎疫情防控中的利弊得失，并非为了求全责备，归根到底是为了今后能够更好地“防范于未然”，更好地“放眼长远，总结经验，吸取教训，针对这次疫情暴露出来的短板和不足，抓紧补短板、堵漏洞、强弱项”“完善重大疫情防控体制机制，健全国家公共卫生应急管理体系”（习近平，2020）。正如钟开斌（2020）所指出的，“应急管理要覆盖突发事件全过程”，特别是要做好突发事件预防工作，“抓早抓小抓苗头，把突发事件控制在基层、化解在萌芽、解决在当地”。因此，关键要看如果再来一次类似疫情，我们能否大幅减少、不再重复以前的错误？能否认真汲取这次疫情提供的经验教训，为防范发生新的疫情提供有效机制，并将新的疫情有效控制在萌芽之中。中共十九届四中全会要求“建立公共安全隐患排查和安全预防控制体系”。因此，要透过此次疫情，从血的教训中深刻反思我国应急管理体系和能力建设中的深层次问题，实现应急管理从“事后应急”向“事前预警”转变，更加积极主动有效地防控风险，从而促进我国应急管理体系和能力建设实现新的跨越式提升。

三、加强应急管理体系和能力建设能否落地：以预防预警为重点分析

根据现代应急管理理念和我国应急管理体系的现状，推进我国应急管理体系和能力建设，应该实现从重在处置向预防为主、防抗救结合转变，从注重灾后救助、减少灾害损失向注重灾前预防、对灾害“灭早灭小”的转变，努力实现“关口前移”，将突发事件控制在萌芽和苗头之中，以降低应急救

援压力和损失，防止“潜在危害”转化为突发事件（闪淳昌和薛澜，2020；薛澜，2019）。应急管理服务在本质上是一种公共安全服务，应该发挥政府的主导作用。加强应急管理体系和能力建设是政府的基本职责，也是政府提供公共服务义不容辞的责任。加强应急管理体系和能力建设不是发展的成本，而是发展不可或缺的重要内容。这些认识，至少在理论上是得到广泛认同的。但这些理论认同能否有效“落地”，并切实转换为加强国家应急管理体系和能力的实效？答案未必那么乐观。

“预防是最经济有效的健康策略”“要坚决贯彻预防为主的卫生与健康工作方针，坚持常备不懈，将预防关口前移，避免小病酿成大疫”（习近平，2020）。按照前述现代应急管理的理论认同，在加强公共卫生突发事件应急管理体系和能力建设的过程中，预防预警具有重要地位，因为它有利于从源头上减少突发事件的发生，并控制其可能带来的损害。按照应急管理理论，所谓预防，即在突发事件发生前，应急管理主体所采取的旨在避免危机发生，防止未来可能发生的危机扩大、减少危机损失的措施；所谓预警是指灾害事件风险突然增大或已经发现灾害事件的某些征兆，但主体灾害事件仍未暴发前所采取的应急管理活动（曹杰和朱莉，2020）。但如前所述，在武汉市、湖北省新冠肺炎疫情形成和防控的前期阶段，预防预警方面的问题最为集中，在一定程度上影响了对疫情演变态势的有效控制和前期应急处置及救援的效果。可见，从此次新冠肺炎疫情形成和防控的前期阶段武汉市、湖北省应对疫情的案例来看，在加强国家应急管理体系和能力建设的实践中，推进加强预防预警的理念有效落地尚存在较大欠缺。形成这种现象的一个重要原因是，新冠肺炎疫情是前所未知的新型病毒，对疫情及其形成演变趋势认识不足，低估了这种疫情的快速传播扩散性及其可能带来的重大损失。但是，此外是否还有其他原因？

2007 年 11 月施行的《中华人民共和国突发事件应对法》明确规定，“国家建立统一领导、综合协调、分类管理、分级负责、属地管理为主的应急管理体制”。中共十九届四中全会明确要求“构建统一指挥、专常兼备、反应灵敏、上下联动的应急管理体制，优化国家应急管理能力体系建设，提高防灾减灾救灾能力”[1]。这种应急管理体制虽然在应急处置和救援阶段确实有发挥“集中力量办大事”的优势，但在突发事件应急预防预警方面也有较大的实施机制缺陷。

（一）与“属地管理为主”相关的两个机制性失衡，很容易导致预防预警成为公共卫生应急管理体系的薄弱环节

我国现行应急管理体制强调“属地管理为主”，即突发事件的应急管理主要由突发事件发生地的地方党委和政府负责，有关部门和相关地区协调配合。实行“属地管理为主”的体制，有利于应急管理责任“下沉”、提高应急管理效率（闪淳昌和薛澜，2020）。但在现行政绩考核机制下，以下两个激励机制性失衡，很容易导致预防预警成为公共卫生应急管理体系的薄弱环节，加大后续阶段应急处置与救援压力，影响应急管理体系的整体功能。正如《灰犀牛：如何应对大概率危机》的作者米歇尔·渥克（2017）所言，“我们的奖励和惩罚机制助推了我们推卸责任的行为”。

1. 对地方政府在经济发展与传染病预防预警方面的激励机制失衡

现行政绩考评方式对于地方政府推动经济发展的成效往往给予较多权重，而地方政府推进经济发展的成效通过 GDP 和居民收入增长等指标清晰可见，容易引起重视；而地方政府加强应急管理体系和能力建设的成效往往“看不见，摸不着”，更容易被有意无意地忽视。在加强预防预警能力建设方面更是如此。在既定的公共资源总量下，将更多的公共资源用于支撑经济发展，很容易换来明确、直观的增长政绩；而将更多的资源用于加强应急管理体系和能力建设，其成效至少不像经济发展那样直观，甚至很难看到明确、直观的增长政绩，或要在等待较长时间之后面对疫情等突发公共事件时才能看到。这种激励机制很容易导致地方政府在应急管理体系和能力建设上投入不足，

[1] 本书编写组：《〈中共中央关于坚持和完善中国特色社会主义制度 推进国家治理体系和治理能力现代化若干重大问题的决定〉辅导读本》，人民出版社，2019。

在预防预警能力建设上尤其如此。这与华生、蔡倩、汲铮、董申（2020）的研究结论有些殊途同归，他们发现地方政府与中央政府偏好的不一致性，“地方发展主义”“地方保护主义”“经济锦标赛”等导致出台的政策具有一定的社会稳定风险；在当前组织架构下，传染病预警体系容易出现激励不相容问题。在现行体制下，部分地方党政主要领导实际任期较短，任职一段时间后可能会获得提拔或调任他职，由此带来的官员短期化行为也可能驱使其更加青睐经济发展,而将应急管理体系特别是预防预警能力建设置于边缘地位。

与此同时，即便通过地方政府的努力，用于应急管理的人才支持、基础设施和物资储备条件有明显改善，应急管理能力有明显提升，但如果没有遇到重大疫情等突发事件的考验，也很难看出其有多大实际作用；甚至投入越多，越容易被社会甚至部分政府部门误以为浪费。试想，如果在 2020 年 1 月上中旬，我国能够通过预防预警卓有成效地控制新冠肺炎疫情在国内的扩散和蔓延；在此前后到当前时期，假若国外也通过有效的预防预警控制住了疫情扩散蔓延的势头；那么，还有多少人会认为、会理解新冠肺炎疫情的影响和危害有现在这么大？即便面对疫情的预防预警工作做得好，能够有效地实现对疫情“灭早灭小”，社会也可能严重低估疫情预防预警的作用，因为社会公众很可能认为这个疫情本来就没有那么大的危害，除非有邻近地区或国家可作“对照组”比较。

2. 对地方政府在传染病预防预警和应急处置方面的激励机制失衡

实际上，不仅是在重大传染病等公共卫生突发事件中，在其他突发事件的应急管理中，也容易出现预防预警成效容易被低估、轻视甚至忽视，而应急处置与救援阶段的成效更容易受到政府和社会重视的情景。何况，如果预防预警工作做得好，不仅可以有效实现应急管理活动的向前延伸，还可以通过从基础层面超前预防和处置可能带来损失的不确定性风险，消除和控制风险源，实现对突发事件“防范于未然”。这就不需要进行后续的应急处置与救援了。如果预防预警环节的某些工作做得好，但基于风险管理的超前预防和处置存在较大缺陷，并将风险转变成突发事件甚至酿成危机时，作为应急管理主导者的地方政府不仅缺乏动力去宣传、表彰部分预防预警环节的成功，反而可能千方百计地掩盖这种成功。因为宣传表彰这种成功，恰恰容易暴露紧随其后的其他预防预警和应急处置环节的不足，甚至因此招致上级政府乃至社会的质疑、批评与责难。这种情况容易加剧预防预警部门的惰性。

况且，面对突发事件的预防预警很难保证“万无一失”。如果预防预警出现差池，导致应急处置和救援环节形成较大规模的社会动员和资源投入，还容易招致更多批评甚至问责。即便这种预防预警对有效控制突发事件的事态扩大发挥了重要作用，也可能被误判为出现差池。因为如果未从系统层面认识和评估风险，则难以直接体现和量化预防预警工作的效果。较之于疫情预防预警，疫情应急处置与救援阶段的成效往往直观显见，更容易得到社会广泛认可或好评。为什么许多突发公共事件后，往往有许多可歌可泣的感人故事，形成英雄辈出的壮观场面；而预防预警方面的先进典型却较为鲜见？即便有这方面的典型，其贡献往往也难以得到广泛认可。这是重要原因之一。当然，相对于预防预警，在应急处置与救援阶段往往更需要、也更容易形成较大规模、较深层次的社会动员，这也是形成这种现象的重要原因之一。

（二）落实“属地管理为主”的实施机制薄弱、对疫情缺乏了解和侥幸心理，容易合力助推疫情“黑天鹅”“灰犀牛”事件发生

任何制度，如果缺少有效的实施机制就会形同虚设。现行相关法律法规尽管对公共卫生等突发事件明确了法律责任，但总体来说有些偏软。如《中华人民共和国突发事件应对法》规定，“地方各级人民政府和县级以上各级人民政府有关部门违反本法规定，不履行法定职责的，由其上级行政机关或者监察机关责令改正”，有“迟报、谎报、瞒报、漏报”有关突发事件信息或者通报、报送、公布虚假信息，造成后果的，根据情节对直接负责的主管人员和其他直接责任人员依法给予处分。尽管现行应急管理体制强调对突发事件应急“属地管理为主”，但对落实属地责任不力缺乏有效的约束和惩罚

机制，也容易导致“属地管理为主”落实难，甚至容易助长对疫情信息的迟报、谎报、瞒报和漏报行为，进一步将预防预警推向应急管理的边缘地位，导致加强应急预防预警的效果容易被打折扣。

“属地管理为主”实施机制薄弱，还表现为对落实“属地管理为主”的激励与容错机制不足。有些地方对基层政府在应急管理中的问题和决策失误，简单实行“免职”“撤职”等“一刀切”处罚，甚至不顾疫情特点和具体情况一味加严问责[1]。由此容易助长基层党政领导和相关部门对应急管理缩手缩脚的倾向，容易压缩其发挥属地管理责任的自主权、弹性选择和创新空间，弱化其担当负责精神。因为这些领导会感到，在此背景下许多重大应急决策做起来个人风险很大，做得越多越容易出错并需要担责。新冠肺炎疫情等传染病从感染病毒到确诊疾病，往往需要经历一个人际之间差异较大的“潜伏”过程。有些看似迟报、瞒报和漏报，可能是对疾病认识不清或疫情发生规律所致。但类似加严问责措施，很少考虑疫情感染—传播特点，容易驱使地方党政领导和相关部门更多倾向于将信息层层上报、依赖上级做出重大决策，并将此作为应急管理的理性选择。因为等上面决策即便出错，本级政府及相关官员也没有责任；面对疫情突发事件，地方政府按规矩、按程序办事，往往不会因为行为不规范而遭到问责。但面对重大疫情，如果应急管理过度依赖上级决策，往往容易因信息传递时滞和失真，而损害应急管理的及时性、准确性、有效性，甚至会错失宝贵的应急预防、预警和处置救援良机。何况应对突发事件，往往同时涉及程序化和非程序化决策。对于非常规、非常态的突发事件，采取非程序化决策的应对措施可能会取得更好成效。如果地方政府过度依赖上级决策，意味着主动放弃因地制宜，通过非程序化方式智慧应对突发事件的可能，也容易将其属地责任置于“漂浮”状态。

新冠肺炎疾病属于新发传染性疾病，在 2019 年 12 月底发现少数病例时

[1] 疫情应急管理中的加严措施，在 2020 年 2 月、3 月份许多地方层层加码上级“封村封路封小区”和限制人员出行集聚的措施上有直观表现，甚至在部分基层地区出现了“恃权耍横”粗暴执法的极端案例。有些地方面对基层部分场所的聚集性疫情，对隔了几层的中高层领导也简单采取免职措施，也属加严问责。

还被称为“不明原因肺炎”，说明在疫情酝酿期甚至暴发期，社会大众甚至不少医生对其发病机理和危害尚不清晰。迄今为止，围绕新冠肺炎疫情仍有许多谜题，人类对其在总体上仍然可能是“未知大于已知”。鉴于之前缺乏有效的公共卫生突发事件应急演练和应急科普，在疫情形成甚至防控的前期阶段，为避免疫情信息传播引起社会恐慌、妨碍正常的社会经济秩序，部分地方政府在层层上报信息的同时，在一定程度上更愿意对疫情信息采取政府垄断和对外“封锁”的态度，有时甚至刻意营造“平安无事”的假象“以免出现大的乱子”，待在内部研判和专家会商之后才“慎重”进行选择性上报或对外发布。尤其是当政府日常管理和突发事件应急管理形成冲突时，如果延缓举办重大会议、重大活动一定形成不利的政治影响，对疫情突发事件“拖几天再说”可能形成尚不确定的不利影响。在此背景下，由于相关法律和考核机制对应对突发事件的优先地位明确不够，地方政府综合权衡，往往难以顺利实现常态管理向应急管理、应急管理平时向战时的及时切换，甚至自觉不自觉地按照常态管理方式推进应急管理，对突发事件信息层层上报，并依赖上级政府做出重大决策。按照这种应急管理态度，地方政府可以很方便地推脱决策失误责任，减轻被上级问责的风险；但却很容易因垂直信息传递失真、中断或停顿，形成决策滞后和误判，增加将“小病酿成大疫”的可能。对新冠肺炎疫情作为新发传染病疫情的危害客观存在的不了解、或多或少存在的侥幸和“好面子”心理，还容易助长部分地方政府对疫情部分隐瞒、缓报、选择性漏报的行为，甚至希望借此“防止”地区或政府形象受损。部分西方发达国家面对此次新冠肺炎疫情，应急管理中类似现象更为严重。

正是类似理性行为的合力作用，一步一步推动疫情由“黑天鹅事件”转化成“灰犀牛事件”，进而突发公共卫生事件。通常将高度不可能发生的小概率事件，称作“黑天鹅事件”；将发生概率大且影响巨大的潜在危机称作“灰犀牛事件”。“黑天鹅事件”可预测性低，偶发性强，冲击性极大，人们往往习惯于对它视而不见或将其发生的可能性排除在外；但许多“黑天鹅事件”正是在不可预知的情况下发生并加剧（纳西姆·尼古拉斯·塔勒布，

2019）。“灰犀牛事件”不是随机突发事件，而是在一系列警示信号和迹象后出现的大概率事件，但人们也容易对其视而不见，甚至讳疾忌医否认其存在。当那些低概率的孤立事件聚成一体时，其发生概率就会明显超出人们的认知（米歇尔·渥克，2017）。突发事件有的属于“黑天鹅事件”，有的属于“灰犀牛事件”；而重大传染病疫情等突发公共卫生事件，往往基于从“黑天鹅事件”向“灰犀牛事件”进而突发事件的转变，甚至带有“黑天鹅事件”汇聚及“黑天鹅事件”“灰犀牛事件”交织叠加的性质。2019 年 12 月底，武汉市疾控中心检测发现不明原因肺炎病例前，新冠肺炎疫情尚属“黑天鹅事件”。但到 2020 年 1 月中下旬，新冠肺炎疫情早已转化为“灰犀牛事件”。作为不明原因的重大传染病疫情，正是一步步“酝酿”成重大公共卫生危机的。这也会妨碍加强应急管理体系建设的努力有效转化为加强应急管理能力建设的实效。

四、加强应急管理能力建设与应急管理“软实力”短板

加强国家应急管理体系建设，归根到底是为了增强应对突发事件的能力，确保国家应急管理体系在应对突发事件时，能够做到及时有效、务实管用、易行可靠。正如习近平总书记 2020 年 2 月 14 日在主持召开中央全面深化改革委员会第十二次会议时所强调的，要“健全重大疫情应急响应机制”“从体制机制上创新和完善重大疫情防控举措，健全国家公共卫生应急管理体系，提高应对突发重大公共卫生事件的能力水平”“要强化风险意识，完善公共卫生重大风险研判、评估、决策、防控协同机制”。因此，坚持能力至上原则，

应该贯穿于国家应急管理体系建设的全过程、各环节。近年来，我国加强国家应急体系和能力建设取得重要进展，如近年来国家全力推进“互联网 + 智慧医疗”发展，在公共卫生领域我国已建成全球最大的传染病疫情和突发公共卫生事件网络直报系统，疫情信息从基层发现到国家疾控中心接报，时间从 5 天缩短为 4 小时[1]。作为这次新冠肺炎疫情重灾区的武汉市，拥有我国首个正式投入运行的中国科学院国家生物安全实验室（P4 实验室），这是全球生物安全最高级别的实验室。但是，缺乏稳定可持续的投入增长机制，仍是我国公共卫生应急管理体系和能力建设面临的瓶颈制约，严重影响疾病预防控制体系的完善、重大疫情防控救治能力和应急物资保障能力的提升。限于篇幅，本章对此存而不论。

与此同时，在我国公共卫生应急管理体系中，“重硬件轻软件”“重硬实力轻软实力”的问题更加严重。这在我国此次新冠肺炎疫情形成和防控的前期阶段，表现得尤为突出。再“高大上”的硬件设施，如果缺乏软实力的配套跟进，没有其使用者应急能力的及时呼应，其功效很可能要大打折扣。如在部分遭受疫情冲击较重的地区，在新冠肺炎疫情形成和防控的前期阶段，暴露的应急管理体系和能力问题从以下方面可见一斑：

（一）地方政府及相关部门领导的应急管理素质存在较大改进空间

公共卫生应急管理属于科学性、专业性、综合性都很强的工作。具备相关专业能力和专业精神，是从事公共卫生应急管理的基本素质要求，当然除此之外还有其他方面的素质要求，如应急响应能力、对疫情演变态势的综合把握能力和前瞻能力、主要领导者的统筹协调能力等。面对重大疫情等突发事件，能否具有较强的应急管理素质，直接关系到公共卫生应急管理的质量。如在 2020 年 1 月初，武汉市有的医院很早就开始病毒分析并加强应急物资储备工作，开启战时总动员，要求按严重急性呼吸综合征（SARS）诊疗和内控

---

[1] 吕诺、邝西曦：《我国已建成全球最大的传染病疫情网络直报系统》，中国政府网，2013 年 8 月 28 日，http://www.gov.cn/jrzg/2013-08/28/content_2475885.htm。

机制进行防控，按“人传人”方式应对不明原因肺炎，体现了较强的专业能力、专业精神和应急响应能力。在疫情早期阶段，个别医院存在应对措施部分迟滞、应急物资储备前瞻性不足等问题。部分地区在抗击疫情过程中被问责或免职的卫健系统部分官员，在公共卫生或医疗专业学习或长期培训的经历不足，影响其应急管理素质的提升。

在2020年1月底和2月上旬的疫情形成和防控前期阶段，部分遭遇疫情冲击较重的地区一度出现城市应急物资储备不足、城市应急管理粗放、政府信息公开不及时、政府舆论引导能力薄弱等问题（黄征学等，2020），与时任主要领导面对重大疫情的应急响应能力有很大关系。部分地方主要领导和相关部门面对疫情“进退失据”甚至有些惊慌失措，与其之前缺乏危机管理、风险管理意识教育，特别是缺乏必要的应急演练和应急管理培训有很大关系。同样是面对部分地方政府对疫情瞒报、谎报的行为，有关部委派出的专家组专家能够拨开迷雾看本质，警告新冠肺炎“肯定存在人传人”；有的专家却一度被迷雾误导，在疫情发生初期简单做出“不会人传人”的结论，事实上误导了社会。这可能有认识局限的原因，但在应对重大公共卫生事件上敬畏心和严谨精神不足，可能也是原因之一。后者多少反映了其专业精神亟待提升。

（二）优化应急管理统筹协调能力存在较大提升潜力

国家应急管理体系按其主要功能可分为应急统筹协调、应急处置与救援、应急资源和物资保障、应急信息管理、应急预警和决策辅助等方面。国家应急管理能力是这些方面有机结合、整体协同的结果。统筹协调应该成为新时代应急管理的核心能力（王宏伟，2019）。但是，这种应急管理的统筹协调能力，不仅受制于地方党政主要领导的应急管理素质，包括应急响应能力；还取决于整个应急管理体系内部政府部门之间，政府部门与企业、民众、社区、医疗机构、社会组织等利益相关者之间的协同和整合能力。现代应急管理的研究发现，统一、准确、及时的信息发布，不仅有利于体现政府公信力，更好地满足公众知情权、参与权、表达权和监督权，对于组织群众高效应对突发事件也有重要意义。对于应急管理决策者来说，不仅要重视正规的信息渠道，还应重视微信和微博等多源新媒体信息渠道。但是，在此次新冠肺炎疫情形成和防控的前期阶段，部分重点地区一度实行偏严的疫情信息舆情管控，努力营造公共卫生“平安祥和”的氛围，看似控制了疫情风险，实际上却因为加剧了对上级、对社会的疫情信息传递失真，可能妨碍上级政府相关部门和社会大众对疫情形势的准确判断，在一定程度上影响了早期对疫情扩散蔓延势头的有效控制。《源风险》一书作者格雷格·伊普（2018）通过构建关于人性与危机的框架发现，“当我们过度追求安全时，常常会将自身推向更危险的境地，而适度的风险却能让我们更安全”。此次新冠肺炎疫情防控前期，少数重点地区在应急信息管理和统筹协调方面的问题，为此提供了生动注释。

新冠肺炎疫情防控中的物资保障情况，可以为评判相关应急管理体系中的统筹协调能力提供一个侧面观察的窗口。应急物资保障包括实物保障，也包括应急物资生产、调配能力保障。鉴于应急物资储备存在有效期和储备成本、资金占用问题，通常在加强应急物资保障体系建设中不仅要保证必要的基础储备，还要考虑通过以下两方面的努力来强化应急管理体系的韧性，确保数量更多、结构更合理的应急物资在战时能够“调得出、产得来、用得上”。第一，常态化、动态化掌握分散在各地区、各部门的应急物资储备和保障能力底数，并形成统筹整合能力；第二，优化应急物资生产、调配能力布局，增强应急物资保障体系的平战转换能力和开放协同能力。就总体而言，应急管理体系和能力建设投入不足，确实是我国应急管理体系的“短板”。改变这种“短板”确实也是今后需要认真做好的“必修课”。结合推进城市韧性建设，有效推进城市静态设施向更加智慧化、柔性化的动态应急能力转化，促进城市常规物资生产、分配能力向应急物资生产、分配能力顺畅切换，有利于提高应急管理体系乃至整个经济社会的资源配置效率，促进应急管理体系和能力建设可持续发展。在 2020 年 1 月下旬到 2 月上旬的新冠肺炎疫情防控前期阶段，武汉市一度出现应急医护物资严重短缺匮乏、医护物资调运配送效率不高的局面，与这两方面都有较大关系。但当时武汉市红十字会由于物资分配效率低、速度慢，有大量社会捐款和捐赠医用物资积压在账上和仓库中，而时任武汉市主要领导却仍对外宣称“医用物资还处在紧平衡状态”，这从很大程度上反映了应急管理统筹协调的不力。

武汉市是全国重要的交通枢纽，在全国“两横三纵”城市化战略格局中占据重要地位，正在建设成为以全国经济中心、高水平科技创新中心、商贸物流中心、国际交往中心四大功能为支撑的国家中心城市。在此次新冠肺炎疫情防控的前期阶段，武汉市在连续较长时间内出现口罩、医用设备、防护服等应急医用物资频频告急的局面。倘若此次疫情不是发生在武汉市等交通枢纽位置，而是在中西部地区的普通大城市，或者在这些城市再出现重大传染病疫情与其他重大灾害多灾并发的局面，那么可以想象其应急物资保障体系的短板将何其严重。

加强应急管理和能力建设是个复杂的系统工程，在此次新冠肺炎疫情防控中，部分地区暴露的应急管理软实力问题还不止这些。此处只是从若干典型侧面揭示，加强国家应急管理体系和能力建设要注意补好“软实力”短板。当然，在注意这些方面补短板的同时，也必须准确把握现行制度“集中力量办大事”的优势及其存在条件。这种“集中力量办大事”的优势主要表现在应急处置与救援阶段。对此不宜绝对化、片面化理解和放大。第一，我们经常赞扬关键核心技术攻关的新型举国体制和集中力量办大事的显著优势，但这种新型举国体制和显著优势，往往在特定条件、特定领域才能更好地发挥作用，如在少数重大关键核心技术攻关和重大疫情防控中。但新型举国体制和集中力量办大事的显著优势，应该同调动各方面积极性并行不悖，不应也不能以排斥市场、社会力量和公众参与为前提，在预防预警阶段更应如此。这样才能有效提升社会活力和应对疫情的快速响应能力。甚至在关键核心技术攻关和重大疫情防控中，也不宜政府“全盘包办”，鼓励企业、民间和社会力量参与也是重要的。重视社会力量作用、鼓励公众参与，是加强应急体系和应急能力建设不可或缺的重要内容。日本等国高度重视对国民的危机意识和防灾教育，甚至大力推进防灾科普（岳世平，2010），对减轻突发公共事件带来的灾害损失发挥了重要作用，就有这方面的原因。

五、结论与启示

2020 年初在我国暴发的新冠肺炎疫情，为我们检视以重大传染病疫情为代表的公共卫生应急管理体系和能力提供了难得的契机。此次新冠肺炎疫情应对管理中问题最严重、最集中的地方，主要表现在从 2019 年 12 月底发现少数病例到 2020 年 2 月上旬前的疫情形成和防控前期阶段。探讨新冠肺炎疫情防控中的应急管理问题，并不否定我国疫情防控在总体上取得了重大成效；当前全球性、区域性灾害事件多发、频发，并呈现日益复杂的新形态，这些都对应急管理提出了新挑战。评价新冠肺炎疫情应急管理中的问题，要着眼于“防范于未然”，不宜简单地把国外作为参照系，要把减少疫情蔓延扩散及其损害、防范相关突发事件发生作为参考依据，尤其要注意“确保人民群众生命安全和身体健康，是我们党治国理政的一项重大任务”[1]，要推进我国公共卫生应急管理体系“提高处理急难险重任务能力”。

现代应急管理理念日益强调预防为主，“将关口前移”。但加强预防预警的理念未必能有效落地。这里面固然有对疫情及其演变规律认识不清的问题，也与我国应急管理体系运行的机制性缺陷有很大关系。具体来说，与“属地管理为主”相关的两个机制性失衡，即对地方政府在经济发展与传染病预防预警方面的激励机制失衡、对地方政府在传染病预防预警和应急处置方面的激励机制失衡，很容易导致预防预警成为公共卫生应急管理体系的薄弱环

[1]《习近平：完善重大疫情防控体制机制 健全国家公共卫生应急管理体系》，学习强国学习平台，2020 年 2 月 14 日，http://www.xuexi.cn/lgpage/detail/index.html?id=18265173808032925794&item_id=18265173808032925794。

节。对“属地管理为主”的实施机制薄弱，如对落实地方属地责任不力缺乏有效的约束和惩罚机制、对落实“属地管理为主”的激励和容错机制不足，加之对新发传播疫情了解不够、或多或少的侥幸心理，很容易合力助推疫情“黑天鹅”“灰犀牛”事件发生。

因此，在加强公共卫生应急管理体系和能力建设的过程中，要促进加强预防预警的理念有效“落地生根”，需要进一步强化底线思维，引导和督促地方政府夯实传染病等公共卫生应急管理特别是预防预警的根基。要结合相关法律和考核机制的完善，明确和强化政府应急管理相对于日常管理的优先地位。对落实属地责任不力强化约束和惩罚机制，对落实属地管理责任强化激励和容错机制。借此，可以通过地方政府之间的竞争推进疫情信息公开化和透明化，规避因疫情信息不明加剧社会恐慌和应急滞后问题，促进整个社会应急管理体系功能和效率的提升。因为面对疫情等公共卫生突发事件，如果甲地隐瞒不报，乙地先报了，等真相大白后甲地就会陷入被动，甚至容易遭到问责。

加强应急管理体系和能力建设，要注意利用新型举国体制和社会主义制度下“集中力量办大事”的优势，尤其是在公共卫生突发事件的应急处置和救援阶段。但也要注意现行制度优势的存在条件和比较优势领域。突发公共事件多发生于基层。从当前我国现实来看，在中央政府主导下，地方政府应该承担更多的应急管理主体责任（张海波和童星，2015），这有利于形成中央政府与各级地方政府之间分工协作、优势互补、各展其长的应急管理格局，将加强中央政府在应对突发事件中的统筹指导和宏观事务管理职能，与激发地方政府优化应急管理的自主性、灵活性、创造性有机结合起来。要结合强化应急管理特别是预防预警的属地管理责任，推动应急管理责任向地市、县级政府适度“下沉”，借此增强国家应急管理体系对突发事件的快速响应能力。通过推动落实“属地管理为主”的地区竞争，在贯彻“统一领导、综合协调、分类管理”原则的前提下，“分级负责”应该重点解决以县级政府为代表的基层政府解决不了、解决不好或解决起来不高效合理的问题，如跨区域、跨部门的人员、物资调配问题。强化属地管理责任，可有效防止地方政府层层将责任上推，形成信息失真和决策迟滞；也有利于减少疫情“黑天鹅”“灰犀牛”事件的发生。

在我国加强国家应急管理体系和能力建设的过程中，确实有很多欠账，比如应加快建立公共卫生应急管理特别是预防预警投入稳定增长的长效机制。但是，相对而言，在我国应急管理体系和能力建设中，“重硬件、轻软件”“重硬实力、轻软实力”的问题更为严重。如部分地方政府及相关部门的应急管理素质存在较大改进空间，优化应急管理统筹协调能力也存在较大提升潜力。加强国家应急管理体系和能力建设，应该把增强这些软实力作为“抓重点、补短板、强弱项”的重点。注意提升地方党政领导和公共卫生应急管理等部门的专业精神和应急管理素质，包括应急响应能力和应急决断力，并把这些作为相关官员任免的门槛条件。如可以要求地方党政主官或公共卫生应急管理部门主要领导在任期内，甚至任职前，必须接受一定时间的应急管理和应急能力培训，包括基于重大公共卫生突发事件情景构建的应急准备和模拟实战的应急演练。建议今后在选拔政府公共卫生部门党政主官或地方政府分管领导时，适度提高准入门槛，要求必须有医疗、公共卫生等相关专业学习和核心岗位从业经历。因为在关系人民健康和生命安全的领域，领导懂行有利于提升应急管理能力，避免决策误判。涉及公共卫生重大风险研判、评估或参与相关决策、防控协同方案讨论时，应该至少有两个专家组独立开展工作，“背靠背”独立拿出各自的专家组意见。通过专家组之间的公平竞争，帮助政府主要领导和专业化管理部门减少决策风险，推进预防预警、先期处置、应急防控、应急物资储备保障等工作适度前移。为保证专家组真正能够“接地气”，专家组成员应该有一定比例业务素质较好的一线医务人员参加。

加强应急管理体系和应急能力“软实力”建设，还应注意加强应急管理体系的资源整合和统筹协调能力，优化应急能力的区域布局，积极完善政府、企业、社会、非政府组织等广泛参与的应急管理合作关系，推进应急管理体系向智慧化、柔性化升级。在应急能力建设中，发挥现行制度“集中力量办大事”

的优势，应该与调动各方面积极性有机结合起来。建立畅通准确高效的信息发布机制，引导民众居安思危，提升危机意识和危机教育机制，也是重要的。根据张海波和童星（2015）的研究，世界应急管理的总体发展趋势是倡导政府机构、私人部分和社会组织共同发挥作用。因此，要在发挥政府对应急管理主导作用的同时，更加重视培育企业、社会、公众和非政府组织等的应急能力及其与政府的应急合作关系。待抗击疫情取得决定性胜利后，建议严格执行《突发公共卫生事件应急条例》中关于对突发事件隐瞒、缓报、谎报或授意他人隐瞒、缓报、谎报的处罚规定，强化中长期警示效果。综合采取这些措施，努力增加国家或区域应急管理体系和能力的韧性。

第七章　农业农村服务业：从迈向全面小康到后小康时代

发展农业农村服务业是发展壮大乡村产业、强化产业扶贫和就业扶贫的重要内容，是推进农村一二三产业融合发展、拓展农民就地就近就业渠道的重要途径，也是增强农业农村创新创业活力、培育农业农村发展新动能的重要选择；对于激发乡村多种功能价值、丰富农业农村发展内涵具有重要意义。加快发展农业农村服务业，发挥其对加快农业农村现代化的引领、支撑和带动作用，不仅有利于夯实重要农产品供给保障，优化农业农村营商环境，促进农业农村经济结构优化，强化城乡之间、工农之间、农村区域之间的关联互动；也有利于带动农村培育便民生活圈、完善服务圈、繁荣商业圈、优质就业圈和活跃创业圈，夯实农村民生保障，提升广大农民的获得感、幸福感和安全感。但就总体而言，当前农业农村服务业仍是我国农业农村发展的“短板”和“弱项”，总量不足、结构不优、质量不高、机制不畅、布局不合理等仍是其面临的突出问题。面对当前复杂严峻的全球经济形势，统筹推进农村乃至全国稳增长、促改革、调结构、惠民生、防风险、保稳定，确保2020年全面建成小康社会并完成决战决胜脱贫攻坚目标任务，待2020年全面建成小康社会后全面建设社会主义现代化国家，都需要从战略上重视发展农业农村服务业。当前我国发展面临的风险挑战前所未有，新冠肺炎疫情的冲击影响仍在发酵并呈现较大的不稳定不确定性。为维护经济发展和社会稳定大局，也要把发展农业农村服务业放在突出地位，借此推动扎实做好“六稳”工作、全面落实“六保”任务[1]。

---

[1]“六稳”即稳就业、稳金融、稳外贸、稳外资、稳投资、稳预期；“六保”即保居民就业、保基本民生、保市场主体、保粮食能源安全、保产业链供应链稳定、保基本运转。

一、对农业农村服务业的界定

在我国国民经济统计中，服务业与第三产业在外延上完全等同，可以通用。农业农村服务业包括农业服务业和农村服务业。农业服务业是农业生产性服务业的简称。大多数农业服务业属于农村服务业。但也有些农业服务业地处城市，不属于农村服务业，如位居城市的农产品电子商务平台和涉农网络平台企业等。农业生产性服务业是面向农业产前、产中、产后环节，以服务形式提供中间投入的服务业。换句话说，即面向农业产业链的农业生产性服务业。这实际上是农业生产性服务业的广义概念。《农业部 发展改革委 财政部关于加快发展农业生产性服务业的指导意见》（农经发〔2017〕6号）[1]将农业生产性服务业界定为“贯穿农业生产作业链条，直接完成或协助完成农业产前、产中、产后各环节作业的社会化服务”，这相当于农业生产性服务业的中义概念。有人将农业生产性服务业理解为以服务形式为农业生产作业过程提供中间投入的服务业，这实际上是农业生产性服务业的狭义概念，相当于农业产中服务业。本章对农业服务业即农业生产性服务业的界定取广义，但以中义和狭义为重点。

农业服务业当然属于服务业。但在国民经济行业分类的国家标准中，尚无对农业服务业或农业生产性服务业的全面统计。需要指出的是，第一产业不等于农、林、牧、渔业，只包括其中的农业、林业、畜牧业和渔业四个大类。我国自1984年首次发布《国民经济行业分类》的国家标准以来，又分别发布了1994年版、2002年版、2011年版和2017年版的国民经济行业分类。

[1] 为叙述简便起见，有文号的文件在本报告中从第二次出现开始一律用文号代替。

在 1984 年版到 2011 年版的《国民经济行业分类》中，都在“农、林、牧、渔业”门类下设置“农、林、牧、渔服务业”大类。2017 年 10 月开始实施的《国民经济行业分类》（GB/T 4754–2017），将原《国民经济行业分类》（GB/T 4754–2011）中“农、林、牧、渔业”门类下的“农、林、牧、渔服务业”大类更名为“农、林、牧、渔专业及辅助活动”。但无论是原标准下的“农、林、牧、渔服务业”大类，还是现标准下的“农、林、牧、渔专业及辅助活动”大类，都不属于第一产业，而属于第三产业即服务业中的农业生产性服务业。但农业生产性服务业在外延上明显大于农、林、牧、渔专业及辅助活动。比如，在国民经济行业分类中“农、林、牧、渔产品批发”等中类和“化肥批发”“农药批发”“农用薄膜批发”“粮油零售”“果品、蔬菜零售”“肉、禽、蛋、奶及水产品零售”等小类属于“批发和零售业”门类，“谷物、棉花等农产品仓储”中类属于“交通、仓储和邮政业”门类，“农业机械经营租赁”小类属于“租赁和商务服务业”门类，“农林牧渔技术推广服务”小类属于“科学研究和技术服务业”门类，而这些都属于农业服务业。还有一些单位或行业从事的服务活动部分属于农业服务业，如部分互联网平台和会议、展览及相关服务，质检技术服务，知识产权服务，科技中介服务等；但在统计时依据其主要活动可能纳入，也可能未能纳入农业服务业相关统计。改革开放以来我国农、林、牧、渔专业及辅助活动增加值及其占 GDP 和农、林、牧、渔业增加值比重的变化，详见表 7–1 和图 7–1、图 7–2。

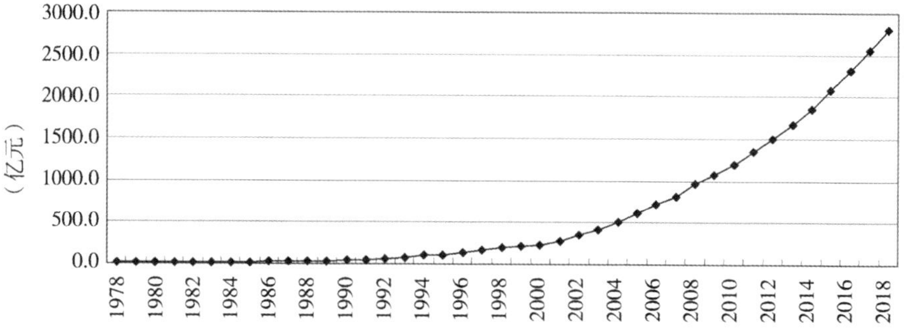

图 7–1　改革开放以来全国农、林、牧、渔业专业及辅助性活动增加值的变化

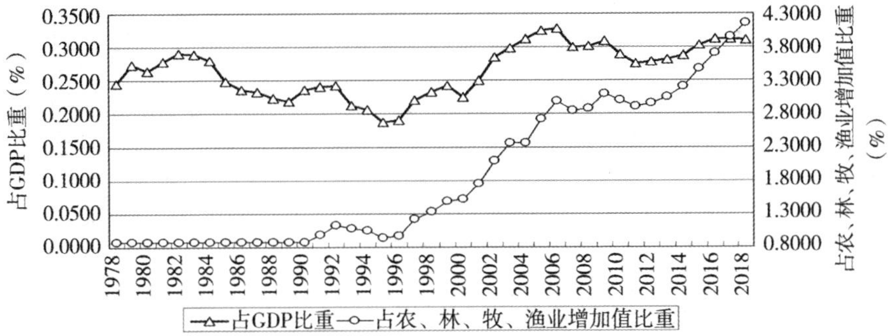

图 7-2　改革开放以来全国农、林、牧、渔业专业及辅助性活动占比的变化

表 7-1　农、林、牧、渔业专业及辅助性活动增加值及占比变化

单位：（亿元、%）

年份	农、林、牧、渔业专业及辅助性活动增加值（现价）	占 GDP 比重	占农、林、牧、渔业增加值比重
1978	9.0	0.2447	0.8759
1979	11.2	0.2731	0.8818
1980	12.1	0.2638	0.8822
1981	13.7	0.2776	0.8785
1982	15.6	0.2903	0.8777
1983	17.4	0.2890	0.8795
1984	20.4	0.2803	0.8808
1985	22.6	0.2484	0.8813
1986	24.5	0.2361	0.8786
1987	28.4	0.2333	0.8785
1988	34.0	0.2240	0.8796
1989	37.6	0.2189	0.8814
1990	44.6	0.2363	0.8811
1991	53.1	0.2413	0.9940
1992	65.9	0.2423	1.1234
1993	75.7	0.2122	1.0871
1994	100.3	0.2062	1.0478
1995	114.6	0.1868	0.9444
1996	136.4	0.1899	0.9733
1997	175.6	0.2203	1.2160
1998	197.7	0.2321	1.3343
1999	219.7	0.2426	1.4876

续表

年份	农、林、牧、渔业专业及辅助性活动增加值（现价）	占 GDP 比重	占农、林、牧、渔业增加值比重
2000	226.2	0.2256	1.5137
2001	277.5	0.2503	1.7586
2002	345.5	0.2839	2.0894
2003	410.4	0.2986	2.3613
2004	506.4	0.3129	2.3652
2005	609.5	0.3254	2.7190
2006	719.4	0.3278	2.9930
2007	809.6	0.2997	2.8423
2008	964.0	0.3020	2.8838
2009	1075.9	0.3087	3.1042
2010	1188.2	0.2883	2.9991
2011	1341.2	0.2749	2.9079
2012	1496.7	0.2779	2.9590
2013	1664.3	0.2807	3.0430
2014	1845.9	0.2878	3.2118
2015	2078.0	0.3029	3.4719
2016	2311.8	0.3124	3.7018
2017	2560.5	0.3120	3.9599
2018	2804.0	0.3114	4.1517

农村服务业即地处农村的服务业，包括农村公共服务业、农村生产性服务业和农村生活性服务业，只要把握好公共服务业、生产性服务业和生活性服务业的行业属性或基本特征，就可以较为准确把握农村公共服务业、农村生产性服务业和农村生活性服务业的内涵和外延[1]。除地处农村的农业生产

[1] 公共服务与私人服务相对应，是政府提供的以服务形式存在的公共物品（陈秋玲等，2010，第201—202 页），以公共权力或公共资源投入为标志、以促进社会福利最大化为最终目标、以政府作为承担公共服务责任的核心主体（石国亮，2011，第 9 页），是政府为满足社会公共需要、提供公共产品的服务行为的总称，是政府提供的以服务形式存在的公共物品，作为一种特殊的公共产品，公共服务具有高投入、高风险、非竞争性和非排他性、外部及效应等特征（陈宪等，2011，第 371、444 页）。生产性服务即那些被其他商品和服务的生产者用作中间投入的服务，具有中间投入性、较强的产业关联性和高度的专业性（何德旭，2008，第 10 页）；生活性服务业即那些用于满足市场化的最终消费的服务业，其显著特征是面向广大消费群体（陈宪等，2011，第 371、444 页）。公共服务主要由政府提供，大致包括基本生存服务、公共发展服务、环境服务和公共安全服务；消费性服务主要是为提高城乡居民生活质量、适应居民消费结构升级的服务（刘志彪，2015，第 251 页）。

性服务业外，为农村非农企业提供生产性服务的企业也属农村生产性服务业，如为农村制造业集群提供生产性服务的企业。农村生活性服务业是地处农村的生活性服务业，如乡村小百货店等。农村公共服务业如农村医疗和公共卫生服务业、农村教育服务业等。

二、我国农业农村服务业发展政策：历史演变和当前的主要精神

（一）我国农业农村服务业发展的主要过程：回顾与评价

回顾改革开放以来我国农业农村服务业发展的主要过程，可将其划分为以下 4 个阶段。需要说明的是，无论是农业服务业，还是农村服务业，现行统计资料都难以提供全面准确的统计数据。因此，本报告难以对农业农村服务业的发展状况、发展过程进行量化分析。

1.20 世纪 70 年代末到 80 年代末，农业农村服务业发展主要呈现“放松管制、补偿式反弹、适应性调整”等特征

1978 年 12 月召开的中共十一届三中全会，作出了“把全党工作重点转移到社会主义现代化建设上来”的重大决策，出台了提高粮食统购价格和部分农副产品收购价格、积极发展农村社队工副业等政策措施。20 世纪 70 年代末、80 年代初，中国农村改革的大幕逐步拉开，联产承包责任制实现了从局部突破转向全面推广的阶段性跨越，废除人民公社制度并实现政社分设等，推动了农业农村服务业发展政府管制的逐步松动，激发了其政策环境的优化，为实现农业农村服务业“补偿式反弹”、多元化加快发展提供了重要契机。

在当时的农业结构中，以粮食生产为主的种植业经济占据绝对主导地位，农业机械化、商品化水平低，农户收入和消费也处于较低水平，甚至稳步解决温饱问题仍是当时多数农村面临的主要任务[1]。在此背景下，我国农业农村服务业的发展，在总体上仍处于较低水平，并以传统服务业为主。农业服务业主要是农资供应和农产品销售服务、农业生产技术服务等。农村服务业主要是少量农村日用品商店、餐饮店、交通运输等生活性服务业，农村生产性服务业发展不足的问题更为严重。这与当时农业农村经济结构单一有很大关系。当时的部分农业服务业与农村服务业交织在一起，如农村供销社既卖化肥农药，又卖日常生活用品。按照"主要为农业生产服务，为人民生活服务"要求发展起来的社队企业，也是当时农业农村服务业的重要载体。

当时农业农村服务业的发展，也适应了农业农村经济发展和农民生活改善带来的需求扩张。随着粮食连年大幅增产和"卖粮难"问题的出现，随着主要农产品供给短缺状况的逐步缓解，农民收入增长和农业、农村经济多样化不断发展，改善农村商品流通和发展农村商业、交通运输等服务业的市场需求日趋强烈。农业劳动力剩余问题的显性化，也要求通过农业农村服务业发展，拓展农民就业增收渠道。从全国来看，这一时期也是改革开放以来我国服务业增速最快的时期（姜长云、刘振中，2018）。在20世纪80年代中期以前，由于城乡分割特征显著，城市对农业农村服务业发展的带动作用尚不明显。

1983年中央一号文件首次提出"社会化服务"概念，明确提出各项产前产后的社会化服务，"已逐渐成为广大农业生产者的迫切需要"。1984年中央一号文件要求，"加强社会服务，促进农村商品生产的发展""逐步建立起比较完备的商品生产服务体系"。1984年中央四号文件将社队企业更名为乡镇企业，将乡镇企业的范围拓展到包括乡办企业、村办企业、个体企业和

[1]1978年，全国农民人均可支配收入和人均消费支出分别仅为134元和116元。参见国家统计局：《居民生活水平不断提高 消费质量明显改善》，http：//www.gov.cn/xinwen/2018-08/31/content_5319211.htm。

联户企业，提出了开创乡镇企业新局面的历史性任务，并要求“对乡镇企业要和国营企业一样，一视同仁，给予必要的扶持”。1984年10月中共十二届三中全会通过的《中共中央关于经济体制改革的决定》明确要求“进一步贯彻执行对内搞活经济、对外实行开放的方针，加快以城市为重点的整个经济体制改革的步伐”，并提出“增强企业活力是经济体制改革的中心环节”，要“发展社会主义商品经济”。20世纪80年代中期以后，随着市场化取向的全面展开,特别是以城市为重点的经济体制改革全面加快推进,城市对农村、城市服务业对农业农村服务业发展的引领带动作用日趋凸显。1987年10月召开的中共十三大作出了我国正处于社会主义初级阶段的重大论断，明确要求“加快建立和培育社会主义市场体系”，“重视发展第三产业，努力实现一、二、三产业协调发展”“必须继续合理调整城乡经济布局和农村产业结构，积极发展多种经营和乡镇企业，……保持农村经济的全面发展和农民收入的持续增长……建立社会化服务体系”。经济体制改革重点由农村向城市的转移，带动经济增长特别是第二产业、第三产业增加值的增长全面加快，乡镇企业和个体、私营经济发展的政策环境进一步宽松，为农业农村服务业多元化加快发展提供了良好的外部环境。1982—1988年，全国GDP年均递增11.4%，第一产业、第二产业增加值分别年均递增6.3%和12.4%，第三产业（即服务业）增加值年均递增15.0%。

2.20世纪90年代初期到上世纪末本世纪初，开始面向农业农村经济乃至国民经济发展的战略需求，从战略上谋划和布局农业农村服务业发展，逐步将发展农业农村服务业作为推进农业农村经济结构战略性调整的重要内容

在此期间，对农业农村服务业发展影响较大的标志性事件主要有以下方面：

（1）以1992年初邓小平南方谈话为开端，包括当年10月召开的中共十四大和1993年10月召开的中共十四届三中全会。这是20世纪90年代对推动我国新一轮思想解放、新一轮改革开放和现代化建设事业迈入新阶段具有重大影响的系列标志性事件，对推动包括农业农村服务业在内的整个经济社会发展具有重大里程碑性影响。中共十四大报告明确提出“我国经济体制改革的目标是建立社会主义市场经济体制”，要求 90 年代“大力促进第三产业的兴起”“加快第三产业的发展，使之在国民生产总值中的比重有明显提高”“全面振兴农村经济”“深化农村经济体制和经营机制的改革”。中共十四届三中全会通过的《中共中央关于建立社会主义市场经济体制若干问题的决定》明确提出，“建立社会主义市场经济体制，就是要使市场在国家宏观调控下对资源配置起基础性作用”。该《决定》做出的一系列判断和要求，为农业农村服务业发展提供了空前有利的发展环境和政策机遇。如提出，“我国农村经济的发展，开始进入以调整结构、提高效益为主要特征的新阶段”，要“实现农业产品结构和农村产业结构调整，必须积极培育农村市场”“增强农村经济发展的开放性”。该文件第六部分“深化农村经济体制改革”包括 5 条内容，其中第 29 条就发展农村社会化服务体系做出专门性决策部署，其他 4 条与发展农业农村服务业也有较强的相关性。

（2）1991 年 10 月《国务院关于加强农业社会化服务体系建设的通知》明确提出，“加强农业社会化服务体系建设，是深化改革、推动农村有计划商品经济发展的一项伟大事业”，对于“实现小康目标，促进农业现代化，具有极其重要而又深远的意义”；“各级政府要把农业社会化服务体系建设摆到农村工作的重要位置上，坚持不懈地抓下去”。该《通知》作出的许多重要决策部署，在较长时期内有效地促进了农业农村服务业发展。

（3）1992 年 6 月发布的《中共中央 国务院关于加快发展第三产业的决定》，明确要求“必须使第三产业有一个全面、快速的发展”，廓清了加快发展第三产业的目标和重点，提出了一系列加快发展第三产业的主要政策和措施。该决定还将“农村的第三产业，主要是为农业产前、产中、产后服务的行业，为提高农民素质和生活质量服务的行业”作为加快发展第三产业的重点之一。

（4）1998 年 10 月召开的中共十五届三中全会和 1998 年 12 月、2000 年和 2001 年 1 月召开的中央农村工作会议。这是直接关系到农业和农村经济发展进入新阶段推进农业和农村经济结构战略性调整的系列标志性事件，发展农业农村服务业成为推进农业农村经济结构战略性调整的重要内容。中共十五届三中全会做出了农村改革二十年“带来农村经济和社会发展的历史性巨变：粮食和其他农产品大幅度增长，由长期短缺到总量基本平衡、丰年有余，基本解决了全国人民的吃饭问题”等重大判断，为 1998 年中央农村工作会议作出“我国农业和农村经济正在发生着新的阶段性变化”，并要求“把农业和农村经济的发展切实转到以提高质量和效益为中心的轨道上来”提供了依据。十五届三中全会还将“基本建立以家庭承包经营为基础，以农业社会化服务体系、农产品市场体系和国家对农业的支持保护体系为支撑，适应发展社会主义市场经济要求的农村经济体制……农村产业结构进一步优化”等作为到 2010 年建设有中国特色社会主义新农村目标的重要内容，并要求“结合小城镇建设，大力发展第三产业”，乡镇企业要“着重发展农副产品加工业和储藏、保鲜、运销业”。2000 年中央农村工作会议提出，“适应农业和农村经济发展新阶段的要求，必须大力推进农业和农村经济结构战略性调整，全面提高农业和农村经济的素质和效益，增加农民收入。这是我国农业和农村经济发展新阶段的中心任务”。该次会议强调“各级政府在新阶段的结构调整中要重点做好的四项重点工作”，即加强农村市场体系建设、推进农业科技进步、扶持农业产业化经营、加快小城镇建设等，都与发展农业农村服务业密切相关。2001 年中央农村工作会议提出“当前农业和农村工作中突出的问题是农民增收困难”，必须“把推进结构调整和增加农民收入作为新阶段农村工作的中心任务和基本目标”“新阶段增加农民收入，要有新的思路，采取综合性的措施”，但“根本途径是要对农业和农村经济结构进行战略性调整，提高农业的综合效益，开辟农民就业和增收的新途径、新领域”，为此“必须加快发展农村二、三产业”。

3. 本世纪初到 2017 年，为农业农村服务业开放包容型发展框架的形成阶段

在此期间，从宏观经济来看，我国产业结构从工业主导向服务业主导的转变开始启动，对经济增长和吸纳就业的作用日趋凸显；从服务业到整个经济社会领域的开放步伐明显加快，“以工促农、以城带乡”的农业农村服务业发展格局加快形成。从农业农村经济来看，自 2004 年以来历年中央一号文件都对农业农村服务业发展作具体部署，农业农村服务业发展的政策地位稳步提高，对外开放对我国农业农村发展的影响加快深化。农业农村服务业发展日益可以在更大范围、更深程度上动员城乡资源要素，并利用城乡市场和消费结构升级提供的机遇。在此阶段，对我国农业和农村服务业发展影响重大的标志性事件主要有：

（1）2001 年 12 月中国正式加入 WTO，意味着我国对外开放开始进入快车道，包括农业农村经济在内的国民经济发展和政策选择要注意适应并有效应对入世后与 WTO 规则接轨的需求。农业农村服务业的发展，也要顺应入世后农业农村经济发展和对外开放的需求，并加快市场化、产业化、社会化甚至国际化进程。

（2）2007 年、2008 年《国务院关于加快发展服务业的若干意见》（国发〔2007〕）7 号）和《国务院办公厅关于加快发展服务业若干政策措施的实施意见》（国办发〔2008〕11 号）发布。这是两个对服务业发展具有重要里程碑意义的文件。国发〔2007〕）7 号文件明确要求“把加快发展服务业作为一项重大而长远的战略任务抓紧抓好”，“坚持市场化、产业化、社会化的方向，促进服务业拓宽领域、增强功能、优化结构”，并将积极发展农村服务业作为该文件全部 10 部分内容之一，要求“围绕农业生产的产前、产中、产后服务，加快构建和完善以生产销售、科技服务、信息服务和金融服务为主体的农村社会化服务体系”“改善农村基础条件，加快发展农村生活服务业，提高农民生活质量”。国办发〔2008〕11 号明确了对“建立和完善农村服务体系”“提供农业产前、产中、产后相关服务的企业”等支持政策。

（3）2008 年 10 月召开的中共十七届三中全会通过了《中共中央关于推进农村改革发展若干重大问题的决定》。该《决定》作出了“我国总体上已进入以工促农、以城带乡的发展阶段，进入加快改造传统农业、走中国特色农业现代化道路的关键时期，进入着力破除城乡二元结构、形成城乡经济社会发展一体化新格局的重要时期”等重要判断，明确要求“统一经营要向发展农户联合与合作，形成多元化、多层次、多形式经营服务体系的方向转变”，并将“建立新型农业社会化服务体系”作为其全部 6 部分中第 4 部分“积极发展现代农业，提高农业综合生产能力”的专门一条加以决策部署，明确提出“建设覆盖全程、综合配套、便捷高效的社会化服务体系，是发展现代农业的必然要求。加快构建以公共服务机构为依托、合作经济组织为基础、龙头企业为骨干、其他社会力量为补充，公益性服务和经营性服务相结合、专项服务和综合服务相协调的新型农业社会化服务体系”。这为构建新型农业服务业的发展框架指明了方向。该文件关于“统筹城乡产业发展，优化农村产业结构，发展农村服务业和乡镇企业”“培育农村服务性、公益性、互助性社会组织”“加快发展农村公共事业”“建立现代农村金融制度”等内容，均直接涉及发展农村服务业问题。以此文件为开端，支持农业农村服务业发展的政策框架逐步完善，政策支持也逐步细化实化。

（4）2012 年 12 月发布的《服务业发展“十二五”规划》、随后发布的《国务院关于加快发展生产性服务业促进产业结构调整升级的指导意见》（国发〔2014〕26 号）和《国务院办公厅关于加快发展生活性服务业促进消费结构升级的指导意见》（国办发〔2015〕85 号）等相关文件。《服务业发展“十二五”规划》是迄今为止我国关于服务业发展的唯一的专项“五年规划”，明确要求“提升农村服务业水平”“加快发展农村生产性服务业”“积极发展农村生活性服务业”。2013 年后成为改革开放以来我国服务业分项政策出台最密集的时期，如关于“互联网 +”、电子商务、物流等文件。农业农村服务业发展的政策环境进一步改善。

4.2017 年以来，为迈向实施乡村振兴战略的农业农村服务业发展阶段

在此阶段，发展农业农村服务业不仅是推进乡村产业振兴的重要内容，还是培育现代农业产业体系的战略性工程；不仅是促进小农户与现代农业发展有机衔接的重要措施，还是激活乡村多种功能价值、提升广大农民获得感幸福感安全感的重要方式。农业农村服务业发展进一步受到重视，其发展方式和政策决策的视野进一步开阔。习近平总书记在党的十九大报告中明确提出实施乡村振兴战略的重大历史任务，要求“构建现代农业产业体系、生产体系、经营体系，……发展多种形式适度规模经营，培育新型农业经营主体，健全农业社会化服务体系，实现小农户和现代农业发展有机衔接”。以此为开端，农业农村服务业发展进入主要面向实施乡村振兴战略的阶段。农经发〔2017〕6 号、2017 年 9 月《农业部办公厅关于大力推进农业生产托管的指导意见》（农经办〔2017〕19 号）发布。虽然这两个文件的发布早于党的十九大召开，但在时间上非常靠近，也可以将其归入这一阶段。此后，面向实施乡村振兴战略的要求，推进农业农村服务业发展的政策文件密集出台，除 2018 年、2019 年、2020 年中央一号文件和《乡村振兴战略规划（2018—2022 年）》外，较有影响的如中共中央办公厅 国务院办公厅印发《关于促进小农户和现代农业发展有机衔接的意见》、2019 年 8 月发布的《农业农村部办公厅 财政部办公厅关于进一步做好农业生产社会化服务工作的通知》（农办财〔2019〕54 号）和 2020 年 3 月农业农村部关于印发《新型农业经营主体和服务主体高质量发展规划（2020—2022 年）的通知》（农政改发〔2020〕2 号）等。

（二）当前我国农业农村服务业发展的主要政策精神

近年来关于我国农业农村服务业发展的相关政策文件很多，本文对当前我国农业农村服务业发展政策的分析，主要基于党的十八大以来历年中央一号文件，以及党的十九大以来党中央、国务院和以农业农村部为代表的相关部委涉及农业农村服务业发展的政策文件。考虑到农业农村服务业的政策演变，同等条件下以最新政策为准。概括起来，当前我国农业农村服务业发展的主要政策精神有：

1. 高度重视农业农村服务业发展的战略地位，着力推进其高质量发展

（1）重视农业服务业对促进农业提质增效节本降险的积极作用，把发展农业服务业作为发展现代农业的重要组成部分甚至现代农业产业体系的战略性产业，从破解农业“谁来种地、如何种地”难题、推进多种形式农业适度规模经营、促进农业增效和农民增收的迫切要求出发，从建设现代农业产业体系、生产体系、经营体系和促进小农户与现代农业发展有机衔接的战略高度，重视发展农业服务业、健全（新型）农业社会化服务体系。如农经发〔2017〕6号文件强调，“以培育农业生产性服务战略性产业为目标，大力发展多元化多层次多类型的农业生产性服务”。党的十九大以来，发展农业服务业的重要性和紧迫性更加引起重视，并与实施乡村振兴战略紧密联系起来。

（2）把发展农业农村服务业作为培育农业农村发展新动能、加快农业农村生产方式生活方式转变、推进乡村产业振兴乃至乡村全面振兴的重要途径，从激发农业农村多重功能价值、提升农村民生保障水平、增强农民获得感幸福感安全感的高度，重视并推进农业农村服务业高质量发展。如《乡村振兴战略规划（2018—2022年）》就合理布局乡村生活空间进行决策部署时，要求“着力构建便捷的生活圈、完善的服务圈、繁荣的商业圈”。《国务院关于促进乡村产业振兴的指导意见》（国发〔2019〕12号）要求“突出优势特色，培育壮大乡村产业”，并将提升农产品加工流通业、优化乡村休闲旅游业、培育乡村新型服务业、发展乡村信息产业等作为重要内容。此处除农产品加工业外，其他都属于农业农村服务业。国办发〔2015〕85号文件明确提出，“鼓励在乡村建立综合性服务网点，提高农村居民生活便利化水平”。

（3）把推进高质量发展作为发展农业农村服务业的重大导向，引导其提升服务质量，加强标准化和诚信环境、创新能力等建设。近年来涉及农业

农村服务业发展的诸多政策文件,都把落实高质量发展要求纳入其指导思想。农经发〔2017〕6号文件将创新发展方式、注重服务质量、服务农业农民与坚持市场导向并列，作为加快发展农业生产性服务业的基本原则；并将不断创新服务方式作为专门一部分，将引导服务规范发展作为专门一条加以决策部署，正是为了引导农业生产性服务业高质量发展。农办财〔2019〕54号文件明确“进一步强化管理机制，促进项目任务规范化管理”，并要求公平规范选择服务主体、探索建立服务主体名录管理机制、加强服务质量监管，很大程度上旨在提高农业服务业发展质量。农政改发〔2020〕2号文件强调“加快培育高质量新型农业经营主体和服务主体”“坚持把提升发展质量和效益放在首位”“坚持增强新型农业经营主体和服务主体对小农户的引领、带动和服务能力”；以质量和效益、不以规模和数量论英雄，防止“一哄而上”“重数量轻质量”；要“实现新型农业经营主体和服务主体高质量发展与小农户能力持续提升相协调”。该文件专门部署推动社会化服务规范发展的诸多政策措施，如加强行业管理和服务标准建设、服务组织动态监测、建立服务主体信用评价机制和托管服务主体名录管理制度、加强服务合同管理等，一个重要导向是引导农业服务业或农业社会化服务体系高质量发展。

2. 促进新型服务主体成长和传统服务主体转型升级，完善农业农村服务业利益联结机制

支持发展农业农村服务业，最终需要落实到培育农业农村服务主体上。支撑农业农村服务业发展的服务主体，不仅有供销社、邮政公司、乡村集体经济组织等传统服务主体,还有农业产业化龙头企业、农民合作社、家庭农场、服务专业户、服务企业、投资农业农村的工商资本等新型服务主体，甚至有些新型经营主体通过推进服务化转型转变为新型服务主体。但不同类型服务主体发展的现实基础和面临的问题、制约往往有很大不同。现行政策注意调动一切积极因素，化解不同类型服务主体运行发展面临的痛点、难点，将促进新型服务主体成长和传统服务主体转型升级结合起来。如2013年中央一号文件强调“要坚持主体多元化、服务专业化、运行市场化的方向，充分发挥公共服务机构作用，加快构建公益性服务与经营性服务相结合、专项服务与综合服务相协调的新型农业社会化服务体系”。2015 年中央一号文件提出“全面深化供销合作社综合改革，坚持为农服务方向，着力推进基层社改造，创新联合社治理机制，拓展为农服务领域，把供销合作社打造成全国性为‘三农’提供综合服务的骨干力量”。2020 年 4 月农业农村部办公厅印发的《社会资本投资农业农村指引》将农产品流通业和乡村新型服务业，作为激发社会资本投资活力的重点产业和领域，也是旨在激发服务主体的成长潜能。

当前就总体而言，我国农业农村服务业的发展严重滞后于农业农村经济发展和城乡居民消费水平提高的需求。因此，在激发不同类型服务主体发挥农业农村服务业主动性、积极性、创造性的同时，引导不同类型服务主体完善竞合关系，促进其扬长避短、合作共赢和融合融通，也有利于提高农业农村服务业发展质量。这也是近年来农业农村政策不断强化的方向。如农经发〔2017〕6 号文件强调，“按照主体多元、形式多样、服务专业、竞争充分的原则，加快培育各类服务组织，充分发挥不同服务主体各自的优势和功能”“推动服务主体联合融合发展”“积极发展服务联合体、服务联盟等新型组织形式，打造一体化的服务组织体系”。农政改发〔2020〕2 号文件将推动农业社会化服务组织多元融合发展作为专门一章，明确要求“加快培育各类服务组织，充分发挥不同服务主体各自的优势和功能”“促进各主体多元互动、功能互补、融合发展”。

引导不同类型服务主体完善竞合机制，促进其合作共赢、融合融通，必然涉及在不同类型服务主体之间乃至服务主体与农户之间完善利益联结机制的问题。近年来相关政策日益重视这一点。如农经发〔2017〕6 号文件明确“支持各类服务主体与新型经营主体开展多种形式的合作与联合，建立紧密型利益联结和分享机制”。2018 年中央一号文件提出，“探索公益性和经营性农技推广融合发展机制，允许农技人员通过提供增值服务合理取酬”，实际上也是旨在完善农技推广服务人员与农户之间的利益联结机制。但现行政策在引导不同类型服务主体之间完善利益联结机制的同时，更加重视完善服务主体与农业农村农户之间的利益联结机制。发展农业农村服务业是推进乡村产业振兴的重要途径，国发〔2019〕12号文件明确要求促进乡村产业振兴要将“融合发展、联农带农”作为基本原则之一，“加快全产业链、全价值链建设，健全利益联结机制，把以农业农村资源为依托的二、三产业尽量留在农村，把农业产业链的增值收益、就业岗位尽量留给农民”。

3. 坚持分类支持、精准施策，强化农业农村服务业发展的需求导向

在农业农村服务业发展中，坚持分类支持、精准施策，有利于增强农业农村服务业支持政策的针对性和有效性，提升其整体功能和质量、效益、竞争力。2013年中央一号文件就强调，要“支持农民合作社、专业服务公司、专业技术协会、农民用水合作组织、农民经纪人、涉农企业等为农业生产经营提供低成本、便利化、全方位的服务，发挥经营性服务组织的生力军作用”。2017年中央一号文件强调，“总结推广农业生产全程社会化服务试点经验，扶持培育农机作业、农田灌排、统防统治、烘干仓储等经营性服务组织。支持供销、邮政、农机等系统发挥为农服务综合平台作用，促进传统农资流通网点向现代农资综合服务商转型”。2019年中央一号文件要求“鼓励社会力量积极参与，将农村人居环境整治与发展乡村休闲旅游等有机结合”“完善县乡村物流基础设施网络，支持产地建设农产品贮藏保鲜、分级包装等设施，鼓励企业在县乡和具备条件的村建立物流配送网点”。

需求是农业农村服务业发展的真正动力。供给能否有效满足需求，也是判别农业农村服务业发展质量的重要依据。近年来的农业农村政策日益强调农业农村服务业发展，要面向农业农村生产、城乡居民生活和农业农村创新创业的需求。如近年的相关文件反复强调“鼓励发展多种形式适度规模经营，健全面向小农户的农业社会化服务体系”，正是基于促进小农户与现代农业发展有机衔接的需求导向。《乡村振兴战略规划（2018—2022年）》要求，“加强农商互联，密切产销衔接，发展农超、农社、农企、农校等产销对接的新

型流通业态”。2019 年中央一号文件强调“加强和改善农村残疾人服务”“充分发挥乡村资源、生态和文化优势，发展适应城乡居民需要的休闲旅游、餐饮民宿、文化体验、健康养生、养老服务等产业”“加强就业服务和职业技能培训，促进农村劳动力多渠道转移就业和增收”“支持建立多种形式的创业支撑服务平台，完善乡村创新创业支持服务体系”“加强创新创业孵化平台建设，支持创建一批返乡创业园，支持发展小微企业”。2020 年中央一号文件强调，“完善农村留守儿童和妇女、老年人关爱服务体系”“加强对中小散养户的防疫服务”等。这些都体现了强烈的需求导向，聚焦解决当前农业农村服务业发展面临的问题。

4. 聚焦农业农村服务业“抓重点、补短板、强弱项”，并突出发展经营性服务

如农经办〔2017〕19 号文件明确要求“各地要坚持因地制宜原则，根据本地区情况，确立在当地重点支持开展推广的农产品生产、托管环节、托管模式以及重点支持的服务规模经营形式”，“把粮棉油糖等大宗农产品生产的托管作为重点支持对象”“应重点支持规模效益比较突出、带动农户比较多的服务规模经营”。《乡村振兴战略规划（2018—2022 年）》明确要求“强化农业生产性服务业对现代农业产业链的引领支撑作用，构建全程覆盖、区域集成、配套完备的新型农业社会化服务体系”。近年来国家支持发展农业服务业，如农办财〔2019〕54 号文件强调“进一步聚焦农业生产托管为主的服务方式”“重点支持关系国计民生的农产品生产”“资金补助方向要进一步突出重点服务环节”“服务对象要进一步突出小农户”，也是农业农村服务业发展注意“抓重点，补短板，强弱项”的体现。

“抓重点、补短板、强弱项”，在处理公益性服务与经营性服务的关系上，就是强调突出发展经营性服务业。如农经发〔2017〕6 号文件强调，“立足服务农业生产产前、产中、产后全过程，充分发挥公益性服务机构的引领带动作用，重点发展农业经营性服务”。2018 年中央一号文件进一步提出，“培

育各类专业化市场化服务组织，推进农业生产全程社会化服务，帮助小农户节本增效”。

近年来，农产品市场营销服务和农机服务业广受关注，主要是因为它们是农业经营性服务业发展的重点或潜力所在，也是当前农业或农业服务业发展面临的短板和弱项。如2016年中央一号文件要求“支持农产品营销公共服务平台建设”。2018年中央一号文件强调，“重点解决农产品销售中的突出问题,加强农产品产后分级、包装、营销,建设现代化农产品冷链仓储物流体系，打造农产品销售公共服务平台，支持供销、邮政及各类企业把服务网点延伸到乡村，健全农产品产销稳定衔接机制”。2014年中央一号文件提出，“积极发展农机作业、维修、租赁等社会化服务,支持发展农机合作社等服务组织”。2018年12月发布的《国务院关于加快推进农业机械化和农机装备产业转型升级的指导意见》（国发〔2018〕42号）将“积极发展农机社会化服务”作为专门内容进行决策部署，明确要求发展农机社会化服务组织、推进农机服务机制创新。2019年2月中共中央办公厅、国务院办公厅印发的《关于促进小农户和现代农业发展有机衔接的意见》强调，“支持小农户通过联户经营、联耕联种、组建合伙农场等方式联合开展生产，共同购置农机、农资，接受统耕统收、统防统治、统销统结等服务，降低生产经营成本”“大力培育适应小农户需求的多元化多层次农业生产性服务组织”“重点发展小农户急需的农资供应、绿色生产技术、农业废弃物资源化利用、农机作业、农产品初加工等服务领域”。

5.培育农业农村服务业新技术新业态新模式，促进数字农业数字乡村等载体和平台建设

近年来，在农业农村服务业迅速发展的过程中，其新技术新业态新模式迅速崛起，成为培育农业农村发展新动能的重要途径。现行政策也比较重视这一点。早在2013年的中央一号文件就提出，“鼓励搭建区域性农业社会化服务综合平台。发展专家大院、院县共建、农村科技服务超市、庄稼医院、专业服务公司加合作社加农户、涉农企业加专家加农户等服务模式，积极推行技物结合、技术承包、全程托管服务，促进农业先进适用技术到田到户”。在2018年以来的中央一号文件和国发〔2019〕12号文件中，对于农业农村服务业新产业新业态的用地支持不断明确并强化。2019年中央一号文件将发展乡村新型服务业进行专门决策部署，明确要求“支持供销、邮政、农业服务公司、农民合作社等开展农技推广、土地托管、代耕代种、统防统治、烘干收储等农业生产性服务。充分发挥乡村资源、生态和文化优势，发展适应城乡居民需要的休闲旅游、餐饮民宿、文化体验、健康养生、养老服务等产业。加强乡村旅游基础设施建设，改善卫生、交通、信息、邮政等公共服务设施”。2020年中央一号文件强调，要“推广统防统治、代耕代种、土地托管等服务模式”“有效开发农村市场，扩大电子商务进农村覆盖面，支持供销合作社、邮政快递企业等延伸乡村物流服务网络，加强村级电商服务站点建设，推动农产品进城、工业品下乡双向流通”。2020年4月农业农村部发布《关于组织开展中国农业社会化服务平台试点工作的通知》，拟“探索通过农服平台实现社会化服务供需双方信息线上对接、线下服务的有效运行模式，依托互联网把小农户引领到现代农业发展轨道；探索解决农业农村部门监管成本高、核查难度大等财政支持项目普遍面临的突出问题”“推动整合服务资源，畅通供需对接渠道”。这些也是支持农业农村服务业新技术新业态新模式的重要体现。

与此同时，农业农村服务业新技术新业态新模式与传统技术业态模式融合发展的态势日趋强化，有效提升了农业农村服务业的系统功能，其中电子商务、网络平台型企业和与数字农业数字乡村相关的农业农村服务业尤其引人瞩目。在此方面，相关政策的引导发挥了重要的助推作用。《乡村振兴战略规划（2018—2022年）》提出，“深入实施电子商务进农村综合示范，建设具有广泛性的农村电子商务发展基础设施，加快建立健全适应农产品电商发展的标准体系”“大力发展数字农业，实施智慧农业工程和“互联网+”现代农业行动，鼓励对农业生产进行数字化改造，加强农业遥感、物联网应用，提高农业精准化水平。发展智慧气象，提升气象为农服务能力”。2019年中央一号文件将实施数字乡村战略作为专门一条进行决策部署。在此基础上，2019年5月中共中央办公厅、国务院办公厅印发了《数字乡村发展战略纲要》，2020年1月农业农村部和中央网络安全和信息化委员会办公室印发了《数字农业农村发展规划（2019—2025年）》（农规发〔2019〕33号）。国家发展改革委还会同有关部门启动了“数字化转型伙伴行动”，推动构建数字化产业链，培育数字化生态，支撑经济高质量发展。2020年5月，中央网信办、农业农村部、国家发展改革委、工业和信息化部联合印发《关于印发〈2020年数字乡村发展工作要点〉的通知》，其中涉及推动乡村数字经济发展和农业农村数字化转型等重点任务。近年来，“互联网+农业”和实施“互联网+小农户”计划日益受到各级政府的重视。这些都与发展农业农村服务业新技术新业态新模式，或推进农业农村服务业数字化转型密切相关。

6. 创新制度环境和政策支持方式，实施发展农业农村服务业重大工程和项目

2013年中央一号文件明确，“对符合条件的农业经营性服务业免征营业税”，这是一个比较得力而又接地气的支持农业经营性服务业政策创新。近年来，中央政策鼓励通过政府购买服务、财政补贴、以奖代补等方式，支持具有资质的经营性服务组织从事、并鼓励引导社会力量参与农业公益性服务。2015年《农业部办公厅关于开展政府向经营性服务组织购买农业公益性服务机制创新试点工作的通知》，决定在粮食、棉花、畜牧、水产等主产区及工作基础条件较好的辽宁、安徽、新疆等8个省（自治区）各选择2—3个县（市、区、场）集中力量开展政府向经营性服务组织购买农业公益性服务机制创新试点。2013年财政部安排5亿元农业技术推广和服务资金，支持江苏、江西、山东、安徽等8个粮食主产省开展农业生产全程社会化服务试点。2015年此项试点扩大到17个省（市、自治区），旨在按照政府购买社会化服务或政府支持农业生产者购买社会化服务等方式，加强对农业生产社会化服务关键领

域、薄弱环节的支持，促进农业社会化服务组织多元化发展，健全覆盖全程、综合配套、便捷高效的农业社会化服务体系。2016 年在开展此项试点的同时，又在 17 个试点省中选择河北等 10 省开展畜禽粪污综合利用试点。借此，促进农业社会化服务实现从农业生产单个环节向全程生产服务转变，从小规模分散服务向大规模整建制服务转变，从资源消耗型生产方式向集约型现代农业生产方式转变[1]。2017 年到 2019 年 3 年间，中央财政对农业生产托管服务的支持资金达到 110 亿元。

此外，随着农业农村服务业的发展，对农业农村服务业的支持方式日益多元化。如 2013 年中央一号文件提出，“开展农业社会化服务示范县创建。整合资源建设乡村综合服务社和服务中心”。2017 年中央一号文件明确鼓励“建立一批现代农业产业科技创新中心和农业科技创新联盟，推进资源开放共享与服务平台基地建设”。农经发〔2017〕6 号文件明确“支持各地通过政府购买服务、以奖代补、先服务后补助等方式，支持服务组织承担农业生产性服务”。《乡村振兴战略规划（2018—2022 年）》提出的电子商务进农村综合示范、农商互联、休闲农业和乡村旅游精品工程、农村“星创天地”等重大工程或行动，农政改发〔2020〕2 号文件拟组织实施的小农户生产托管服务促进工程等农业社会化服务组织创新提升工程和新型农业服务主体经营者教育培训工程，也是支持农业农村服务业的重要方式。在 2020 年国家强农惠农富农政策中，有些与支持农业农村服务业直接相关，如农机深松整地作业补助政策、动物防疫补助政策、农业保险支持政策、财政支持建立全国农业信贷担保体系政策、东北黑土地保护性耕作作业补助政策、休闲农业和乡村旅游发展支持政策、农业电子商务发展支持政策、加快发展农业生产性服务业政策、大力推广农业生产托管政策、基层农技推广改革与建设补助政策；其他多数包含部分农业农村服务业支持政策或与此间接相关。如农机购置补贴政策、农机报废更新补贴试点政策、农机安全监理免费政策、农产品质量

[1]《农业部办公厅、财政部办公厅关于做好 2016 年农业生产全程社会化服务试点工作的通知》，农财办〔2016〕36 号。

安全县创建支持政策、农村创新创业支持政策、乡村特色产业发展支持政策等[1]。

三、现行农业农村服务业发展政策的主要问题

近年来，就总体而言，我国农业农村服务业发展政策顺应了农业农村服务业迅速发展和实施乡村振兴战略的需求，呈现加快完善、日益实化细化的趋势。但是，农业农村服务业发展政策仍然面临若干问题，主要表现在以下方面：

（一）政策统筹和综合协调不足，立足当前、着眼长远仍需加强

当前农业农村部农村合作经济指导司负责指导农业社会化服务体系建设，并成立社会化服务处，可以说是农业服务业综合管理部门。但农村服务业尚无专门的综合管理机构。农村科技服务、农村健康服务、农村养老服务、农村物流服务等相关宏观管理职能分散于相关部委的相关司局和处室。形成这种格局的原因很多，其中一个重要原因是，农村服务业涉及领域广、专业性强，且类型差异显著；并且许多农村服务业需要通过与其他服务业甚至与工业、农业融合发展来扩张和升级市场，进而获得发展机会。但是，缺乏综合性的农业农村服务业宏观管理机构，不仅导致农村服务业在政策上难以得到有效的统筹谋划和综合协调，也在很大程度上影响农业、农村服务业的政策协调和良性互动。这对于统筹推进农业农村现代化也是不利的。其具体表现是：

[1] 农业农村部政策与改革司：《农民文摘·2020 年国家强农惠农富农政策专刊》，《中国农村》2020 年第 5 期。

1. 农村服务业政策密度小而分散，对农业农村服务业的政策统筹和整合不够

农村服务业领域在总体上明显大于农业服务业。对农业服务业的政策支持，具体表现为对农业社会化服务体系或农业生产性服务业、农业生产托管服务发展等方面，近年来围绕这些方面出台的政策很多，有的以专门文件形式出现，有的散见或以条目形式存在于范围更广的支持政策之中。虽然涉及农村服务业的政策文件在总体上明显多于农业服务业，但相对于其广阔的领域而言，农村服务业支持政策在“密度”上要小得多，而且多与加强农村公共服务或农村一二三产业融合发展密切相关，如关于开展休闲农业和乡村旅游升级行动、关于促进农村电子商务发展的文件。事实上，除此之外还有一些农村生活性服务业和服务于乡村产业的生产性服务业，也是农村服务业的重要内容，如许多服务于乡村制造业集群和乡村产业区、产业园的生产性服务业，农村金融保险业、农村交通运输业、农村科技服务业、农村创新创业服务业等。近年来，国家鼓励发展的现代农业产业园、农村产业融合发展示范园、农业产业强镇等，更需要农业农村服务业镶嵌其中或与其对接互动。对这些方面的重视和支持不足，不仅不利于乡村产业振兴，对于激发乡村多重功能价值、改善农村民生状况也有不利影响。虽然政府相关部门对相关领域可能也有支持政策，但在农村服务业不同领域之间统筹协调不够，也容易导致政策支持畸轻畸重，妨碍政策支持进而影响农村服务业发展的系统性、整体性和协同性。尤其是对发展农业农村经营性服务业缺乏有效的统筹协调，容易导致相关新政的出台难以适当聚焦，并容易出现政策支持面面俱到，甚至政策支持重点在不同类型服务之间、体系与特定重点之间游离摇摆的现象[1]。

[1] 如在农业农村服务业支持重点的选择中，有的文件之间缺少有效衔接，甚至各说各话。如有的文件强调支持服务设施建设，下个文件则强调支持服务能力建设，再下个文件又强调服务设施建设。

2. 从战略和现实的结合上统筹考虑农业农村服务业发展和布局优化，更是现行政策的薄弱环节

如从推进新型城镇化与乡村振兴“双轮驱动”和构建更加有效的区域协调发展新机制等高度，完善农业农村服务业支持政策，优化其区域布局，鼓励重点打造本土化、区域化、都市圈一体化的农业农村服务业发展网络，都应是农业农村服务业政策支持的重要导向。这有利于增强农业农村服务业网络的本土根植性和抗风险能力，有利于缓解农业或乡村企业产品大范围、长距离运输形成的产品损耗、污染排放和动植物疫病传播、供应链中断风险，也有利于更好地发挥都市圈内核心城市对梯级节点城市、小城镇进而广域乡村的辐射带动作用，培育以城带乡、城乡互促、产业融合的服务业发展格局，并将更多的就业增收和发展机会留给农业和乡村。引导不同类型地区农业农村服务业错位竞争和差异化协同发展，培育其区域特色和差异化竞争能力，也有利于减少农业农村服务业发展中的重复建设、盲目投入和过度竞争问题。这是构建更加有效的区域协调发展新机制的基本要求。但是，迄今为止，这方面的政策比较鲜见。

再如随着工业化、信息化、城镇化的发展和区域经济一体化的深入推进，随着此次新冠肺炎疫情冲击连锁影响的持续释放，许多地方区域城镇体系布局很可能面临较大重组，进而对部分地区发展农业农村服务业的区位比较优势和未来格局形成较大影响。现行政策很少考虑这些问题。实际上，《国家发展改革委关于印发〈2019 年新型城镇化建设重点任务〉的通知》（发改规划〔2019〕0617 号）已经提出“中小城市发展要分类施策，都市圈内和潜力型中小城市要提高产业支撑能力、公共服务品质，促进人口就地就近城镇化；收缩型中小城市要瘦身强体，转变惯性的增量规划思维，严控增量、盘活存量，引导人口和公共资源向城区集中；……稳步增设一批中小城市，落实非县级政府驻地特大镇设市”。《国家发展改革委关于印发〈2020 年新型城镇化建设和城乡融合发展重点任务〉的通知》（发改规划〔2020〕532 号）进一步要求，

“推进以县城为重要载体的新型城镇化建设”“统筹新生城市培育和收缩型城市瘦身强体”。但是，现行农业农村服务业发展政策对此尚未给予关注。当然，相关文件出台时间短也是重要原因之一。

（二）政策创新仍然滞后，亟待增强针对性、适应性和可落地性

农业农村服务业既包括传统服务业，如普通的商贸服务、农产品或农村交通运输服务等；又包括现代服务业或新兴服务业，如数字农业或数字乡村服务，农业生产托管服务，涉农供应链管理服务等。近年来，农业农村服务业在总体加快发展的同时,其中的现代或新兴服务业日益成为其重要增长点，也是其最具活力和创新特质的部分，成为培育农业农村新技术新业态新模式最为活跃的领域之一。部分地区农业农村现代服务业、新兴服务业的发展，实践走在理论和政策研究的前面,容易出现政策创新滞后于实践创新的问题，妨碍对农业农村服务业的前瞻引导和分类施策。如在农业农村公共服务与市场化经营性服务之间、生产性服务与生活性服务之间，甚至不同类型的新兴服务业之间，往往具有不同的产业属性和运行特征；对此科学把握不够，很容易导致相关支持政策“张冠李戴”，出现类似“治头疮在脚上开刀”的问题，影响政策的精准性和有效性。况且，有些农业农村服务业发展的实践创新，基于特定区域农业农村发展的特殊资源禀赋、服务需求和文化特质，将其简单移植到其他地区，容易出现“南橘北枳”的效果。如在东北平原地区、西南山区之间，东南沿海地区和广大中西部地区之间，大中城市郊区和普通乡村地区之间，农业农村服务业发展的适宜条件往往差异很大。农业农村服务业发展的理论和政策创新，需要基于不同类型地区、不同类型服务业的比较研究，科学把握农业农村服务业的生成机理、演进逻辑和区域特征，更好地做到因地制宜。

此外，近年来支持农业农村服务业发展的许多政策，存在理念引导多、政策倡导多、政策实施机制少而虚的问题。许多政策采取“要”“引导”“鼓励”“推动”“支持”等促进型表述方式，但往往难以及时跟进切实有效的

支持措施和得力的激励—督促约束机制，容易出现政策软、见效慢的问题，政策含金量有待提高。当然，形成这种现象的一个重要原因是，许多政策措施的细化实化，需要经历一个循序渐进的过程；但相关调研不足，对农业农村服务业发展中的痛点难点和兴奋点把握不够，影响政策支持的针对性和有效性，“政策好、落实难”，成为政策创新亟待解决的重要现实问题。比如，有的政策文件鼓励不同类型的经营主体之间加强联合合作，培育服务联合体、服务联盟等新型组织方式，甚至围绕产业链、供应链打造服务链。但如何形成有效的实施机制和支持措施，确保这种农业农村服务业发展的愿景能够变成风景，仍需持续深耕，不断发力。

（三）关注当前服务供给偏多，关注增强产业竞争力和可持续发展能力少

当前我国农业农村服务业发展中的问题，主要包括总量、结构、质量、竞争力和可持续性发展能力等方面。农业农村服务业供给在总体上严重不足，在结构上存在低端供给过剩和中高端供给不足，或服务供求不匹配、精细化体验化不够等问题。服务质量问题从本质上说也是结构问题，但相对于实物产品生产，服务业质量评价难度更大，有必要将其从服务业结构问题中独立出来进一步强调[1]。服务业的效益和效率，决定和影响其产业竞争力，包括市场竞争力和资源竞争力。考虑农业农村服务业发展，更应重视这一点。一个区域农业农村服务业效率高、效益好，就更有可能凝聚更多的资源和高级要素，也更有可能开拓其他地区的农业农村服务业市场，或凝聚其服务需求。农业农村服务业效率高、效益好，在与工业服务业、城市服务业的竞争中，才更有可能凝聚更多的资源和高级要素，更有可能开拓更多更好的市场，并规避工业或城市服务业发展的挤压效应。因此，农业农村服务业的竞争力问题，也在一定程度上反映着其区域布局问题。服务业质量效益，进而服务业竞争力，

---

[1] 主要原因是，通常服务质量评价和控制的难度更大，服务体验的重要性更强，同一服务对不同客户的价值和客户满意度往往也有很大差别。况且，提高服务质量与提高服务业质量也有一定不同（姜长云，2018）。

影响其可持续发展。没有效益、效率的农业农村服务业，最终很难形成可持续发展能力。因此，发展农业农村服务业，要注意在发展中培育可持续发展能力。但又不能简单依据农业农村服务企业当前的效益效率状况，来评判其可持续发展能力[1]。

当前就总体而言，农业农村服务业发展在上述5个方面的问题都比较严重，都应引起足够重视，并为此采取措施“抓重点、补短板、强弱项”。但是，“抓重点、补短板、强弱项”有两种方式，一种是主要基于解决当前供给问题的适应性调整，更多关注当前农业农村服务业发展的总量、结构和质量问题，疏于重视服务业竞争力和可持续发展能力；另一种是立足当前、着眼长远的战略性调整，将关注当前农业农村服务业供给问题同关注培育其竞争力和可持续发展能力结合起来。就总体而言，现行农业农村服务业政策更多地带有前述适应性调整的特征，战略性调整特征亟待加强，对如何提高农业农村服务业的效益、效率，进而竞争力和可持续发展能力关注不够。如现行农业服务业支持政策虽然注意按照公平竞争、规范择优方式“选择规范化、专业化、社会化的服务组织承担项目任务”，并对服务主体有基本条件要求；也明确“补助资金可以补服务主体，也可以补农户，坚持让小农户最终受益”等要求；但在政策执行中往往还是主要补服务主体，少见补农户。因此，难以通过农户作为需求主体的自主选择，引导和督促农业服务主体提升服务质量，推进服务企业优胜劣汰。

此外，现行农业服务业发展政策要求项目任务补助资金的使用方向“聚焦一家一户小农办不了、办不好或办了不划算的农业生产环节”。应该说，这把握准了促进小农户与现代农业发展有机衔接的要害之处。但如何通过加强面向农业服务主体的服务体系或能力建设，帮助这些农业服务主体解决自

[1] 有些农业农村服务企业，特别是新兴服务业在发展初期，基于培育市场、集聚资源、构筑社会网络的考虑，可能当前的效益、效率很差，甚至或多或少地带有“我拿青春赌未来”的性质；但却是在为未来发展蓄能，在发展过程中培育获得效益、效率的能力，增强发展的可持续性。但就总体而言，农业农村服务业发展不能主要依靠那些长期缺乏效益效率的企业，否则其发展风险往往很高。2020年暴发的新冠肺炎疫情给我们提供的重要警示之一，是要注意产业发展风险的防范和控制。

身“办不了、办不好或办了不划算”的服务供给问题，现行政策仍存在关注不足的问题。如通过培训等方式提高服务主体经营者素质的问题，只在农政改发〔2020〕2号文件等少数文件中有专门决策部署。至于引导网络平台型企业为农业农村服务主体赋能发展，鼓励行业协会、产业联盟等在推进农业农村服务业高质量发展中发挥作用，鼓励工商资本、城市企业等投资发展农业农村服务业，完善农业农村服务业行业治理并创新监管方式、完善农业农村服务业营商环境和风险防范机制等，仍是现行政策的薄弱环节。类似问题在农村服务业中，往往比农业服务业更为严重。

（四）政策执行标准偏松且存在局部异化现象，聚焦政策目标并强化公平竞争不足

以农业服务业支持政策为例，现行政策很早就强调聚焦支持小农户，坚持公平竞争。如《农业部 财政部关于支持农业生产社会化服务工作的通知》（农办财〔2017〕41号）明确“要始终坚持带动而不是代替农户发展的原则，把服务小农户作为政策支持的主要对象，着力解决小农户的规模化生产难题”“补助标准不能影响服务价格形成，不能干扰农业服务市场正常运行，引导农业生产社会化服务长期健康发展”。农办计财〔2019〕54号文件进一步强调“服务对象要进一步突出小农户”并“防止政策‘垒大户’”“要分别确定服务小农户和规模经营主体的补助标准；根据农民的认知和接受程度，以及服务市场的发育成熟度，补助标准可相应逐步降低”。但在政策实施过程中，聚焦支持小农户不够、补助标准偏高影响服务价格形成，甚至服务小农户和规模经营主体的补助标准差距不明显，诸如此类的问题至少在部分地区还是存在的。如农办计财〔2019〕54号文件规定“项目任务实施县安排服务小农户农业生产社会化服务的补助资金或面积，占比应高于60%”。这在部分土地流转程度比较高的地区，可能足以保证小农户优先得到服务；但在那些土地流转比较一般因而小农户比较多的地区，如何保证更多的小农户获得有效服务，可能就是一个问题。因为相对于规模经营主体，面向小农户的农业生产社会化服务，成本和交易成本往往大得多，实现盈利难、风险高。相比之下，面向规模经营主体的农业生产社会化服务容易实现盈利，并降低经营风险。因此，相对于面向规模经营主体，农业服务主体存在面向小农户提供服务动力较弱的问题。

现行政策要求“因地制宜确定资金补助标准与补助方式”，这有利于进一步聚焦项目目标，更好地提升财政资金的支持效果。但要求“原则上财政补助占服务价格的比例不超过30%，单季作物亩均各关键环节补助总量不超过100元”“对贫困地区、丘陵山区，原则上财政补助占服务价格的比例不超过40%”，此项政策尽管在当前来看有其合理性，但从长期来看，类似补助标准偏高，有可能影响服务价格形成，并与公平竞争制度相悖。虽然中央政府相关部门已经明确了“补助标准可相应逐步降低”的方向，但如果缺少有效的督促机制，在政府层面特别是地方政府层面，往往缺少推动补助标准“逐步降低”的动力。

农业农村服务业发展中的政策异化现象，在农业服务业发展中比较典型。如少数地方在发展农业生产托管服务的过程中，比较推崇让农民当“甩手掌柜”的模式，在农业发展中不是搞“帮助农民”而是搞“代替农民”。在此背景下，本来旨在促进小农户与现代农业发展有机衔接的农业生产托管支持政策，在少数地区可能会出现以下问题：不仅没有做到促进小农户与现代农业发展有机衔接，实际上推动小农户退出现代农业。如许多地方支持的农业生产全程托管服务，作为发展农业生产托管的重要方式，属于农业服务业发展应该加强的方向。在规范意义上的农业生产全程托管中，田间管理应是农户自己的事。农业再生产作为自然再生产和经济再生产的统一，也决定了农户家庭经营从事田间管理有其比较优势。但部分地区发展的农业生产全程托管，倡导甚至推动农户对农业田间管理不管不问，这就不是帮助农民，而是“代替农民”；是将农业生产托管异化为让农民放弃了土地经营权的农业土地托管。

（五）完善利益联结机制仍待加强，创新绩效评价机制日趋紧迫

现行政策虽然重视完善农业农村服务业发展的利益联结机制，但在创新和完善利益联结机制方面仍有亟待改进的空间。比如，有些政策文件要求在新型农业服务主体与小农户之间建立紧密型利益联结机制，但是否具备完善紧密型利益联结机制的条件则很难说。从大量地区调研来看，完善紧密型利益联结机制固然重要，完善稳定、可持续的利益联结机制更加关键；甚至有时追求利益联结的紧密性，是以放弃利益联结的广惠及性为代价的，导致实际惠及的农户数明显减少。有的政策文件要求推进农业与农产品流通业融合发展，推进“生产基地＋中央厨房＋餐饮门店”“生产基地＋加工企业＋商超销售”等产销模式和直供直销、“互联网＋农业”，推进农业与文化旅游、健康养生等服务业融合发展，但缺乏切实具体有效的利益联结机制推进其实现。有些地方只强调完善服务主体同农户之间的利益联结机制，但不注意维护服务主体和农户的合法权益。有些地方为争取农业农村服务业发展用地，或引导农业农村服务业需求集中，强制农民在短期内“集中上楼”或“撤村并居”，实际上损害了农民居住和生活的便利。有些地方将完善服务主体同农户的利益联结机制简单等同于带动农户增收，很少顾及带动农户就业并提升发展和风险防范能力，甚至将带动农户就业增收建立在损害农户在地生态和居住便利的基础之上。抑或将引导服务主体带动农户就业增收提能，建立在高额财政补贴的“诱惑”之上，不注意培育稳健可持续的利益联结机制，并强化服务主体同农户之间增进利益联结的内生动力。待相关财政支持项目实施到期后，服务主体与农户之间的利益联结又复归于“互不相干”的原位。可见，完善同农户的利益联结机制亟待拓宽视野。

现行政策明确“财政部、农业农村部将加强对各省项目任务执行情况的年度绩效评价，按照谁安排项目任务谁负责绩效评价的原则”。这对于提高财政资金的使用绩效，用其积极意义。但在这种“自弹自评”方式下，容易高估农业农村服务业政策支持的成效和其竞争力、可持续发展能力。因此，

怎样保障绩效评价的公正性、客观性，并借此形成提升农业服务业发展质量和效益效率的激励机制？这个问题值得认真思考。

四、中长期我国农业农村服务业发展环境的变化及需求

（一）后小康时代推进乡村振兴和城乡融合发展，给农业农村服务业赋予新的使命和时代要求

到2020年全面建成小康社会、打赢脱贫攻坚战是我们党对全社会的庄严承诺。今年突如其来的新冠肺炎疫情给我国经济社会发展带来了严峻挑战，但中央仍反复强调要“确保完成决战决胜脱贫攻坚目标任务，全面建成小康社会”。为表述方便，我们将全面建成小康社会后的经济社会发展阶段简称“后小康时代”。在后小康时代，我国“三农”工作重点将转入全面实施乡村振兴战略。农业农村服务业发展，作为发展乡村产业的重要内容，有利于激发农业农村的多重功能价值，可以为丰富乡村振兴内涵提供坚实支撑；可以为协调城乡、衔接工农提供桥梁纽带。要按照推进城乡融合发展的战略需要和现实需求，推进乡村产业融入本土化、区域化、都市圈一体化的区域生产网络；要有效引导和承接城市人才、要素下乡参与乡村振兴，都需要发挥服务业的引擎和“粘合剂”作用，积极培育产业融合带动城乡融合新格局：通过城市服务业引领和带动农业农村服务业发展，通过农业农村服务业发展更好地引领、带动农业农村产业转型升级和农村一二三产业融合发展，为改善民生和加快农业农村生产生活方式转变提供支撑。

除此之外，农业农村服务业发展要顺应发展阶段变化，结合实施乡村振兴战略，努力实现三方面的目标任务，一是进一步巩固全面建成小康社会和脱贫攻坚成果，推动建设更高水平的全面小康社会，建立稳定脱贫、防止返贫和积极解决相对贫困问题的长效机制，努力使广大农民的获得感、幸福感、安全感更加充实、更有保障、更可持续；二是面向到2035年基本实现社会主义现代化的战略需求，围绕推进由全面小康社会向富裕社会跨越的“重点突破”和“局部质变”，扎实推进加快实现农业农村现代化新征程；三是顺应城乡居民收入和消费水平提高后人民群众对美好生活需求日益个性化、多样化、优质化、绿色化、服务化的趋势，更好地引领支撑农业和乡村产业发展，引导集聚城乡需求，并促进供求衔接匹配和产业提质增效，将推动经济发展、增进民生福祉和防范化解重大风险有机结合起来。

具体来说，推进农业高质量发展和农业现代化，日益要求发挥农业生产性服务业对推进农业提质增效节本降险的积极作用，帮助农业更好地解决“谁来种地、如何种地；谁来养猪，如何养猪”等农业发展方式转变难题；把农业生产性服务业作为现代农业的战略性新兴产业，引导其培育创新力、竞争力和可持续发展能力；结合打造本土化、区域化、都市圈一体化的农业供应链，加强区域农业生产性服务网络建设，减少农产品大范围、长距离运输导致的农业资源浪费、环境污染、疫病传播风险，增强本地化农产品基本供给保障。

从农业农村现代化的需求来看，日益要求农业农村服务业成为吸纳优质资源、人才和要素植入农业农村的通道，成为凝聚、引导和激发城乡需求特别是服务需求的平台，更好地满足人民群众日益增长的个性化、多样化、服务化、体验化消费需求，成为建设更高水平的全面小康社会的坚实支撑。激发农业农村多重功能和价值，也要求农业农村服务业更好地提升农业农村的生产功能，激活农业农村的生活、生态、文化功能，提升农业农村的科技内涵和人文魅力、生活气息，进而增进农业农村人气和对人才的吸引力。城乡消费需求的加速分化，也日益要求通过农业农村服务业发展更好地呼应供给侧结构性改革的需求，在继续推进大众型产业供求衔接的同时，更好地推进小众型产业的供求匹配和风险防控。加强农村基本公共服务，推进城乡应急体系和应急能力建设的一体化，也需要农业农村服务业提供载体。

（二）农村人口老龄化提速叠加农村劳动力老弱化，给农业农村发展带来严峻挑战和新的需求

自 2000 年开始进入老龄化社会以来，我国老龄化迅速推进。尤其是进入“十三五”以来，我国人口老龄化进一步提速，老年人口（即 65 周岁及以上人口）占总人口的比重提升幅度拉大，带动老年抚养比提升幅度明显扩大。与此同时，少儿抚养比在经历进入本世纪以来的逐年下降后，从 2014 年开始逐年回升。因此，继进入本世纪以来经历了总抚养比的逐年下降后，从 2011 年以来，特别是进入“十三五”以来，我国总抚养比又开始步入回升轨道，且近年来回升步伐加快（详见表 7–2 和图 7–3、图 7–4）。人口快速老龄化，不只是抑制劳动力供给的增加，容易推高产业发展的劳动力成本；还可以为健康产业、养生养老、文化旅游等产业发展带来新的需求（姜长云，2020）。

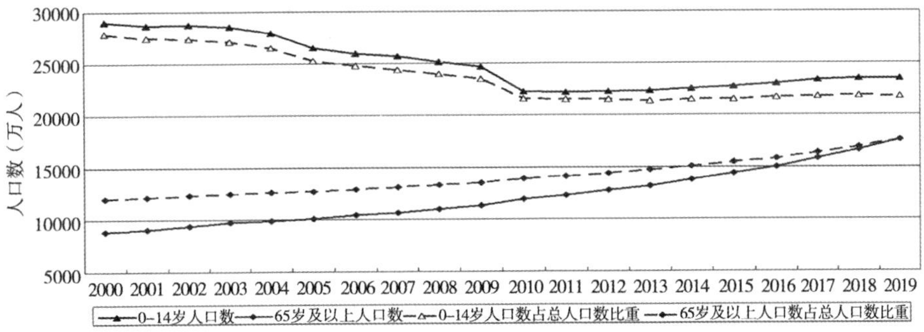

图 7–3　近年来我国人口年龄结构的变化

近年来，随着工业化、信息化、城镇化的加快推进，农村青壮年劳动力大量进城，带动我国农村劳动力老弱化、农村人口老龄化加快发展，其程度明显高于城市。按照以 2010 年 11 月 1 日零时为标准时点的第六次全国人口普查数据，老年人口（65 周岁及以上）占总人口的比重，全国为 8.92%，乡

村为 10.06%；高龄人口（80 周岁及以上人口）占总人口的比重，全国为 1.57%，乡村为 1.80%；乡村老年人口占总人口的比重、高龄人口占总人口的比重分别高出全国平均水平 1.14 个百分点和 0.23 个百分点。同期，在 6 岁及以上人口中，高中及以上文化程度的人口数占比，全国为 24.55%，乡村仅为 9.78%[1]。

表 7–2　2000 年以来各年末我国各年龄段人口数及其占比、人口抚养比的变化

年份	对应年龄段人口数（万人）			对应年龄段人口数占总人口数比重（%）			抚养比（%）		
	0—14 岁	15—64 岁	65 岁及以上	0—14 岁	15—64 岁	65 岁及以上	总抚养比	少儿抚养比	老年抚养比
2000	29012	88910	8821	22.9	70.1	7.0	42.6	32.6	9.9
2001	28716	89849	9062	22.5	70.4	7.1	42.0	32.0	10.1
2002	28774	90302	9377	22.4	70.3	7.3	42.2	31.9	10.4
2003	28559	90976	9692	22.1	70.4	7.5	42.0	31.4	10.7
2004	27947	92184	9857	21.5	70.9	7.6	41.0	30.3	10.7
2005	26504	94197	10055	20.3	72.0	7.7	38.8	28.1	10.7
2006	25961	95068	10419	19.8	72.3	7.9	38.3	27.3	11.0
2007	25660	95833	10636	19.4	72.5	8.1	37.9	26.8	11.1
2008	25166	96680	10956	19.0	72.7	8.3	37.4	26.0	11.3
2009	24659	97484	11307	18.5	73.0	8.5	36.9	25.3	11.6
2010	22259	99938	11894	16.6	74.5	8.9	34.2	22.3	11.9
2011	22164	100283	12288	16.5	74.4	9.1	34.4	22.1	12.3
2012	22287	100403	12714	16.5	74.1	9.4	34.9	22.2	12.7
2013	22329	100582	13161	16.4	73.9	9.7	35.3	22.2	13.1
2014	22558	100469	13755	16.5	73.4	10.1	36.2	22.5	13.7
2015	22715	100361	14386	16.5	73.0	10.5	37.0	22.6	14.3
2016	23008	100260	15003	16.7	72.5	10.8	37.9	22.9	15.0
2017	23348	99829	15831	16.8	71.8	11.4	39.2	23.4	15.9
2018	23523	99357	16658	16.9	71.2	11.9	40.4	23.7	16.8
2019	23492	98910	17603	16.8	70.6	12.6	41.5	23.8	17.8

资料来源：根据《中国统计年鉴 2019》和《中华人民共和国 2019 年国民经济和社会发展统计公报》整理。

[1] 资料来源：国家统计局网站。

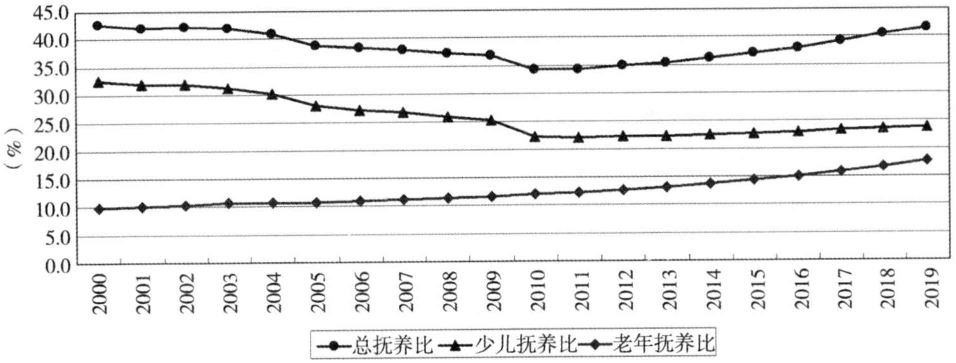

图 7–4　近年来我国人口抚养比的变化

多年前人们常说的“386199”部队[1]，就是农村人口老龄化、农村劳动力老弱化的生动写照。近年来许多地方外出务工的妇女、随父母到就业地生活的儿童明显增加，推动农村人口老龄化、农村劳动力老弱化步伐进一步加快[2]。2019 年全国农民工总量 29077 万人，本地农民工和外出农民工分别为 11652 万人和 17425 万人，分别占农民工总数的 40.1% 和 59.9%；与 2015 年相比，2019 年农民工总量、本地农民工、外出农民工分别增加 1330 万人、789 万人和 541 万人，本地农民工和外出农民工总量分别占农民工总增量的 59.32% 和 40.68%。在 2019 年全国外出农民工中，年末在城镇居住的进城农民工 13500 万人，占 77.47%[3]。

第七次全国人口普查将以 2020 年 11 月 1 日零时为标准时点，尽管尚无相关数据，但可以预见，近年来我国农村人口老龄化、农村劳动力老弱化程度进一步提高，高于城市的幅度也将进一步拉大。这从 2017 年全国人口抽样调查数据与 2010 年第六次全国人口普查数据的比较，也可以看得非常清

[1] 此处，“38”即妇女，“61”即儿童，“99”即老人。

[2] 根据国家统计局网站发布的《2014 年全国农民工监测调查报告》，2014 年全国农民工总量 27395 万人，其中外出农民工 16821 万人，举家外出农民工已占外出农民工总数的 21.3%，较 2010 年提高 1.3 个百分点。2015 年以来在历年国家统计局发布的农民工监测调整报告中，未公布举家外出农民工数据。

[3] 根据国家统计局网站发布的《2019 年全国农民工监测调查报告》《2015 年全国农民工监测调查报告》等相关数据整理。

楚[1]。

农村人口老龄化提速，叠加农村劳动力老弱化的加快，给实施乡村振兴战略、发展农业农村服务业带来两方面的严峻挑战。第一，导致农业农村自生能力和自我保护能力迅速弱化，农业农村基本公共服务的需求迅速凸显。农村人口老龄化和农村劳动力老弱化，容易破坏农村社会传统的稳定性和自组织机制，加剧农业农村的萧条衰败，甚至增加农业农村服务业发展的成本和风险。在此背景下，加强农村基本公共服务的需求迅速凸显，不仅是因为城乡公共服务差距较大甚至还在不断扩大,需要通过加强农村基本公共服务，促进城乡基本公共服务均等化来解决这一问题；还是因为需要借此重构农村社会稳定和协调机制，帮助农业农村增强自生能力、自我保护能力和可持续发展能力（姜长云，2011）。如果不能加强农业农村基本公共服务，不仅会淡化农业农村服务业发展的内涵和特色，还会影响农业农村服务业关联产业的发展。第二，导致推进乡村振兴特别是农业农村服务业发展，容易面临农村人力资本质量下降和农村居民内生需求增长困难的困扰。对此问题如果注意不够、应对不当，不仅会影响乡村产业振兴，妨碍农业农村多重功能价值的有效激发；还会导致农村留守人口增收困难加重，甚至致贫返贫的可能性明显增加。在此背景下，实施乡村振兴战略、发展农业农村服务业，更加需要吸引城市人口和人才下乡参与乡村振兴，带动部分城市需求向农村转移。农业农村服务业发展，也更加需要做好“以城带乡、城乡互促、共生共融”文章，更加需要通过创新发展、提质升级，疏通吸引城市人口、人才下乡的渠道，搭建集聚城市需求转移的平台。

---

[1] 根据《中国人口和就业统计年鉴 2018》提供的人口抽样调查数据，2017 年 65 周岁及以上人口占总人口的比重，全国为 11.39%，乡村为 13.22%，乡村高于全国平均水平 1.83 个百分点。而在第六次全国人口普查中，65 周岁及以上人口占总人口的比重，乡村仅高于全国平均水平 1.14 个百分点。

（三）数字经济及其与服务业的融合发展不断深化，推进农业农村服务业数字化转型日趋紧迫

数字经济是使用数字化知识和信息作为关键生产要素，依托现代信息网络等重要载体，通过有效使用现代信息通信技术引导、促进资源优化配置和经济社会进步的经济形态，包括数字产业化和产业数字化两种类型，具有高技术、高渗透、高融合、高增长等特征。当今世界，数字经济迅速发展，日益推动数据成为关键性的新生产要素，甚至经济活动的基础性要素，有效驱动生产要素网络化共享、集约化整合、协作化开发和高效化利用。数字经济产业日益成为经济发展的新增长点甚至战略引擎，数字技术推动的产业融合日益成为经济发展新动能，对经济发展的贡献程度持续提高和深化（金江军，2019；蓝庆新，2020）。数字产业化扩大了要素供给范围和选择空间，拓展了服务业发展路径，为实现经济节本增效提质降险提供了可能，为分工深化、供求匹配、城乡融合、供应链协同和经济社会网络化发展提供了便利。产业数字化转型，往往带动新产业新业态新模式加快成长和传统产业改造升级，促进产业融合、城乡融合、产城融合和区域之间、都市圈内部分工协作关系的深化，有利于推进新旧动能顺畅转换，并重构社会生产生活方式。许多发达国家将发展数字经济作为推进经济社会繁荣发展和增进产业创新力、竞争力的战略举措。我国推进高质量发展、建设现代化经济体系，也必须注意抢占全球发展数字经济的重要契机，着力推进数字经济发展及其与服务业融合发展的深化。发展农业农村服务业也是如此。

近年来，随着数字农业数字乡村建设的推进，农业农村服务业数字化转型提速。这在农业生产托管服务、农村电子商务、乡村智慧旅游，甚至部分地区农村智慧养老、智慧公共卫生服务等方面，表现得最为直观。这不仅促进了数字经济对农业农村服务企业的赋能发展和网络联动，还带动了农业农村服务业甚至乡村产业行业治理和政府监管的优化；对于优化乡村治理、改善乡村民生、化解城乡“数字鸿沟”和促进城乡融合发展，其重要性和紧迫

性也在迅速凸显。

但就总体而言，当前我国农业农村服务业数字化转型仍然滞后，与推进农业农村服务业乃至乡村振兴高质量发展的要求有很大差距。尤其是在现有政策文件中，对统筹推进农业农村服务业发展与其数字化转型仍然薄弱，相关支持政策偏少仍是一个突出问题。发展农业农村服务业需要数字化技术和设施，但借此增进服务能力和服务惠及面，并增强市场化、产业化发展能力才是最重要的。至于如何引导其借助大数据、人工智能等手段，增强农业农村服务业乃至农村经济社会风险防控能力建设，有效提升跨市场、跨业态、跨区域、跨城乡融合和风险识别、预警、处置能力，创新行业治理、监管和支持方式，引导数字化农业农村服务业科学处理增长速度、服务质量与风险防范，创新发展与共享发展，城乡协同或融合发展等关系，更是很少有人问津。比如，在农业生产性服务业的发展中，如何顺应网络平台型企业的产业属性和发展要求,实行与普通农业生产性服务企业的差别化支持和治理方式，引导其与普通农业生产性服务企业更好地实现优势互补,并对后者赋能发展，如何引导、支持小农户和农村普通居民增强与数字化农业农村服务业的对接能力，这仍是现行农业农村服务业支持政策的重要盲点。

（四）建设高标准市场体系和更高水平开放型经济，要求创新农业农村服务业支持方式

近年来，建设高标准市场体系和更高水平开放型经济，日益引起党中央、国务院的高度重视。2020 年 5 月发布的《中共中央 国务院关于新时代加快完善社会主义市场经济体制的意见》进一步要求“在更高起点、更高层次、更高目标上推进经济体制改革及其他各方面体制改革，构建更加系统完备、更加成熟定型的高水平社会主义市场经济体制”“坚持以供给侧结构性改革为主线”“坚持扩大高水平开放和深化市场化改革互促共进”“建设高标准市场体系”“建设更高水平开放型经济新体制”“促进更高质量、更有效率、更加公平、更可持续的发展”，并就全面完善产权制度、全面实施市场准入

负面清单制度、全面落实公平竞争审查制度、推进商品和服务市场提质增效、全面对接国际高标准市场规则体系等进行了决策部署。这对完善农业农村服务业支持政策、创新其支持方式提出了新的要求和紧迫任务。

我们之前对农业生产性服务业发展的研究显示，建设高标准市场体系、更高水平开放型经济，要求强化竞争政策的基础和优先地位，推进农业生产性服务业发展更好地坚持市场导向、公平竞争，为此要积极营造有利于企业家成长的营商环境和产业生态，创新农业生产性服务业支持方式。农业生产性服务业发展，就总体而言仍处于幼稚期，政府提供必要的支持保护可望产生较强的外部性支撑；但对幼稚产业的支持保护不能限制竞争，不能定向支持特定企业，应该更多通过普惠支持促进企业间优胜劣汰，引导农业生产性服务组织通过公平竞争培育自身创新力、竞争力和可持续发展能力；在农业生产性服务业发展中，对于健全外商投资国家安全审查和反垄断审查制度也应超前谋划、前瞻应对（姜长云，2020）。关于农业生产性服务业的这种研究结论，对于农业农村新兴服务业，或农业农村服务业新产业新业态新模式，应该是适用的。

但是，根据《国务院关于在市场体系建设中建立公平竞争审查制度的意见》，科学建立公平竞争审查制度也包括一些例外规定，属于以下情形的，如维护国家经济安全、文化安全或者涉及国防建设的，为实现扶贫开发、救灾救助等社会保障目的的，为实现节约能源资源、保护生态环境等社会公共利益的，虽然具有排除和限制竞争的效果，只要政策制定机关能够说明相关政策措施对实现政策目的不可或缺，且不会严重排除和限制市场竞争，并能明确实施期限，可按公平竞争审查的例外规定实施。在引导农业农村服务业优化布局并与都市圈或区域城镇体系有效衔接的同时，考虑部分农业农村服务业对促进农业农村资源要素本地化利用、增进农村民生福祉、扩大乡村就业、推进农业乡村产业转型升级等特殊重要性，对于农业农村服务业适度给予财税、金融等倾斜支持有其合理性。当然，这种支持应该注意两个方面。第一，要谨慎使用，注意把握好力度。过急过猛或过轻过缓，有可能导致城乡服务业支持政策在不同方向的失衡，加剧城乡企业之间的不公平竞争。此外，过急过猛，容易出现拔苗助长的问题，影响农业农村服务业内生发展、可持续发展能力的成长。过轻过缓，难以体现其公益性，并兼顾其在增进社会保障和社会公共利益等方面的作用，也难以适当弥补其在基础设施、融资环境等方面的相对劣势。第二，应采取普惠而非特惠方式，防止政策畸轻畸重，导致农业农村服务企业之间的不公平竞争。

五、推进农业农村服务业高质量发展的战略思路

（一）战略思路

以习近平新时代中国特色社会主义思想为指导，全面贯彻党的十九大以来中央重要会议精神，牢固坚持新发展理念和以人为本思想，顺应发展阶段转变和社会主要矛盾变化，以协同推进乡村振兴战略和新型城镇化战略为依托，以推进其市场化、产业化、社会化和网络化、集约化发展为动力，以满足城乡居民特别是农村居民日益增长的美好生活需要为目标，以推进农业农村服务业供给侧结构性改革为抓手，以提升其创新力、竞争力和可持续发展能力为导向，强化底线思维，夯实政府战略引导和保基本功能，重点增强多层次多样化供给能力；统筹推进农业农村服务业增加有效供给、提升服务质量、优化行业结构和空间布局、增强创新供给引导需求能力、完善行业治理体系，统筹发挥农业农村服务业稳增长、促改革、调结构、惠民生、防风险、保稳定作用，着力构建优质高效、亲民体验、布局合理、安全可控、网络联动、区域城乡协调的农业农村服务业体系，加快推进农业农村服务业高质量发展，为加快建设现代化经济体系、推进乡村振兴、增进人民群众获得感幸福感安

全感提供坚实支撑。

（二）需要科学处理的几个关系

1. 提升质量、效率与推进安全发展的关系，切实做到立足当前、着眼长远

发展农业农村服务业是推进乡村振兴高质量发展的重要途径，农业农村服务业自身也要坚持高质量发展，提高质量、效率和竞争力。为此要注意面向农业农村发展和城乡居民消费水平提高的需求，推进农业农村服务业“抓重点、补短板、强弱项”，增强其系统性、整体性和协同性。但是，发展农业农村服务业，推进其“抓重点、补短板、强弱项”，还要注意统筹考虑当前和未来需求的变化，注意从战略上培育农业农村服务业创新力、竞争力和可持续发展能力。以农村养老服务业为例，按照现行趋势，到 2022 年我国老年人口占总人口的比重将会超过 14%，进入老年社会，老年人口总数将会超过 2 亿人。考虑到随着农村青壮年人口和劳动力的继续外流，农村人口老龄化程度高于城市的状况还将进一步扩大，导致农村对加强养老服务的需求更加凸显，农村养老服务供不应求的问题更加突出。在此背景下，对于加强农村养老服务体系和服务能力建设，应该多些战略谋划，对于高龄、失能老人的养老服务能力建设更应引起重视。考虑到农村推进养老服务智能化、数字化的条件差于城市，情况更是如此。养老服务能力不光取决于硬件设施，养老服务软实力和体制机制建设更加重要。对此必须超前谋划，否则未来供给缺口将进一步拉大，更遑论提高农村养老服务质量。

要注意当前措施的长远影响，急事缓办、急于求成和战略性问题搁置办，抑或因短期急于“补短板、强弱项”影响长效机制的确立，都不利于推进农业农村服务业高质量发展，甚至会影响当前提质增效与长远防范风险的平衡。以农业服务业为例，如何健全外商投资国家安全审查和反垄断审查制度，尽管在当前多数地区并不迫切，但这是一个重要的战略问题，应将其作为完善服务业开放风险评估和重大风险防控机制的重要内容。可以预料，随着对外开放的扩大，外商对农业服务业的投资热情将会迅速提高。对此如果没有前

瞻意识和超前应对，待国内部分地区建成本土化、区域化的农业生产性服务网络后，部分外资企业可能会瞅准有利时机，对相关内资企业兼并收购，进而通过对相关地区农业生产性服务业的垄断和控制，形成对现代农业产业体系的垄断和控制，影响我国农业产业安全。类似问题在农村服务业发展中也是需要注意的。

推进农业农村服务业高质量发展，要注意坚守发展底线，加强风险防范和化解工作，当前更应同推进“六稳”“六保”工作结合起来。加强农业农村基本公共服务，保障农业农村服务业基本供给，是保障农村基本民生、夯实重要农产品供给保障的基础，也是推进农业农村服务业高质量发展必须坚守的底线。现代社会本是高风险社会，突发事件多发频发，具有影响面广、不确定性强和破坏性大等特征，且往往多种致灾因素复合叠加。以人和动植物重大传染性疫情为代表的突发事件，更容易形成跨区域甚至跨国家快速传播扩散，增加农业农村服务业推进安全发展的重要性和紧迫性，要求在农业农村服务业发展中把防控安全风险放在突出地位。基于安全方面的考虑，今后在发展农业农村服务业的过程中，固然要注意追求规模经济、服务经济和网络效应，但从防范风险和增强服务供给体系弹性的角度来看，也要防止片面追求规模扩张，“把鸡蛋放在一个篮子里”，影响服务供给对服务需求的动态、柔性适应能力。如北京新发地农产品批发市场作为亚洲交易规模最大的专业农产品批发市场，承担着北京地区 70% 的蔬菜供应、80% 的水果供应任务，带动相关地区长期成为北京著名的交通堵点。2020 年 6 月中旬，北京市较大规模的新增新冠肺炎疫情本土病例，绝大多数有北京新发地农产品批发市场活动史或有关人员接触史，导致市场一度被迫关闭，给保障北京市生鲜农产品供给和相关供应链农民增收增加了空前困难，也给北京市新冠肺炎疫情防控带来了新的重大阶段性难题。虽然新发地农产品批发市场早已实现由农村服务业向城市服务业的转型，但仍然属于农业服务业。农村服务业中农产品产地批发市场与此也有部分相似性。这再次警示我们，推进农业农村服务业安全发展要警钟长鸣，注意防范“灰犀牛”“黑天鹅”现象的发生。

2. 发展农业服务业与农村服务业的关系，从推进农业农村现代化的高度综合把握农业农村服务业发展

随着农业现代化的发展和实施乡村振兴战略的推进，从推进农业农村现代化的整体要求出发，综合把握农业农村服务业的发展日益重要而紧迫。从法国、英国促进乡村振兴的经验来看，情况也是如此。在那里，乡村生态宜居吸引大量人口到乡村居住和旅游、度假，许多乡村居民不是以从事农业为主，甚至“在城市工作、在农村生活”。许多游客特别是收入水平较高、从事灵活就业的人口和中老年人口，有效带动了农村服务需求的扩张。法国、英国的经验显示，促进乡村发展转型应该跳出“只搞农业”的局限，把综合开发乡村发展的比较优势作为重要目标，推进乡村跨产业跨行业发展（叶兴庆、金三林、韩杨，2019）。长期以来，我国台湾地区在发展农业农村服务业方面进行了积极探索，有效引领和支撑了农业转型升级、激发了农村人气活力，提高了农民收入和生活品质。台湾发展农业农村服务业的一个重要经验是，基于农业、农村、农民“三位一体”和生产、生活、生态“三生并重”的理念，将农业农村服务业发展置于建设“富丽乡村”框架之中统筹考虑，将发展效率与安全的现代农业、建设富裕与自然的“富丽农渔村”、培育有文化有尊严的现代农民有机结合起来（参见案例 7-1）[1]。

---

[1] 我国台湾地区在经历了 20 世纪 50 年代、60 年代的经济高速增长后，到 60 年代逐步形成了以工业为主的产业结构，到 80 年代末逐步形成了以服务业为主导的产业结构。60 年代末，顺应发展阶段转变，开始实现由“以农业培育工业”向“以工业促进农业”的政策转换，提出了扶持农业发展并平衡工农业关系的政策方针。1970 年发布了第一个以农村建设为名的政策文件《现阶段农村经济建设纲领》，之后经过多年探索和完善，到 20 世纪 80 年代中期后逐步形成了农业、农村、农民“三位一体”和生产、生活、生态“三生并重”的农业农村政策理念，20 世界 90 年代末确立了“照顾农业、发展农业、建设农村”，最终实现“富丽农村”的长期目标。当时提出“富丽农村”建设的一个背景是，农业发展滞后，农民收入增长减缓，城乡矛盾加剧，严重制约经济、社会和资源环境的协调发展。为解决这些问题，台湾“富丽农村”建设的目标经历了动态调整和完善，21 世纪初提出“建设农村新生活圈，塑造农村新风貌”，要求构建兼具产业、人文、自然生态和地方特色的“农村社区生活圈”“农村休闲农业圈”和“农村产业发展圈”（单玉丽、刘克辉，2009；单玉丽，2019）。这 3 圈建设都与发展农业农村服务业高度相关。

案例 7–1 我国台湾地区很早就重视促进农村与城市的双向交流，以产业发展作为建设“富丽农村”的先导，鼓励综合利用在地文化和当地特色资源，培育活化富有特色的地方产业，创造在地就业机会，建立乡村社区营造中心，为农业农村服务业发展提供契机。通过构建健全高效快捷的农产品运销体系，有效激发农业的生产、生活、生态、文化功能，促进了农业产业链延伸，提升了农业的品牌溢价，推进农业实现由生产导向向消费导向的转变，加快了农业与在地文化、旅游、农产品加工业和互联网营销等融合发展的进程，提升了农业创新力和竞争力。进入 21 世纪以来，为有效应对加入 WTO 和经济全球化的挑战，台湾适时推进由以“提升生产力”为核心向以“提高竞争力”为主轴的农业政策转型，并推进农业发展策略由以增产为目标的传统的农业数量经济发展，向以增值为目标的现代农业知识经济转型（陈希煌，2008）。台湾的农业策略联盟通过农业产业链或产业体系中结盟企业、产业组织的合作共赢，在推进农业转型和竞争力提升中发挥了重要作用，也是发展农业农村服务业的重要组织形式。农业知识经济更是与现代服务业发展密切相关。目前，台湾的农会、合作社、产销班、代耕公司等农业服务组织和基层社区服务体系发达便捷。较为完善的现代农村金融体系和农民教育培训体系，既是农业农村服务业的重要内容，又是农业农村产业发展乃至“富丽乡村”建设的重要支撑。

3. 发展农业农村服务业与坚持“双轮驱动”的关系，打造以本土化、区域化、都市圈一体化为重点的农业农村服务圈

农业农村服务业的发展质量，与其区域布局和服务业城乡分布关系很大。坚持新型城镇化与乡村振兴“双轮驱动”，有利于优化农业农村服务业区域布局和城乡分布格局。都市圈则是坚持新型城镇化与乡村振兴“双轮驱动”

的战略平台，是“以城市群为主体构建大中小城市和小城镇协调发展的城镇格局”“推进大中小城市网络化建设”落地生根的战略依托。推进都市圈中心化提升、网络化发展，将推进中心城市的集约型、紧凑化发展并提升城市品质和创新能级，同培育由都市圈中心城市、梯级增长极核（依托都市圈内梯级节点城市）、都市圈伸展轴形成的都市圈城镇体系网络化格局结合起来，引导都市圈梯级节点城市增强功能特色、推进错位发展和互补共生，有利于发挥区域中心城市和都市圈城镇网络对乡村产业乃至乡村振兴高质量发展的辐射带动效应，也有利于增强广域乡村对区域城镇体系的支撑功能，更好地推动新型城镇化与乡村振兴“双轮驱动”，加快构建城乡融合发展的体制机制和政策体系（姜长云，2019）。长期以来，德国空间规划和区域政策引导工业企业向小城市和镇布局，使德国的城市分布和规模结构非常均衡，小城市和镇成为非农人口主要承载空间，且大部分城市和镇以都市圈形式联结[1]起来（叶兴庆、金三林、韩杨，2019）。德国的经验证明，重视都市圈和区域城镇体系的网络化发展，特别是注意发挥小城市和镇的作用，有利于更好地推进乡村振兴。实际上，这种方式也有利于农业农村服务业发展。由此引出的一个结论是，农业农村服务业发展要注意打造以本土化、区域化、都市圈一体化为重点的农业农村服务圈，推动农村构建便捷生活圈、完善服务圈、繁荣商业圈、活跃创业圈。

打造农业农村服务圈，要以本土化、区域化、都市圈一体化为重点，归根到底是基于以下四方面的原因：①充分利用本地化资源，包括地缘、人文、市场和社会网络优势等，增强农业农村服务业的本土根植性和对客户需求的快速响应能力，有利于推进农业农村服务业组团发展和集聚集群集约发展，提升农业农村服务业的创新力、竞争力和可持续发展能力。这不仅有利于支

[1] 拥有 8000 多万人口的德国，城镇化率高达 90% 左右，但百万人口以上的大城市仅 4 个，最大的城市柏林仅 300 多万人。第二次世界大战以来，德国注意通过完善产业基础设施和功能区布局规划，强化小城市和镇的产业配套和服务功能，增强对大企业和人口、就业的吸引力；又通过“村庄更新”、乡村生物质能源利用等项目建设提升乡村生活品质，增进农村活力和对年轻人口的吸引力，借此引导产业向小城镇和镇布局，为人口“在乡村生活、在城镇就业”提供基础（叶兴庆、金三林、韩杨，2019）。

撑农业和乡村产业的本地化发展,对于改善民生质量和用户体验也是有利的。以本土化、区域化、都市圈一体化为重点打造农业农村服务圈，还有利于发挥龙头企业、行业协会、产业联盟等对农业农村服务业转型升级的引领带动作用。②有利于更好地支撑打造以本土化、区域化、都市圈一体化为重点的重要农产品或乡村特色产业供应链，夯实重要农产品供给保障，避免因重大疫情或自然灾害导致交通和市场分割，并影响农产品有效供给或加剧农产品价格波动。2020 年 1 月下旬开始暴发的新冠肺炎疫情警示我们，在都市圈特别是大中城市，对于重要农产品应该有基本的自给率要求；包括农业农村服务业在内的农业农村产业布局，不仅要考虑经济效率和产品质量，还要把增进安全供给放在重要地位。③有利于规避农产品大跨度、长距离运输带来的疫病传播、资源浪费、环境污染、产品损耗和风险失控问题，提升农业或乡土特色产业供应链的食品安全和绿色发展水平,优化供应链风险和机遇管理，规避牛鞭效应对农产品供求和价格波动的放大效应。从 2018 年 8 月开始暴发的非洲猪瘟到 2020 年暴发的新冠肺炎疫情，给我们提供的一个重要启示是：跨区域甚至覆盖全国的农业农村服务业网络建设，只有在本土化、区域化、都市圈一体化的农业农村服务网络形成较好基础后，才能更好地发挥作用并稳健运行。④有利于更好地发挥都市圈内中心城市对梯级节点城市和广域农村、城市服务业对农村服务业的引领带动功能，更好地凝聚本地化的农业农村服务业需求，培育以城带乡、城乡融合、产业融合的服务业发展新格局。

当然，此处强调要以本土化、区域化、都市圈一体化为重点打造农业农村服务圈，并不否认要用开放思维发展农业农村服务业，只是强调农业农村服务业发展主要应从立足本地化优势、满足本地化需求做起，待夯实基础并形成可持续发展能力后，再稳健拓展服务边界，培育跨区域、跨行业集成服务能力。在此方面，有必要科学区分当前与长远、局部与总体、快变量与慢变量的关系，既要看到长期趋势，避免盲目“赶路”；又要注意稳健前行，扎实运作。既要保持对发展趋势的信心和敏锐性,又要保持必要的耐心和韧劲。过犹不及，谨防透支未来。少数行业龙头企业在推进跨区域农业农村服务网络建设方面已形成良好基础，有条件、有能力对本地化农业农村服务企业赋能发展，对此应该允许和支持，鼓励其成为农业农村服务商的服务商。但对此应该更多地冷静观察、审慎应对，尊重企业自主选择，并在必要时通过政府采购公共服务等方式适当给予支持，如鼓励支持其为农业农村服务商提供人力资本培训等。要避免仓促出台政策形成对市场的误导和拔苗助长，加剧农业农村服务业发展风险。

此外，科学处理发展农业农村服务业与坚持“双轮驱动”的关系，还要注意超前把握新生城市培育、收缩型城市瘦身强体和推进县城城镇化补短板强弱项对农业农村服务业的影响。从“十四五”开始，农业农村服务业发展布局的优化，应该更好地同推进这些工作结合起来，推动搭建城乡产业协同发展平台、打造城乡融合发展重要载体或关键纽带，为增强城市发展对农村发展、城市服务业对农业农村服务业发展的辐射带动作用创造条件。引导农业农村服务业向区域中心镇、特色小镇、产业园区和人口集聚中心适度集中。

4. 发挥政府、市场、社会组织作用，协调推进创新发展与普惠公平、赋能发展

发展农业农村服务业，也要注意发挥市场对资源配置的决定性作用，更好地发挥政府作用，努力培育市场、政府、社会组织各就其位、各展其长、优势互补的氛围。要按照建设高标准市场体系要求，全面完善产权、市场准入、公平竞争等制度，鼓励企业增强适应市场、面向市场和创新供给引导需求、凝聚需求的能力。完善创新创业环境和营商环境，鼓励企业家成为推进农业农村服务业创新发展的中坚力量。更好发挥政府作用，要夯实政府对农业农村服务保基本功能，加强普惠性、基础性、兜底性服务，注意发挥政府在农业农村服务业布局优化调整中的作用。借鉴国际经验，把完善商会、行业协会、产业联盟等行业性组织和非营利组织成长机制放在突出地位，鼓励其培育参与农业农村服务业行业治理、推进行业转型升级的能力。国际经验表明，行业协会、商会和产业联盟等在协调行业与政府关系，提升行业自律与诚信水平，维护行业权益并优化行业治理，促进行业交流合作，推进行业标准化和信息化，加强行业培训和创新能力建设，甚至吸引人才参与行业发展等方面，可以发挥不可替代的重要作用。我国台湾地区很早就将休闲农业列入农业发展政策，主动推动相关规划、建设，并区分休闲农业区、休闲农场和民俗。休闲农业区由地方政府参考当地居民需求规划建设，整合其中的农场、农园、民宿和景点由点连成线再扩到面，通过相关企业之间组成同业、异业或区域策略联盟的方式，组成带状农业园区。借此实现优势互补、产销衔接、节本增效并提升核心竞争力（单玉丽、刘克辉，2009）。张天佐、李琳等（2019）对法国、芬兰、丹麦农业合作社的调研也显示，在这些国家，自下而上形成的行业组织和大量的专业化服务组织为合作社提供了强有力的指导和服务。这方面的经验值得我国借鉴。

在此基础上，按照功能导向、普惠公平、技术赋能、创新优先原则，积极稳健地推进农业农村服务业转型升级和新产业新业态新模式成长。需要指出的是，支持农业农村新产业新业态新模式的成长，要注意防止两种倾向。一是片面追求标新立异，推动政策支持过度向新技术新业态新模式倾斜，形成对传统技术、业态、模式的变相歧视；二是片面追求形式上的“颠覆”和“迭代”，甚至“为创新而创新”，变相纵容假创新、伪创新。这两种倾向不仅影响农业农村服务业有效供给的增加和结构升级，甚至容易导致其质量、效益、竞争力的下降，影响其可持续发展能力的成长。

支持农业农村服务业创新发展，应在不妨碍公平竞争的前提下，以增进便利化、精细化、品质化为导向，同等优先地加强对赋能型创新的支持。如加强对农业农村服务业数字化转型的支持，着力推进数字经济与农业农村服务业融合发展，加快农业农村服务业与农业产业、文化、科技等融合发展，引导农业农村服务业增强瞄准、凝聚、引导和创造用户需求，并改善用户体验的能力。通过推进农业农村服务业数字化转型，更好地为农业农村产业链、产业集群和农村社区发展赋能，更好地帮助小农户和农村居民联合起来协同解决发展中的困难和问题；支持平台型企业主导构建产业生态圈，并在优化行业治理中发挥作用；坚持包容审慎监管原则，鼓励通过大数据、云计算等推广应用和对接平台型企业、供应链组织，增强服务业风险防控和治理能力，完善农业农村服务业跨行业、跨领域、跨城乡、跨部门失信联合惩戒机制。

六、推进农业农村服务业高质量发展的政策建议

（一）加强规划、战略和政策统筹，强化对农业农村服务业发展的综合统筹和宏观管理

农业服务业与农村服务业各有其功能、属性和产业边界，相互之间的区别与联系在本书第一部分已有详细分析。选择发展农业服务业或农村服务业的战略思路和对策建议，应该基于其各自的产业属性、功能作用和需求。但是，随着产业融合的深化，有些农业服务业与农村服务业的边界日益模糊，典型表现是休闲农业和乡村旅游。就总体而言，休闲农业和乡村旅游属于农村服务业，但是为休闲农业提供服务的服务业又属于农业服务业。有些农业服务业虽然不是帮助农民“下地干活”，不属于面向农业产中环节的服务业，但却是为农业生产过程提供服务，如一般的农资销售，属于广义的农业服务业。况且，农业服务业与农村服务业往往居于具有相同自然、社会、经济特征和生产、生活、生态、文化功能的地域综合体。因此，将农业农村服务业统筹管理，有利于更好地满足统筹推进农业农村现代化和提高城乡居民消费水平的需求。

在现行体制下，国家发展改革委产业司“拟定并协调实施服务业发展战略、规划和政策”，并内设服务业处，是全国服务业综合管理部门。许多服务业支持政策的制定，尽管考虑普惠原则，在本意上没有歧视农业农村服务业，甚至鼓励对此适度倾斜，但为了引导服务业提升质量、效益和竞争力，相关

政策往往在企业规模、效率效益、服务标准甚至税收贡献、品牌影响力等方面设置了门槛要求[1]。相对于城市，多数农业农村服务企业规模小、投资少、税收贡献和品牌影响力弱，难以达到相关支持政策的门槛要求，因此，很容易形成政策执行中对农业农村服务业的事实歧视，有必要将农业农村部农业服务业或农业社会化服务宏观管理部门拓展职能，形成对农业农村服务业发展的综合统筹指导，整合相关宏观管理职能，统筹拟定并协调实施农业农村服务业发展的战略、规划和政策。这有利于统筹加强农业农村服务业，针对相关政策执行中农业农村服务业容易陷入边缘地位的问题，形成补充性的加强方案。其道理同设立农业农村部有些类似。

服务业工作千头万绪，相对于工业、农业，服务业发展更需要通过与其他产业融合的方式扩大市场并增强发展能力。在农业农村部设立专门机构对农业农村服务业进行宏观统筹管理的同时，农业农村部甚至科技部、国家卫健委等相关部委仍有必要保留现有相关专业机构，在各自职责范围内从事农业农村服务业特定领域的宏观管理工作。因为就总体而言，当前农业农村服务业，特别是农业农村公共服务供给不是需要减弱，而是需要加强。但是，农业农村部农业农村服务业宏观统筹管理机构应该聚焦重点，在加强基本公共服务的基础上，主要聚焦市场化、经营性农业农村服务业发展的统筹协调、宏观指导和监督检查，包括引导公共服务利用市场机制。通过农业农村服务业的战略、规划和政策统筹，面向推进农业农村现代化的需求，推动构建优质高效、布局合理、城乡协同、安全可控、网络联动的现代服务产业体系。

（二）加强财政金融支持，鼓励拓展融资渠道并强化人才和要素支撑

从当前乃至中长期来看，推进农业农村服务业高质量发展，日益具有重要性和紧迫性。中央已经明确健全乡村振兴“投入保障制度，创新投融资机制，加快形成财政优先保障、金融重点倾斜、社会积极参与的多元投入格局，

[1] 相对于城市，农业农村服务业往往需求分散零碎，难以实现规模经济、范围经济和网络效应。农村居民收入水平和基础设施、社会网络、企业家资源的劣势，也不利于农业农村服务业取得效益并提升质量。

确保投入力度不断增强、总量持续增加”的方向。要坚持农业农村优先发展总方针，推动“在干部配备上优先考虑，在要素配置上优先满足，在资金投入上优先保障，在公共服务上优先安排”加快落地。在此前提下，应该加强对农业农村服务业发展的财政金融支持，鼓励相关财政金融支持向农业农村服务业适度倾斜。近年来，党中央、国务院和相关部委出台的系列重要文件，围绕强化乡村振兴投入保障包括拓展投融资渠道、创新投融资机制，有很多重大决策部署。要在推动其有效落地的同时，突出重视以下方面：

第一，加强对农业农村服务业的中长期资金支持。这主要有两方面的原因，一是相当一部分农业农村服务业项目具有重资产特征，对基础设施、固定资产投资或用于市场培育等长期资金需求较大，投资回收期明显长于通常的农业和乡村制造业项目。这在乡村旅游中尤为显著。二是相对经济高速增长时期，近年来随着经济下行压力加大，之前长期存在的企业“短债长用”现象，容易加大企业出现流动性危机和资金链断裂的风险（姜长云，2020）。因此，要鼓励国家开发银行、中国农业发展银行利用其资金规模和中长期资金优势，加强对农业农村服务业的中长期信贷支持，鼓励通过健全多层次资本市场、设立乡村振兴产业发展基金、鼓励工商资本和社会资本进入农业农村服务业等方式，加强对农业农村服务业的中长期资金投入。

第二，结合完善金融差异化监管体系，推动建立健全多元化、多层次、广覆盖、商业可持续的农村金融服务体系，鼓励不同类型的金融机构分工协作、优势互补、合作共赢，形成对农业农村服务业金融需求的系统解决方案，更好地满足农业农村服务业发展对资金的多元化、多层次、多期限需求。尤其要鼓励农村金融机构与保险机构、农业农村数字化服务企业合作，帮助农业农村服务业有效降低和分散风险。

第三，将推动农业农村服务企业化解融资困境与培育农业农村服务业发展的“领头雁”、提升企业家素质结合起来。农业农村服务业的资金困境有多种原因，但企业家素质的提高，可以通过企业提质增效升级，帮助企业更好地化解“融资难、融资贵、融资繁”的问题。

第四，鉴于在支持实体经济的相关项目中，农业农村服务业容易陷入边缘地位，为规避这个问题，应引导相关财政、金融支持措施向农业农村服务业或乡村产业项目适度倾斜。比如，切块支持农业农村服务业或乡村产业。在此方面，美国实行新市场税收减免（The New Markets Tax Credit，简称NMTC）计划的经验值得我国借鉴。鉴于从历史上看，低收入社区往往经济投资缺乏；美国国会从2000年开始建立的新市场税收减免计划，旨在通过吸引必要的私人投资重振陷入困境的地方经济,来打破对低收入社区的撤资循环。NMTC计划通过允许个人和公司投资者获得联邦所得税税收抵免，[1]以换取其对被称作社区发展实体的专业金融中介提供股权投资。实施NMTC计划，显著降低了资金成本进而降低项目总成本。社区发展实体开发的项目，通常给之前被忽视的城乡社区带来新的活力，支持当地商业发展并在服务不足的地区创造就业机会。但在实施NMTC计划时，农村社区与其对应的城市社区相比，往往面临诸多不利条件，因而在经济发展融资方面面临独特挑战。2004年，美国国会和财政部认识到这一点并修正了NMTC计划，以确保其一定份额能定向支持非大都市的县。从那时起，NMTC计划将20%的资金分配给农村社区[2]。此后，NMTC计划为美国农村的投资扩张铺平了道路，导致美国农村在争取新的制造业投资支持低收入地区发展方面取得显著进步（Goldsmith，2019）。

推进农业农村服务业发展，强化人才和要素支撑是基本要求，但创新相关制度和激励机制又是强化人才和要素支撑的基本保障。比如，在坚持反腐倡廉的前提下，能否借鉴国际经验并在相关制度上适当有所创新，鼓励退休官员或专业技术人员在农业农村服务业项目上创新创业。能否借鉴国际经验，在加强耕地用途管制的同时，允许达到一定条件的城市居民在农村购买二套房，借此推动城市人口和人才下乡，带动城市资金和技术下乡。在符合国土空

[1] 抵免总额可达原始投资额的39%，并分7年收回，前3年每年收回总额的5%，剩余4年每年收回6%。

[2] 参见http：//www.opportunityfund.org/new-markets-tax-credits 和 https://www.drm.com/practices/news-markets-tax-credit。

间规划的前提下，根据不同类型地区实际，明确通过村庄整治、土地整理等方式节余的农村集体建设用地必须拿出超过一定下限的比例，专门用于乡村产业发展项目。鼓励乡村通过土地或资源入股、使用权出让等方式，同相关企业或工商资本联合开发不包括销售型商品住房开发的农业农村服务业项目。

（三）引导农业农村服务业增加多层次多样化供给，推进因地制宜、分类指导

发展农业农村服务业，需要在发挥政府保基本作用的前提下，进一步聚焦支持农业农村服务业市场化、产业化、社会化、网络化和集约化，重点加强对市场化、经营性服务业的支持，并鼓励公共服务供给利用市场机制。要坚持以人为本、需求导向、功能优先、龙头引领原则，引导农业农村服务商培育服务思维和以用户为中心的发展理念[1]；鼓励发展个性化、特色化和规模化、定制化服务业，完善服务业品牌培育和标准化推进机制，提升其功能和发展潜能。为此可实施农业农村服务业发展旗舰行动、农业农村服务业创新创业行动和标准化、品牌化领军企业培育工程，发挥其对推进农业农村服务业高质量发展的引领作用，引导农业农村服务业提升品位品质品牌。

要注意引导农业农村服务业发展突出因地制宜，强化分类指导。结合优化其区域布局，鼓励农业农村服务业发展综合考虑需求规模、需求密度、主导需求变化和资源禀赋、要素约束，推进差异化特色化发展，打造各具特色的农业农村服务业区域发展或消费中心。不同类型的农业农村服务业有不同的产业属性和发展要求[2]，因而在提升质量、效率方面有不同的评价标准，其发展过程中的制约因素也可能有很大不同。因此，推进农业农村服务业高

[1] 如农业生产性服务商要通过帮助农户提质增效节本增效，来提升其服务价值；农村生活性服务商要注意通过及时有效的服务供给，更好地满足农户的服务需求；这两类服务商还要注意改善服务对象的服务消费体验，增加用户黏性。

[2] 在农业农村服务业中，有的服务供给属于公益性服务甚至基本公共服务，有的属于市场化、经营性服务，有的属于公共服务利用市场机制；有的服务供给涉及单环节，有的属于多环节或产业链一体化服务；有的服务供给属于专业化服务，有的属于综合性集成性服务。

质量发展必须建立在尊重其产业属性和基本要求的前提下，注意因势利导，分清轻重缓急，有效瞄准不同类型农业农村服务业发展中的痛点、难点并培育兴奋点。引导农业农村生产性服务业推进专业化、差异化、高端化发展，鼓励发展服务规模经营，助力打造富有创新力、竞争力的农业和乡村产业。鼓励具备条件的地方面向区域优势特色产业（集群、园区），打造现代农业或乡村产业服务集聚区，培育富有竞争力的涉农总部经济基地。以满足城乡居民美好生活需要为目标，推进农村生活性服务业精细化、多样化、便利化发展，助推美丽乡村建设和农村人口素质的提升。鼓励贴近民生需求、改善服务体验，实施农村生活性服务业开心放心工程和幸福惠民行动，打造富有区域特色的农村区域消费中心。着力推动乡村旅游、健康养老等幸福产业提质扩容，并与城市相关服务业协调对接。顺应农村人口老龄化趋势，鼓励农村养老服务业重点加强面向高龄、失能老人的养老服务能力建设。要鼓励农业农村服务业技术、业态和商业模式创新，优先支持其数字化、智能化、网络化转型。

（四）创新农业农村服务业支持方式，着力引导其增强创新力、竞争力和可持续发展能力

按照建设高标准市场体系和更高水平开放型经济的要求，支持农业农村服务业发展要注意引导其通过公平竞争，增强创新力、竞争力和可持续发展能力。按照这种导向，我们对创新农业农村服务业支持方式提出如下建议：

1. 探索推进由补贴服务供应商转向补贴服务消费者，通过服务市场的公平竞争引导督促服务商提升服务质量和消费体验

我们之前对农业生产性服务业的研究显示，通过面向服务需求者发放农业生产性服务消费券的方式，鼓励各地将补贴资金由补贴服务组织（服务供应商）转向补贴服务消费者，通过农业生产性服务消费者的自由选择和服务市场的公平竞争，可望激励和督促服务主体更好地坚持用户导向，推进贴近农业经营主体——服务消费者需求的服务创新，提升农业生产性服务质量和

消费体验。发放农业生产性服务消费券，既可以支持农业生产性服务供应商培育市场，又规避了对农业生产性服务供应商的选择性支持和由此形成的对部分服务供应商的事实歧视，并且可以同推进农业补贴政策转型较好地结合起来（张天佐、李琳等，2019）。类似办法可以从农业服务业拓展到整个农村服务业，甚至可将加强政府扶危济困等公共服务职能同支持农业农村服务业新技术新业态新模式培育市场、推进标准化品牌化建设结合起来。结合建立服务主体名录制度、推进农业农村服务业诚信体系和品牌建设等方式，通过面向具备特定条件的服务消费者发放公共服务消费券的方式，鼓励服务消费者自由选择贴近其市场需求的服务，借此引导市场主体（服务供应商）推进服务提质增效升级。当然，实施服务消费券政策，要在总结国内外经验的基础上，注意优化制度设计，一方面，要借鉴国外实行中小企业、科技型企业创新券等经验，规避农户将服务消费券折价倒卖或转化为金融衍生品的问题；另一方面要注意激发其对扩大农业农村服务消费的乘数效应，努力促进政策实施节本增效。面向小农户发放农业生产托管服务消费券[1]，容易面临交易成本高的困扰。借助本土化家庭农场和农民合作社的载体作用和对小农户的链接能力，有利于降低服务消费券政策的运行成本。

2. 加强对行业协会、商会和产业联盟的引导支持，鼓励其培育对行业发展和转型升级的引领带动能力

行业协会、商会和产业联盟等作为农业农村供应商的行业组织，对其支持要聚焦于鼓励其帮助服务供应商解决单靠自身“解决不了，解决不好，解决得不经济合理”的问题。在许多地方农业农村服务业的发展中，行业协会、商会、产业联盟发展不足，有的甚至处于空白状态或有名无实，缺乏具有行业整合能力的领军人才或龙头企业。要在鼓励培育农业农村创新创业带头人的同时，引导鼓励行业龙头企业或领军人才参与兴办行业协会、商会或产业

[1] 需要指出的是，这里所说的补贴服务消费者，不是给作为农业生产服务消费者的农户或新型农业经营主体直接发钱，要注意二者的区别。

联盟，鼓励领军企业和行业协会、产业联盟等在推进农业农村服务业标准化、品牌化、人才培训、数字化转型、诚信环境和市场培育能力建设中发挥引领带动作用。

3. 加强面向农业农村服务商的服务体系和能力建设，推进对服务商赋能发展

许多农业农村服务企业发展到一定程度后，都会面临规模小、实力弱、科技含量低、服务供给能力不足、质量和效益不高的困扰。因此，加强面向农业农村服务商的服务能力建设，帮助其克服这些困扰，实现赋能发展并增强抗风险能力，越来越成为推进农业农村服务业高质量发展的客观要求。这包括引导保险公司与农业农村服务商合作，开辟适应农业农村服务业特点的保险险种，帮助其降低发展农业农村服务业的成本和风险；甚至引导督促网络平台型企业发挥自身优势，为农业农村服务商赋能发展。这些平台型企业往往比较看重用户规模经济、范围经济和网络效应，可以直接服务于农业农村服务商，并为其提供增值服务；也可以通过其系统化、专业化、集成化的服务为服务商赋能，解决单个服务商自身“干不了、干不好、干得不经济合理”的问题。如整合资源、集成要素、链接中高端市场，发挥人才培养培训和信息共享平台作用。这些平台型企业在取得自身商业利益的同时，越来越成为重要的新型基础设施，程度不同地发挥着农业农村公共服务供给者的重要作用。要注意引导其兴利去弊，在获得自身合法商业利益的同时，兼顾社会责任和政府政策导向，通过公平公正服务，更好地为农业农村服务商赋能发展，并增进民生福祉、促进农业乡村产业转型升级。鼓励平台型企业在推进农业农村服务业数字化、智能化转型中发挥引领支撑作用。

（五）激发开放—改革—创新联动提升效应，完善体制机制和产业生态

农业生产性服务业是振兴乡村的大产业，农村服务业更是如此。但是，诸多体制机制和政策约束，影响其发展潜能的释放及其对推进乡村振兴的贡献（张天佐，2018）。要顺应建设高标准市场体系、发展更高水平开放型经

济的要求，抓紧落实分类推进放宽服务业准入限制、消除制约服务业发展的行政壁垒、构建高效协同的服务业监管体系、深化重点领域改革开放等新时代推进服务业发展的政策措施在农业农村服务业有效落地。全面实施市场准入负面清单制度和内外资企业公平竞争政策，积极解决农业农村服务业发展中“准入不准营”和“玻璃门”“弹簧门”问题。结合农业农村服务业特点，加快现有服务业改革开放发展及试点经验的推广、集成和转化。建议结合加强农业农村服务业发展的政府统筹，按照因地制宜、多方案比较原则，开展创建农业农村服务业改革发展综合试验区工作，探讨统筹推进农业农村服务业发展的体制机制和政策创新模式，创新培育新技术新业态新模式、支持农业农村服务业数字化转型的有效路径，总结可复制可推广的经验。鼓励结合实施区域层面、产业链层面的农业农村发展重大项目，推进农业农村服务业开放—改革—创新联动发展，引导农业农村服务主体融合发展，加强相关服务能力建设。

要把推动农业农村服务业价格形成机制的改革创新，作为完善农业农村服务业发展体制机制和政策环境的重要内容。推动〔2017〕41号、农办财〔2019〕54号文件关于“因地制宜确定资金补助标准”“防止干扰市场机制”“根据农民的认知和接受程度，以及服务市场的发育成熟度，补助标准可相应逐步降低”等政策，从农业社会化服务项目适当拓展到农业农村服务业领域。结合推进相关项目由“谁安排项目任务谁负责绩效评价”，转向形成较完善的第三方独立评价机制，推动公平竞争政策和普惠原则在农业农村服务业发展政策中更好落地，推动相关政策向支持小农户和普通农户更好聚焦。面向小农户或普通农户的服务，与面向新型农业经营主体、乡村企业等规模化服务需求主体的服务，在补助标准上也要进一步拉开差距，以激发农业农村服务商服务带动小农户或普通农户的积极性[1]。

要把探索农业农村服务业行业协会、商会、产业联盟等发展机制，作为推进农业农村服务业改革创新的重要内容，鼓励农业农村服务业行业协会、商会、产业联盟完善发展机制和城乡协同发展机制，引导其在优化农业农村服务业行业治理中发挥作用。

（六）实施农业农村服务业培训行动和“头雁”工程，完善利益联结机制

近年来，农业农村服务业相关培训活动很多，要注意整合相关培训资源，统筹开展农业农村服务业培训行动，健全农业农村服务业培训体系和农村职业教育体系，夯实农业农村服务业发展的人才支撑。要把农业农村服务业企业家培训放在突出地位[2]，通过实施农业农村服务业“头雁工程”，创新企业家培训方式,鼓励通过人才融合带动产业融合、城市退休企业家下乡等方式，促进农业农村服务业企业家素质和创新创业能力的提升，为推进农业农村服务业提质增效升级创造条件。要注意发挥行业协会和骨干企业在农业农村服务业人才培训中的作用，并同引导农业农村服务业人才专业化、职业化发展结合起来。鼓励不同类型培训机构分工协作、优势互补、公平竞争，将发挥政府主导型培训在大众化、普惠性、中低端领域培训中的比较优势，同激发市场化培训在个性化、特惠性、高端化培训中的发展潜能结合起来。鼓励通

[1] 以农业服务业为例，究其原因主要有：相对于小而散的小农户，农业服务商面向新型农业经营主体提供的服务往往成本低、风险小、实现盈利可能性大。多数家庭农场和农民合作社本土根植性强，其行为容易产生对小农户接受农业服务的示范带动效应。因此，农业服务商往往更加青睐新型农业经营主体的服务需求。农业企业，包括部分农业产业化龙头企业，作为新型农业经营主体的一种类型，多数农业经营规模大于家庭农场和农民合作社。农业生产托管服务商更愿意优先满足这些农业企业的服务需求。

[2] 张天佐、李琳等（2019）对法国、芬兰、丹麦农业合作社的考察显示，完善的治理机制是平衡服务成员与增强竞争能力的关键。在那里，通过“一人一票”原则，选出合作社成员代表，由成员代表选举合作社理事会成员和合作社下属公司理事会成员。合作社下属公司理事会选聘职业经理人作为公司总经理，总经理组织管理团队，并按公司化运作，为提高其市场竞争力提供保障。合作社是农业农村服务业的重要组织形式，这实际上提醒我们，在农业农村服务业发展中，必须高度重视企业家的作用。

过培训服务券等方式，引导不同类型培训机构公平竞争、优胜劣汰。

发展农业农村服务业，完善联农带农的利益联结机制至关重要。在此方面，要注意拓宽视野，将促进农民增收与带动农民就业提能结合起来，推动联农带农从强调建立紧密型利益联结机制向建立稳定、可持续的利益联结机制转变。对财政支持项目的绩效评价，要把鼓励形成联农带农的内生机制作为重要内容。结合今后实施乡村振兴促进法，将鼓励农业农村服务主体完善联农带农的利益联结机制，同禁止损害农民和农村集体合法权益结合起来，禁止来农业农村投资或经营的市场主体对农村资源环境甚至农民生产生活环境形成不可逆转的破坏。与此同时，鼓励产业链核心企业发挥表率作用，围绕培育供应链战略伙伴关系，引导不同类型经营主体、服务主体之间加强联合合作，推进利益联结机制改造升级。

在农村中，类似电子行业协会、家庭农场协会、农民合作社联合会等行业组织，作为农业农村服务的需求方，在推动农业农村服务商完善联农带农的利益联结机制方面，还可以发挥以下两方面的特殊作用。一是示范带动农户或同业企业联合起来，形成对服务商凭借垄断力量和市场强势提高服务价格、降低服务质量的制衡效应，帮助农村小微企业、小农户增强市场谈判能力。二是为探索推进由补贴服务供给者转向补贴服务消费者的农业农村服务业补贴政策转型，提供更为可行的路径，有利于降低实施服务消费券政策的成本。对此应该给予充分重视。

参考文献

1. 曹杰，朱莉 . 现代应急管理 [M]. 北京：科学出版社，2020.

2. 陈宪等 . 中国现代服务经济理论与发展战略研究［M］. 北京：经济科学出版社，2011.

3. 陈秋玲等 . 中国服务产业研究［M］. 北京：经济管理出版社，2010.

4. 陈希煌：“全球竞争下农业政策的转型”，《农业经济问题》2008 年。

5. 戴翔，张为付 . 全球价值链、供给侧结构性改革与外贸发展方式转变［J］. 经济学家，2017（1）.

6. 付瑞平，温志强，李永俊 . 中国特色应急管理体系的内涵与架构［J］. 中国应急管理，2019（11）.

7. 付保宗 . 总论：中国工业发展的阶段性变化［M］// 国家发展和改革委员会产业经济与技术经济研究所 . 中国产业发展报告（2013—2014）. 北京：经济管理出版社，2014.

8. 冯俏彬 . 我国经济高质量发展的五大特征与五大途径［J］. 中国党政干部论坛，2018（1）.

9. 郭克莎 . 中国产业结构调整升级趋势与“十四五”时期政策思路［J］. 中国工业经济，2019（7）.

10. 郭春丽，易信 .“十四五”时期我国跨过高收入国家门槛预测及风险应对［J］. 经济纵横，2020（1）.

11. 郭克莎 . 中国产业结构调整升级趋势与“十四五”时期政策思路［J］. 中国工业经济，2019（7）.

12. 国家制造强国建设战略咨询委员会 . 中国制造 2025 蓝皮书（2017）［M］. 北京：中国工信出版集团，电子工业出版社，2017.

13. 格雷格·伊普（Greg Ip）. 源风险［M］. 谭浩译 . 广州：广东人民出版社，

2018.

14. 黄汉权等 . 新时期中国产业政策转型・理论与实践［M］. 北京：中国社会科学出版社，2017.

15. 黄征学，潘彪，滕飞，宋建军 . 从疫情防控看大城市如何健全应急管理系统［J］. 中国发展观察，2020（3—4）.

16. 华生，蔡倩，汲铮，董申 . 中国传染病防控预警机制探究——来自新冠病毒疫情早期防控中的启示［J］. 管理世界，2020（4）.

17. 何德旭等 . 中国服务业发展报告 No.6——加快发展生产性服务业［M］. 北京：社会科学文献出版社，2008.

18. 黄志凌 . 跻身高收入国家不能忽视财富积累效应［N］. 中国经济时报，2020–1–6.

19. 郝爱民 . 农业生产性服务业外溢效应［M］. 北京：社会科学文献出版社，2019.

20. 贺涛等 . 台湾经济发展轨迹［M］. 北京：中国经济出版社，2009.

21. 姜长云 . 中国服务业：发展与转型［M］. 太原：山西经济出版社，2011.

22. 姜长云 . 应该重视提高我国服务业劳动生产率［J］. 中国发展观察，2018（11）.

23. 姜长云 . 中国产业发展：从“十二五”到“十三五”［M］// 中国产业发展报告：2016——面向“十三五”的产业经济研究 . 北京：经济科学出版社，2016.

24. 姜长云 . 乡村振兴战略：理论、政策和规划研究［M］. 北京：中国财政经济出版社，2018.

25. 姜长云 . 理性看待当前的服务业形势［J］. 中国国情国力，2016（11）.

26. 姜长云，盛朝迅 . 警惕服务业占比长期过快上升的负面影响［J］. 经济纵横，2016（6）.

27. 姜长云 . 我国产业发展的五年过往与“十三五”时期重要选项［J］. 改革，

2016（4）.

28. 姜长云，刘振中 . 改革开放以来我国服务业发展及其地位作用的变化［J］. 全球化，2018（10）.

29. 姜长云 . 加快向服务业强国迈进［N］. 经济日报，2017-9-8.

30. 姜长云，姜江，张义博，邱灵 . 深圳市打造高质量创新型经济体战略路径研究［J］. 区域经济评论，2018（4）.

31. 姜长云，洪群联，邱灵 . 服务业大趋势［M］. 杭州：浙江大学出版社，2016.

32. 姜长云 . 家庭服务业的产业特性［J］. 经济与管理研究，2011（3）.

33. 姜长云 . 服务业高质量发展的内涵界定与推进策略［J］. 改革，2019（6）.

34. 姜长云 . 中国服务业：发展与转型［M］. 太原：山西经济出版社，2011.

35. 姜长云 . 科学把握农业生产性服务业发展的历史方位［J］. 南京农业大学学报（社会科学版），2020（3）.

36. 姜长云 . 关于实施乡村振兴战略的若干重大战略问题探讨［J］. 经济纵横，2019（1）.

37. 姜长云 . 推进乡村振兴背景下农业产业化支持政策转型研究［J］. 学术界，2020（5）.

38. 姜长云 . 中国服务业发展的新方位：2021—2030 年［J］. 改革，2020（10）.

39. 姜长云 . 转型发展：中国“三农”新主题［M］. 合肥：安徽人民出版社，2011.

40. 江小涓 . 服务业增长：真实含义、多重影响和发展趋势［J］. 经济研究，2011（4）.

41. 金碚 . 关于“高质量发展”的经济学研究［J］. 中国工业经济，2018（4）.

42. 金江军 . 数字经济引领高质量发展［M］. 北京：中信出版集团，2019.

43. [美] 加里 · 皮萨诺，威利 · 史 . 制造繁荣：美国为什么需要制造业复兴 [M]. 机械工业信息研究院战略与规划研究所译 . 北京：机械工业出版社，2014.

44.[美] 卡尔 · 麦克丹尼尔等 . 市场营销学［ M ］. 时启亮等译 . 上海：格致出版社，上海人民出版社，2009.

45.[美]凯文·凯利 . 新经济新规则——网络经济的十种策略[M]. 刘仲涛，康欣叶，侯煜译 . 北京：电子工业出版社，2017.

46. 柳红星 . 改革开放以来我国金融体制的改革与发展［ J ］. 南昌工程学院学报，2009（2）.

47. 林火灿 . 人均 GDP“破万”不代表基本国情已变［ N ］. 经济日报，2020-1-22.

48. 蓝庆新 . 数字经济是推动世界经济发展的重要动力［ J ］. 人民论坛 · 学术前沿，2020（4）.

49. 李迅雷 . 中国何时能成为高收入国家［ EB/OL ］. 新浪财经，［ 2019-11-10 ］.http://finance.sina.com.cn/china//gncj/2019-11-10/doc-iicezzrr8498127.shtml.

50. 李稻葵 . 经济稳增长三年 2021 年中国或迈入“高收入国家”之列［ J ］. 财经界，2019（2）.

51. 李冠霖，辛红 . 我国第三产业比重国际比较的陷阱与出路［ J ］. 财贸经济，2005（2）.

52. 李钢 . 服务业能成为中国经济的动力产业吗［ J ］. 中国工业经济，2013（4）.

53. 李光满 . 如何变被动为主动打赢这场疫情阻击战［ EB/OL ］. 察网，［ 2020-2-6 ］.http://www.cwzg.cn/politics/202002/54863.html.

54. 李洪涛等 . 乡村振兴国际经验比较与启示[M]. 北京：中国农业出版社，2019.

55. 刘世锦 . 由数量追赶到质量追赶［ M ］. 北京：中信出版集团，2016.

56. 刘世锦 . 加快形成高质量发展的体制机制［J］. 中国发展观察，2018（3–4）.

57. 刘志彪 . 发展战略、转型升级与“长三角”转变服务业发展方式［J］. 学术月刊，2011（11）.

58. 刘涛 . 以服务业高质量发展推动经济稳中有进［N］. 中国经济时报，2018–1–23.

59. 刘奕，夏杰长 . 推动中国服务业高质量发展：主要任务与政策建议［J］. 国际贸易，2018（8）.

60. 刘远立 . 疫情防控要处理好三个关系［N］. 健康报，2020–2–17.

61. 刘铁民 . 构建新时代国家应急管理体系［J］. 中国党政干部论坛，2019（7）.

62. 刘奇 . 应对非洲猪瘟需要创新思维［J］. 中国发展观察，2019（16）.

63. 刘志彪 . 产业经济学［M］. 北京：机械工业出版社，2015.

64. 罗连发等 . 机器人发展的国际比较［J］. 新华文摘，2020（1）.

65. 米歇尔 · 渥克（Michele Wucker）. 灰犀牛：如何应对大概率危机［M］. 王丽云译 . 北京：中信出版集团，2017.

66. 尼密 · 乔杜里 . 服务管理［M］. 盛伟忠，马可云，译 . 上海：上海财经大学出版社，2007.

67. 倪鹏飞，徐海东，李超 . 从城市看发展：中国正处在迈向基本现代化的关键期［J］. 财经智库，2020（1）.

68. 纳西姆 · 尼古拉斯 · 塔勒布（Nassim Nicholas Taleb）. 黑天鹅：如何应对不可预知的未来［M］. 万丹，刘宁，译 . 北京：中信出版集团，2019.

69. 任兴洲 . 推动服务业实现高质量发展［J］. 上海质量，2018（4）.

70. 盛来运 . 稳中上台阶，进中增福祉——《2019 年统计公报》评读［EB/OL］. 国家统计局网站，［2020–2–28］. http://www.stats.gov.cn/tjsj/sjjd/202002/t20200228_1728918.html.

71. 单元媛 . 高技术产业融合研究［M］. 北京：科学出版社，2012.

72. 单玉丽，刘克辉 . 台湾工业化过程中的现代农业发展［M］. 北京：知识产权出版社，2009.

73. 单玉丽 . 台湾“富丽农村”建设历程、经验与启示［J］. 福建论坛（人文社会科学版），2019（7）.

74. 石国亮等 . 国外公共服务理论与实践［M］. 北京：中国言实出版社，2011.

75. 尚勇 . 构建新时代中国特色应急管理治理体系［J］. 中国机构改革与管理，2019（11）.

76. 闪淳昌，薛澜 . 应急管理概论——理论与实践［M］. 北京：高等教育出版社，2020.

77. 汪海波等 . 中国现代产业经济史［M］. 太原：山西经济出版社，2011.

78. 王宏伟 . 统筹协调——新时代应急管理的核心能力［J］. 中国安全生产，2019（2）.

79. 王绪斌 . 为什么制造业必须成为国家战略［EB/OL］. 搜狐财经，2018–5–9.

80. 王春新 . 中国经济转向高质量发展的内涵及目标［J］. 金融博览，2018（5）.

81. 王一鸣，陈昌盛等 . 高质量发展：宏观经济形势展望与打好三大攻坚战［M］. 北京：中国发展出版社，2018.

82. 王一鸣 . 抓住机遇 加快向服务业强国迈进［N］. 经济日报，2017–7–21.

83. 王微等 . 消费性服务业新阶段：发展实践与改革创新［M］. 北京：中国发展出版社，2017.

84. 魏后凯 . 要高度重视区域的再工业化［N］. 中国经济时报，2018–4–30.

85. 习近平 . 全面提高依法防控依法治理能力 健全国家公共卫生应急管理

体系［J］. 求是，2020（5）.

86. 习近平 . 在中央政治局常委会会议研究应对新型冠状病毒肺炎疫情工作时的讲话［J］. 求是，2020（4）.

87. 习近平 . 在统筹推进新冠肺炎疫情防控和经济社会发展工作部署会议上的讲话［EB/OL］.https://www.xuexi.cn/lgpage/detail/index.html?id=5263885539366180855&item_id=5263885539366.

88. 许宪春 .GDP：作用与局限［J］. 求是，2010（9）.

89. 许成钢 . 应对重大突发事件 信息的迅速流动是一切的一切［EB/OL］. 网易财经，［2020-2-2］. http://money.163.com/20/0202/15/F4D1PF6U00258105.html.

90. 徐从才等 . 流通创新与现代生产者服务体系构建［M］. 北京：中国人民大学出版社，2011.

91. 薛澜 . 学习四中全会《决定》精神，推进国家应急管理体系和能力现代化［J］. 公共管理评论，2019（1）.

92. 薛澜 . 中国应急管理系统的演变［J］. 行政管理改革，2010（8）.

93. 夏杰长等 . 迎接服务经济时代来临［M］. 经济管理出版社，2010.

94. 夏杰长等 . 迈向服务业强国：约束条件、时序选择与实现路径［J］. 经济研究参考，2017（25）.

95. 叶兴庆，金三林，韩杨等 . 走城乡融合发展之路［M］. 北京：中国发展出版社，2019.

96. 岳世平 . 发达国家构建应急管理体系的经验借鉴［J］. 行政管理改革，2010（11）.

97. 卓贤 . 应高度重视服务业比重过快上升所隐含的问题［J］. 中国发展观察，2016（3）.

98. 赵昌文等 . 新时期中国产业政策研究［M］. 北京：中国发展出版社，2016.

99. 周振华等 . 服务经济发展与制度环境·理论篇［M］. 上海：格致出版社，上海人民出版社，2011.

100. 郑明高 . 产业融合：产业经济发展的新趋势［M］. 北京：中国经济出版社，2012.

101. 张车伟等 . 中国人口与劳动问题报告 · No.20——面向更高质量的就业："十四五"时期中国就业形势分析与展望［M］. 北京：社会科学文献出版社，2019.

102. 张月友等 . 服务业发展与"结构性减速"辨析［J］. 经济学动态，2018（2）.

103. 张晓兰，孙澄玉 . 从供给侧结构性改革入手提高我国服务业的发展质量［J］. 中国物价，2017（12）.

104. 张海波，童星 . 中国应急管理结构变化及其理论概化［J］. 中国社会科学，2015（3）.

105. 张天佐，李琳等 . 法国、芬兰、丹麦农业合作社的考察启示［J］. 中国农民合作社，2019（9）.

106. 张天佐 . 农业生产性服务业是振兴乡村的大产业［J］. 农业经营管理，2018（12）.

107. 钟开斌 . 从灾难中学习：教训比经验更宝贵［J］. 行政管理改革，2013（6）.

108. 钟开斌 . 中国应急管理的演进与转换：从体系建构到能力提升［J］. 理论探讨，2014（2）.

109. 钟开斌：国家应急管理体系：框架构建、演进历程与完善策略［J］. 改革，2020（6）.

110. 中共中央宣传部 . 习近平新时代中国特色社会主义思想学习纲要［M］. 北京：学习出版社，人民出版社，2019.

111.GOLDSMITH，CHASE.NMTC Program Paves Way for Expansion of Investing in Rural America［J］.Journal of Tax Credits，May 2019，Volume X（Issue V）.